Andreas Müller

Das Aufgabenbuch

Aufgaben analysieren, konstruieren, nachschlagen

westermann GRUPPE

© 2017 Bildungshaus Schulbuchverlage
Westermann Schroedel Diesterweg Schöningh Winklers GmbH
Braunschweig, Paderborn

www.schoeningh-schulbuch.de
Schöningh Verlag, Jühenplatz 1 – 3, 33098 Paderborn

Das Werk und seine Teile sind urheberrechtlich geschützt.
Jede Nutzung in anderen als den gesetzlich zugelassenen Fällen bedarf der
vorherigen schriftlichen Einwilligung des Verlages.
Hinweis zu § 52a UrhG: Weder das Werk noch seine Teile dürfen ohne eine
solche Einwilligung gescannt und in ein Netzwerk gestellt werden.
Dies gilt auch für Intranets von Schulen und sonstigen Bildungseinrichtungen.
Für Verweise (Links) auf Internet-Adressen gilt folgender Haftungshinweis:
Trotz sorgfältiger inhaltlicher Kontrolle wird die Haftung für die Inhalte der
externen Seiten ausgeschlossen. Für den Inhalt dieser externen Seiten sind
ausschließlich deren Betreiber verantwortlich. Sollten Sie daher auf kostenpflichtige,
illegale oder anstößige Inhalte treffen, so bedauern wir dies ausdrücklich und bitten
Sie, uns umgehend per E-Mail davon in Kenntnis zu setzen, damit beim Nachdruck
der Verweis gelöscht wird.

Druck A[1] / Jahr 2017
Alle Drucke der Serie A sind im Unterricht parallel verwendbar.

Illustrationen: Reinhild Kassing, Kassel
Umschlaggestaltung: Nora Krull, Bielefeld; Foto: Verlagsarchiv Schöningh/Fotostudio Henke, Salzkotten
Druck und Bindung: westermann druck GmbH, Braunschweig

ISBN 978-3-14-**023817**-5

Inhalt

Vorwort 5

Teil I: Didaktische Grundlegung 6

1. Der Beitrag von Aufgaben zur Bildung in Schule und Unterricht 6

2. Die Funktion von Aufgaben in Schule und Unterricht 8
Welche Rolle spielen Aufgaben im Unterrichtsalltag? 8
Welche didaktischen Intentionen sind mit den verschiedenen Aufgabenklassifikationen verknüpft? 8

3. Die Einbindung von Aufgaben in Lernprozesse 10
Warum brauchen Aufgaben eine förderliche Lernumgebung? 10
Wie entfalten Aufgaben ihre Bildungswirksamkeit im Unterricht? 10
Wie können lernförderliche Aufgabenarrangements modelliert werden? 10
Welche Schlussfolgerungen für Aufgaben sind aus den Modellen zu ziehen? 12

4. Qualitätsmerkmale von Aufgaben 13
Welche Merkmale zeichnen gute Aufgaben aus? 13
Übersichtstabelle: Qualitätsmerkmale von Aufgaben 14
Qualitätsmerkmal 1: sprachliche Klarheit 15
Qualitätsmerkmal 2: inhaltliche Klarheit 16
Qualitätsmerkmal 3: Anforderungsklarheit 18
Qualitätsmerkmal 4: Kompetenzbezug 20
Qualitätsmerkmal 5: Authentizität 21
Qualitätsmerkmal 6: eindeutige Funktion im Lernprozess 23
Qualitätsmerkmal 7: Aktivierungspotential 24
Qualitätsmerkmal 8: Differenzierungs- und Individualisierungspotential 26

Teil II: Sammlung – Operatoren, Aufgabenformen, Aufgabenarrangements 28

1. Fächerübergreifend relevante Operatoren 28
Die Bedeutung von Operatoren 28
Übersichtstabelle: Fächerübergreifend relevante Operatoren 29
20 alphabetisch geordnete Operatoren 30

2. Fächerübergreifend relevante Aufgabentypen 50
Die Bedeutung von Aufgabentypen 50
Übersicht – fächerübergreifend relevante Aufgabentypen 51
50 alphabetisch geordnete Aufgabentypen 53

3. Fächerübergreifend relevante Aufgabenarrangements 111
Die Bedeutung von komplexen Aufgabenarrangements 111
15 alphabetisch geordnete Aufgabenarrangements 112

Teil III: Aufgabenpraxis 127

1. Operatoren konkret: Wie können Schülerinnen und Schüler einen sicheren Umgang mit Aufgabenstellungen erwerben? 127
Zur Arbeit mit Operatorenkartei und Opertorentraining 127
Operatorentraining: Didaktisch-methodischer Kommentar 128
Lernzirkel „Aufgaben besser verstehen" 130

2. Aufgabenkonstruktion konkret: Wie können Lehrerinnen und Lehrer Aufgabenanalyse und Aufgabenkonstruktion professionalisieren? 169
Wie unterscheiden sich Lern- und Leistungsaufgaben? 169
Welche Schlussfolgerungen ergeben sich für die Konstruktion von Leistungsaufgaben? 169
Matrix zur Eigenkonstruktion von Lern- und Leistungsaufgaben 172
Matrix zur Analyse von Lernaufgaben 173
Matrix Zur Analyse von Leistungsaufgaben 174
Protokollbogen „Freiarbeit" 175

3. Feedback konkret: Wie wird aufgabenbezogenes Feedback bildungswirksam? 176
Was ist Feedback? 176
Warum ist Feedback bildungswirksam? 176
Wo und wann findet Feedback im Unterricht statt? 176
Wie kann Feedback im Unterricht thematisiert werden? 177
Feedbackinstrumente 177

4. Leistungsmessung konkret: Wie können individuelle Schülerleistungen gemessen und gerecht bewertet werden? 187
Leistungs- und Prüfungsformate neu gestalten 187
Erstes Prinzip: Die Beachtung von Differenzierungswegen 187
Zweites Prinzip: Die Beachtung von Individualisierungswegen 188
Die Einbettung punktueller Leistungsmessung in Lernprozesse 190
Materialien 192

Register 204

Literaturverzeichnis 206

Vorwort

Aufgaben spielen im Unterricht eine zentrale Rolle. Sie erschließen den Stoff, sie führen durch Lehrwerke und Arbeitshefte, sie strukturieren die Unterrichtsstunde.
Aufgabenkulturen variieren von Fach zu Fach und trotzdem haben sie Gemeinsamkeiten, die mehr oder weniger unverändert in jedem Fach wiederzufinden sind. Hier setzt *Das Aufgabenbuch* an. Es beansprucht in weiten Teilen fächerübergreifende Gültigkeit und soll für jede Lehrerin und jeden Lehrer konkrete Orientierungshilfen bieten, sowohl bei der Rezeption als auch bei der Konstruktion von Aufgaben im Unterrichtsalltag.

In einem ersten Teil informiert *Das Aufgabenbuch* …
- über Funktionen von Aufgaben im Unterricht,
- über acht praxisrelevante Qualitätsmerkmale von Aufgaben,
- über den Zusammenhang von Aufgabenkultur und kompetenzorientiertem Unterrichten,
- über Möglichkeiten, mithilfe von Aufgaben Unterricht zu individualisieren und differenzierende Lernangebote zu machen,
- über die Einbindung von Aufgaben in unterrichtliche Lernprozesse.

Im zweiten Teil ist *Das Aufgabenbuch* ein alphabetisch geordnetes Nachschlagewerk.
- Es beschreibt 20 fächerübergreifend relevante Operatoren. Sie dienen sowohl dem besseren Verständnis der Bearbeitungstiefe bei der Rezeption und Auswahl von Aufgaben für den Unterricht als auch der bewussteren Anwendung bei der Eigenkonstruktion von Aufgaben.
- Es stellt 50 Aufgabentypen detailliert vor, mit denen über unterschiedliche Lernwege motivierend und abwechslungsreich Stoff erschlossen und geübt werden kann.
- Es bietet 15 komplexe Aufgabenarrangements zur Hinführung der Schüler zu selbstverantwortlichem und weitgehend selbstorganisiertem Lernen und zur Entlastung des Lehrers im Unterricht an.

Hinweise und Hilfen zur Unterrichtspraxis machen den dritten Teil des vorliegenden Bandes aus.
Sie finden hier …
- Operatorendefinitionen, die Schülerinnen und Schüler verstehen,
- ein Operatorentraining für Schülerinnen und Schüler, das den bewussteren Umgang mit Operatoren schult,
- Hilfen, um Aufgaben bildungswirksam selbst zu konstruieren und sie systematisch zu analysieren,
- Analyse- und Feedbackinstrumente, um die Wirksamkeit von Aufgaben und den Lernstand zu diagnostizieren.

Andreas Müller
Merzig, Oktober 2016

Teil I: Didaktische Grundlegung

1. Der Beitrag von Aufgaben zur Bildung in Schule und Unterricht

Aufgaben sind eine konsensuale Plattform für den Austausch divergierender Vorstellungen von Schule und Unterricht

Aufgaben durchdringen den Unterricht von Lehrerinnen und Lehrern, setzen ihn fächerübergreifend miteinander in Beziehung und schaffen über Zeit und Raum eine Art gemeinsame Schnittmenge aller Facetten von Unterricht an einer Schule. Als großes Gemeinsames knüpfen Aufgaben wie ein roter Faden Verbindungen zwischen den spezifischen Unterrichtsfächern, die Lehrerinnen und Lehrer unterrichten, zwischen didaktischen Modellen, wie sie den individuellen Fachvorstellungen zugrunde liegen, zwischen unterschiedlichen methodischen Ansätzen, wie sie jede Lehrerin, wie sie jeder Lehrer verfolgt, zwischen Haltungen, die pädagogisches Handeln motivieren, und letztendlich zwischen Menschen selbst.

In unserer dynamischen, multiplen Wirklichkeit ist Schule davon geprägt, auf gesellschaftliche Veränderungen zu reagieren. Dabei konkurrieren unterschiedliche Lösungsmodelle für Bildungsprobleme miteinander. Schulreformen sind in permanenter Diskussion, Methodendebatten fordern von Lehrerinnen und Lehrern Positionen und Entscheidungen. Für viele Kolleginnen und Kollegen werden wachsende Anforderungen zunehmend undurchschaubar. Nicht selten stellt sich dann das Gefühl fehlender Selbstwirksamkeit ein. Die Folgen für den unmittelbar Betroffenen, aber auch für die anderen an Unterricht Beteiligten, für Schülerinnen und Schüler, aber auch für Kolleginnen, Kollegen und Eltern, sind schwerwiegend. Aufgaben leisten in dieser Situation einen zentralen Beitrag zu konsensualem Unterricht. Über Aufgaben kann man sich fächerübergreifend verständigen. Sie bilden einen gemeinsamen Ausgangspunkt für notwendige Reformdiskussionen in der Schulpraxis. Aufgaben haben das Potenzial, alle an Bildung Beteiligten bei der Qualitätsentwicklung von Schule anzusprechen und mitzunehmen. Aufgaben bieten Orientierung in unruhigen Bildungszeiten.

Aufgaben bieten Orientierung

Auch für Schülerinnen und Schüler stellen Aufgaben einen roten Faden dar. Sie bieten, weitgehend unabhängig vom Fach, von Schulsituation und Lehrer, Orientierung, die unter der Voraussetzung klarer und vor allem transparenter Lern- und Leistungserwartungen durch Unterrichtsstunden, Schulalltag und Schulbiografie führen kann.

Aufgaben strukturieren Lehrerarbeit

Aufgaben strukturieren das Lehrerhandeln zu Hause wie in der Schule. Dies beginnt mit der Vorbereitung des Unterrichts, wenn ausgehend von einem bestimmten Lerngegenstand passende Medien gesucht werden und über angemessene Erschließungsaufgaben nachgedacht werden muss. Im Unterricht entscheiden Aufgaben maßgeblich mit über die Motivation der Schülerinnen und Schüler, sich mit der Sache auseinanderzusetzen. Damit tragen Aufgaben wesentlich zum Erfolg einer Unterrichtsstunde bei.

Aufgaben strukturieren Schülerarbeit

Aufgaben strukturieren den Schüleralltag. In der Unterrichtspraxis rhythmisieren Aufgaben die Unterrichtsstunde. Abwechslungsreiche Aufgabentypen mit guter Passung und Individualisierungspotenzial lassen aus Sicht der Schülerinnen und Schüler Unterrichtsstunden schnell vorübergehen. Unattraktive oder gar unpassende Aufgabenarrangements, daran erinnert sich wohl jeder aus seiner eigenen Schulzeit, lassen die Zeit im Unterricht jedoch in bleierner Schwere verstreichen.

Aufgaben bestimmen über die Schulkultur

Aufgaben strukturieren Lernsituationen und charakterisieren die Schulkultur. Sie erschließen in allen Fächern über die Sache die Welt und helfen Schülerinnen und Schülern maßgeblich bei ihrer lebensweltlichen Orientierung. Sie bilden kreative, praktische und kognitive Fähigkeiten und Fertigkeiten und fördern dabei individuelle Lernfortschritte. Über Aufgaben kann man die Lernkultur an einer Schule weiterentwickeln, aber auch das Rad der Zeit zurückdrehen.

Aufgaben schaffen eine mehr oder weniger bewusste kommunikative Brücke zwischen Lehrern und Schülern. Deshalb sollten Aufgaben so gestaltet sein, dass möglichst viele sich auf dieses Kommunikationsangebot über eine aus fachdidaktischer Sicht wichtige Sache einlassen. Aufgaben sollten Kommunikation über eine Sache ermöglichen und nicht verhindern.

Aufgaben sind Kommunikation

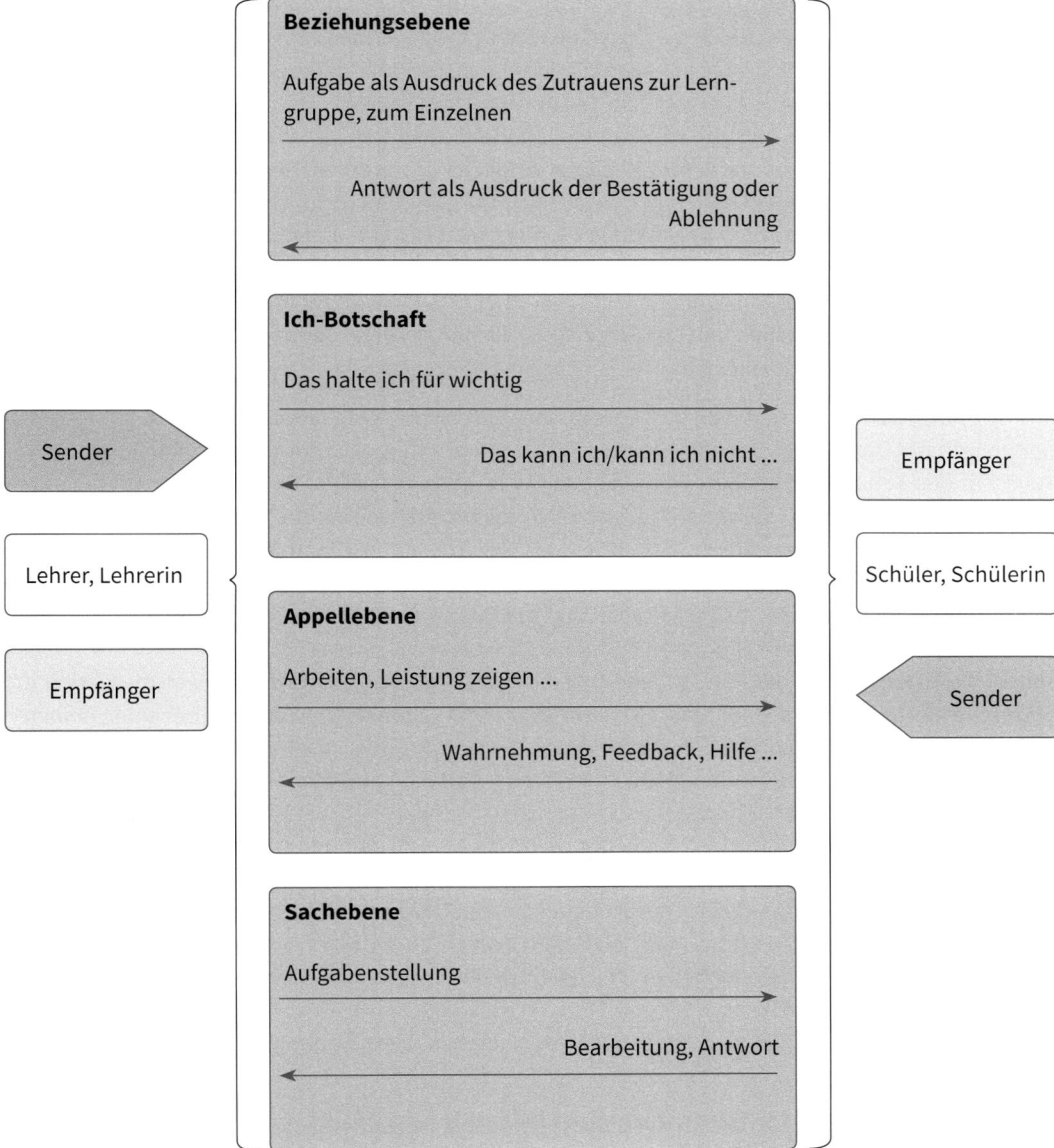

Abbildung: Kommunikationsmodell Aufgabenkulturen (in Anlehnung an Schulz von Thun)

Friedemann Schulz von Thun: Das Kommunikationsquadrat. www.schulz-von-thun-de/index.php?article_id71 (Zugriff: 10.12.2016)

2. Die Funktion von Aufgaben in Schule und Unterricht

Welche Rolle spielen Aufgaben im Unterrichtsalltag?

Aufgaben machen einen Großteil des professionellen Handelns von Lehrerinnen und Lehrern aus.

100 000 Aufgaben stellen Lehrerinnen und Lehrer durchschnittlich während ihres Berufslebens, 750 Klassenarbeiten und Tests konstruieren und korrigieren sie.* Diese Zahlen allein geben bereits hinreichend Antwort auf die eingangs gestellte Leitfrage. Die Auseinandersetzung mit Aufgaben, ihre Auswahl und Analyse ebenso wie die Eigenkonstruktion bestimmen offensichtlich nicht nur einen wesentlichen Teil unseres professionellen Handelns, quantitativ gemessen bestimmen Aufgaben darüber hinaus auch einen umfangreichen Teil unseres Unterrichts.

Veränderte Bildungswirklichkeiten verlangen nach einer veränderten Aufgabenkultur.

Von daher ist es gut, wenn Aufgaben aus allgemeindidaktischer wie aus fachdidaktischer Perspektive in den letzten Jahren etwas stärker ins Blickfeld empirischer Unterrichtsforschung gerückt sind. Zugleich veränderten schulpolitische Entscheidungen die Schulpraxis fundamental: In der Mehrzahl der Bundesländer ist heute ein zweigliedriges Schulsystem Realität, mit den Folgen, dass spätestens jetzt verstärkt wahrgenommen wird, dass Lerngruppen heterogen zusammengesetzt sind und in dieser Situation nach einer neuen Aufgabenkultur verlangt wird. So wird zugleich von beiden Seiten, von der Fachdidaktik auf der einen und der Schulpraxis auf der anderen, verstärkt Professionalisierungswissen in Bezug auf Aufgaben eingefordert.

Lernsituationen brauchen andere Aufgabentypen als Leistungssituationen.

Im Folgenden werden verschiedene praxisrelevante Aufgabenklassifikationen vorgestellt. Klassifikationen bringen Ordnung in Begriffe. Sie dienen der Orientierung und der Bewusstmachung unseres Tuns. Für den Schulalltag bedeutet dies in erster Linie, dass uns als Planer von Unterricht die unterschiedlichen Intentionen, die wir mit Aufgaben verfolgen, klar sein sollten, so dass wir Aufgaben in unterschiedlichen Lernsituationen zielführend einsetzen können. Wenn Schülerinnen und Schüler sich zum Beispiel entdeckend mit einer Sache vertraut machen, diese erfahren und erforschen sollen, dann bedarf es anderer Aufgabentypen als zur Überprüfung und Kontrolle eben dieses Prozesses. Wenn Schülerinnen und Schüler sich zum Beispiel eine neue grammatische Struktur erschließen sollen, dann bedarf es anderer Aufgabentypen als zur Messung der erworbenen Fachkompetenz am Ende einer Lernsequenz in einer Klassenarbeit. Wenn Schülerinnen und Schüler über einen längeren Zeitraum kaum Erfolg darin haben, sich eine grammatische oder mathematische Struktur zu erschließen und sicher anzuwenden, dann bedarf es schließlich spezieller Aufgaben zur Diagnose der Lern- und Leistungsproblematik.

Die vertiefte Kenntnis von unterschiedlichen Aufgabenklassifikationen optimiert die Planung von Unterricht, sie ermöglicht es, sowohl die Qualität und Brauchbarkeit von Aufgaben in Lehrwerken zu beurteilen als auch selbst Aufgaben passgenauer zu konstruieren. All dies führt in der Summe zu einer Optimierung des Lernertrags und letztendlich auch zu weniger Disziplinschwierigkeiten im Schulalltag mit auf der Hand liegenden Vorteilen für das emotionale Gleichgewicht aller an Unterricht und Schule Beteiligten.

Es lohnt also, sich etwas Zeit zu nehmen und über Aufgabenklassifikationen nachzudenken.

Welche didaktischen Intentionen sind mit den verschiedenen Aufgabenklassifikationen verknüpft?

Aufgabenklassifikationen sind funktionale Ordnungskriterien für Aufgaben. Sie helfen sowohl bei der Analyse von Aufgaben in Lehrwerken als auch bei der Eigenkonstruktion von Aufgaben. Aufgabenklassifikationen haben einen festen Platz in allgemein- und fachdidaktischen Grundlegungen von Unterricht. Sie bilden ein Referenzmodell, auf das sich die alphabetischen Sammlungen von Operatoren, Aufgabentypen und komplexen Aufgabenarrangements im Teil II dieses Bandes beziehen.

---

* Gerhard Eikenbusch 2008: Aufgaben, die Sinn machen. Wege zu einer überlegten Aufgabenpraxis im Unterricht. In: Pädagogik 3, 2008, S. 6 ff.

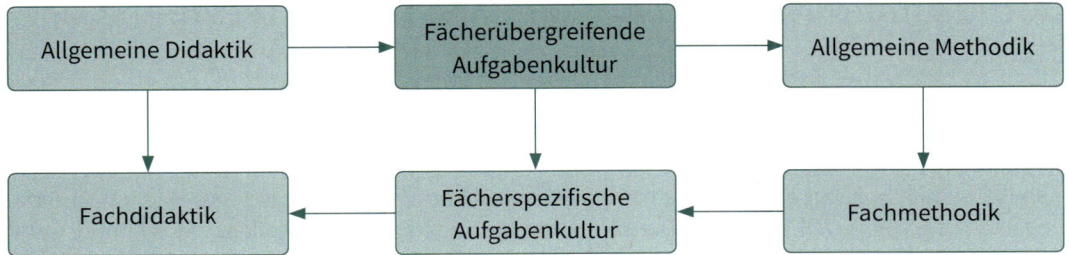

Abbildung: Stellung von Aufgaben in der Didaktik

Aufgabenklassifikationen implizieren unterschiedliche didaktische Intentionen.
Offene, halboffene und *geschlossene Aufgabenformate* beschreiben zum Beispiel unterschiedliche Kompetenzreichweiten von Aufgabentypen. Diese ist in geschlossenen Formaten eher gering, in offenen Formaten dagegen wesentlich höher und zugleich auch weniger starr. Offene Aufgabenformate tragen zudem die Möglichkeit einer inneren Differenzierung in sich, denn in die Bearbeitung offener Aufgaben kann jeder sich mit seinen individuellen Konstruktionen einbringen. Wolf Biermann hat diesen Prozess in Bezug auf die Ballade einmal so formuliert: Eine gute Ballade, meinte er, sei mit einem Topf voller Brei zu vergleichen. Jeder müsse satt werden. Die mit dem langen Löffel dürften nicht direkt am Boden kratzen, aber auch die mit dem kurzen Löffel sollten an den Brei kommen. Offenere Aufgabenformate können diesem Anspruch am ehesten gerecht werden.

Darüber hinaus wird in Fachdidaktiken zwischen *Lern- und Leistungsaufgaben* unterschieden. Während letztere im Unterricht vor allem die individuelle Lernstandsanalyse zum Zweck haben, können Lernaufgaben mehr. Sie haben eine doppelte didaktische Funktion: Sie stoßen Lernprozesse an und leiten sie. Selbstverständlich kann jeder Lehrer und jede Lehrerin darüber hinaus aus fast allen Aufgaben, die bearbeitet worden sind, auch Schlussfolgerungen über den jeweiligen Leistungsstand der betroffenen Schülerin oder des betroffenen Schülers ziehen.

Für die praktische Unterrichtsplanung ist jedoch die folgende Aufgabenklassifikation mindestens ebenso relevant. Ausgehend von Material und Medien müssen passende *Erschließungsaufgaben* konstruiert werden. Wird Wissen auf unterschiedlichen Transferebenen reorganisiert, dann bedarf es entsprechender *Anwendungsaufgaben*. Die erworbenen neuen Fähigkeiten und Fertigkeiten müssen schließlich geübt werden, um nachhaltig gesichert zu sein. Hierzu dienen *Übungsaufgaben*. Es ist offensichtlich, dass mit dieser Aufgabenklassifikation zugleich ein immanent logischer Unterrichtsablauf beschrieben wird. Klar ist auch, dass Übungsaufgaben aufgrund geänderter gesellschaftlicher Verhältnisse in Zukunft verstärkt aus den Hausaufgaben in den Unterricht genommen werden müssen, um prekären Bildungsverhältnissen entgegenzuwirken. Dies verlangt jedoch eine veränderte Aufgaben-, Unterrichts- und Schulkultur.

> Aufgabenformate ermöglichen Differenzierung und Individualisierung.
>
> Lernaufgaben initiieren und leiten Lernprozesse.
>
> Aufgabenarrangements gestalten den Unterrichtsverlauf.

3. Die Einbindung von Aufgaben in Lernprozesse

Warum brauchen Aufgaben eine förderliche Lernumgebung?

Aufgaben entfalten ihre Bildungswirksamkeit in einer förderlichen Lernumgebung.

Aufgaben entfalten ihre Wirkung im Unterricht nicht von alleine. Sie brauchen dazu eine förderliche Lernumgebung, die kognitive Entfaltung ermöglicht. Was alles zu einer förderlichen Lernumgebung gehört, wird im Konzept des Classroom Managements zusammengefasst. Im engeren Sinn, also bezogen auf die kognitiven fachbezogenen Prozesse, die angeregt werden sollen, versteht man unter dem Begriff „Lernumgebung" ein Setting aus Materialien, Methoden, Arbeitstechniken und Aufgaben. Diese Elemente stehen in wechselseitiger Beziehung, dürfen nicht isoliert betrachtet werden und entfalten nur im passgenauen Zusammenspiel ihre Wirkung. Das Kerngeschäft des Lehrenden in der Planungsphase von Unterricht ist es, Materialien und Medien so auszuwählen, dass fachliche Kompetenzen erworben werden können, Methoden so anzubinden, dass diese den Schülerinnen und Schülern beim fachlichen Kompetenzerwerb helfen und Aufgaben so zu konzipieren, dass Schülerinnen und Schüler zur Auseinandersetzung mit dem Stoff motiviert werden und diese eine Hilfe zur Erschließung des Stoffes sind.

Aufgaben entfalten ihre Bildungswirkung, wenn sie von professionalisierten Lehrerpersönlichkeiten moderiert werden.

Die einzelnen Elemente guten Unterrichts, zum Beispiel *klare Stukturierung, Methodenvarianz, effiziente Klassenführung, individuelle Passung, lernförderliches Klima*, sind empirisch evaluiert und weitgehend deckungsgleich sowohl bei Andreas Helmke als auch bei Hilbert Meyer nachzulesen. John Hattie legt darüber hinaus dar, dass die Lehrerpersönlichkeit der zentrale Wirkfaktor für lernwirksamen Unterricht ist, was an sich keine neue Erkenntnis ist. Hattie jedoch belegt diesen Gelingensfaktor von Lernen mit einer hohen Effektstärke und beschreibt zugleich Attribute, die ihn definieren. Lernwirksam sind Lehrerpersönlichkeiten dann, wenn sie herausfordernde Ziele setzen, eine positive Lehrer-Schüler-Beziehung aufbauen, eine Feedbackkultur im Unterricht etablieren und metakognitive Strategien der Wissensverarbeitung, also Methoden zum besseren Lernen, anbieten.

Allerdings sind Persönlichkeiten, im Privaten wie im Professionellen, nur schwer steuerbar und kaum unmittelbar veränderbare Variablen. Von daher scheint es sinnvoll, auf indirektem Weg über eine Modellierung von Lernumgebungen nicht nur besseren Unterricht, sondern auch eine Steuerung und Entwicklung der Professionalisierung von Lehrerpersönlichkeiten anzustoßen, um letztendlich auf diesem Weg auch guten Aufgaben als Kern guten Unterrichts zu ihrer lernförderlichen Wirkung zu verhelfen.

Wie entfalten Aufgaben ihre Bildungswirksamkeit im Unterricht?

Aufgaben sind Teil einer ordnenden Unterrichtsstruktur.

Aufgaben müssen ebenso wie die eingesetzten Materialien, Medien und Methoden in eine ordnende Struktur eingebunden sein, wenn fachliches Lernen erfolgreich sein soll. Der klassische Ansatz der sogenannten Berliner Didaktik ordnet dazu den Elementen einer förderlichen Lernumgebung idealtypische, lehrerzentrierte Unterrichtsphasen zu, in denen Aufgaben verschiedene Funktionen erfüllen sollen. Auf Hinführungs-, Motivations- und Problematisierungsphasen folgen Erarbeitungsphasen und anschließend Phasen der Ergebnissicherung. Dieser Ansatz erscheint heute angesichts des erweiterten Lernbegriffs, des daraus resultierenden multiplen Kompetenzerwerbs und nicht zuletzt aufgrund der konstruktivistischen Erkenntnisse über Lernen, das immer aktiv und individuell erfolgt, hinterfragenswert. Die jenem Ansatz implizite Vorstellung vom Lehrenden als Vermittler von Wissen wird zunehmend abgelöst von Vorstellungen, die den Lehrenden als Moderator von und Berater in Lernprozessen sehen. Diese Rollenumschreibung kann jedoch nur mit einem neuen Professionalisierungswissen sinnvoll ausgefüllt werden. Im Folgenden werden deshalb vier neue Unterrichtsarrangements vorgestellt, in denen sich Aufgaben konstruktiv entfalten können und in denen der Erwerb von Sozialkompetenz, Kommunikationskompetenz und Personalkompetenz das fachliche Lernen flankiert und steuert.

Aufgaben vermitteln multiple Kompetenzen.

Wie können lernförderliche Aufgabenarrangements modelliert werden?

Kooperatives Lernen, Selbstorganisiertes Lernen (SOL), Wechselseitiges Lehren und Lernen (WELL) und *Dialogisches Lernen* sind verwandte Modelle, die mit unterschiedlicher didaktischer Schwerpunktsetzung Strukturen anbieten, in denen Aufgaben ihre Bildungswirksamkeit entfalten können.

Hilbert Meyer 2004: Was ist guter Unterricht? Berlin, S. 120 ff.
Andreas Helmke 2007: Unterrichtsqualität. Erfassen. Bewerten. Verbessern. Seelze, S. 82 ff.
John Hattie 2013: Lernen sichtbar machen. Baltmannsweiler, S. 151 ff.

Kooperatives Lernen ist soziales Lernen durch Arbeit in vielfältigen Gruppen in gegenseitiger positiver Abhängigkeit. Dabei unterstützen sich die Schülerinnen und Schüler gegenseitig, arbeiten gemeinsam zielgerichtet und aufeinander bezogen. Die persönliche Verantwortung für das Lernergebnis zeigt sich in der Reflexion durch die Gruppe selbst, wobei sowohl der Lernertrag als auch die Kooperation selbst zum Gegenstand der Bewertung wird.

Den Kern eines Kooperativen Unterrichts stellen Methodenarrangements dar. Das durchgehende Strukturierungsprinzip aller Methoden des Kooperativen Lernens ist der Dreischritt „Think-Pair-Share".

Jeder Schüler/jede Schülerin erarbeitet sich im ersten Schritt („Think") eigene Vorstellungen oder Kenntnisse und bringt diese als seine/ihre Vorleistung in die Gruppe oder Lernpartnerschaft ein.

In einem zweiten Schritt („Pair") werden die im ersten Schritt erworbenen individuellen Konstrukte im Gruppendiskurs vorgestellt, diskutiert, abgeglichen, weitergeführt und so auf eine Ebene allgemeiner Bedeutsamkeit gehoben. Hier wird Kooperatives Lernen durch seine Diskurskonzeption in besonderem Maße als Demokratie-Lernen wirksam.

Im dritten Schritt („Share") werden die Gruppenergebnisse präsentiert und der Außenbeurteilung durch die Klasse zugeführt. Fremd- und Selbstevaluation bestimmen die inhaltlichen und sozialen Zielsetzungen dieser Arbeitsphase.

In der Grundstruktur des *Selbstorganisierten Lernens* wechseln sich individuelle und kooperative Lernphasen ab. Typisch für durch SOL strukturierte Unterrichtsarrangements ist die Kombination von Individualphasen des Lernens mit kollektiven Lernphasen, um so die Eigenverantwortung und Selbstständigkeit des Lernens zu fördern.

Die Erschließung der Fachinhalte erfolgt wie beim Kooperativen Lernen zuerst in Einzelarbeit. Wie bei einem Sandwich werden zwischen Erarbeitungs- und Vertiefungsphasen des Lernens Kooperationsphasen mit Methoden, wie sie auch aus dem Kooperativen Lernen bekannt sind, eingeschoben. Diethelm Wahl fordert neben der „Sandwich-Struktur" für die Einführung neuer Inhalte einen stoffbezogenen Advance Organizer, um Zieltransparenz zu schaffen und Vorwissen zu aktivieren. Advance Organizer sind stoffspezifische kognitive Landkarten, die wie eine Kerngliederung den Unterrichtsplan visualisieren. Sie haben häufig eine Mindmapstruktur. Der Advance Organizer bleibt sinnvollerweise während der gesamten Unterrichtssequenz, am praktikabelsten in Form eines Präsentationsplakates, in der Klasse präsent und kann dann auch der Verortung von Teilaspekten des Themas und von aktuellen Stoffaspekten dienen.

Das Modell des *Wechselseitigen Lehrens und Lernens* stellt eine spezielle Form des kooperativen Lernens dar. Die Kompetenzschwerpunkte liegen hier in der gegenseitigen Verantwortung für das Lernen des jeweiligen Partners, im zielgerichteten Kommunizieren und im aktiven Zuhören.

Wechselseitiges Lehren und Lernen favorisiert arbeitsteilige Partnerarbeit und basiert auf der Kooperationsmethode „Partnerpuzzle" oder „Partnerbriefing". Dabei wird in einem ersten Schritt die Arbeit unter den Lernpartnern aufgeteilt, so dass jeder Lernpartner sich mit einem Teilthema intensiv auseinandersetzt und Experte für sein Teilthema wird. In einem zweiten Schritt wird in arbeitsgleichen Teilgruppen Expertenwissen erarbeitet. In der sich anschließenden Vermittlungsphase informiert der „Experte" seinen Lernpartner, den „Novizen", über das von ihm erschlossene Teilthema. Dann werden die Rollen getauscht: Der „Novize" wird zum „Experten" und informiert über sein Teilthema. In der abschließenden Arbeitsphase werden die Teilthemen zusammengeführt. Die Lernpartner arbeiten jetzt gemeinsam zur Vertiefung, Festigung, Wiederholung oder Übung an beiden Teilaspekten des Themas.

Auch hier empfiehlt es sich, einen Advance Organizer den eigentlichen Lernprozessen vorzuschalten. Mit seiner einfachen Struktur und der Festlegung auf eine Kooperationsmethode ist „Wechselseitiges Lehren und Lernen" als Einstiegsarrangement in die kooperative Arbeit mit Aufgaben geeignet.

Im *Dialogischen Lernen* wird das fachliche Lernen in eine dreischrittige Kommunikationsstruktur eingebunden. Dementsprechend liegen die Kompetenzschwerpunkte im strukturierten Kommunizieren und im aktiven Zuhören. Kommunikation ist hier hermeneutisches Prinzip; sie dient dem Erkenntnisgewinn und ist zugleich erkenntnisabsicherndes Korrektiv.

Was im Kooperativen Lernen die „Think-Pair-Share-Stuktur" leistet, wird im Dialogischen Lernen im „Ich-Du-Wir-Prinzip" realisiert. Dabei findet eine Akzentverschiebung hin zu den hermeneutischen

Ordnende Aufgabenstrukturen sind:
– Kooperatives Lernen,
– Selbstorganisiertes Lernen,
– Wechselseitiges Lehren und Lernen,
– Dialogisches Lernen.

Andreas Müller 2014: Kooperatives Lernen im gesellschaftswissenschaftlichen Unterricht. Paderborn
Diethelm Wahl 2013: Lernumgebungen erfolgreich gestalten: Vom trägen Wissen zum kompetenten Handeln. Bad Heilbrunn

Prozessen statt, die durch die Auseinandersetzung mit dem Material und den Aufgaben initiiert werden und in der dialogischen Struktur entlang der Leitfragen „Ich mache das so! – Wie machst du das? – Was machen wir ab?" organisiert und sichtbar werden. Dialogisches Lernen läuft folglich in drei Arbeitsphasen ab. Im ersten Schritt findet jeder für sich in der Auseinandersetzung mit Material und Aufgabe seine Position. In Kooperation mit dem Lernpartner oder der Lerngruppe findet ein Austausch und Perspektivwechsel statt. In der dritten Phase werden die individuellen Konstruktionen bilanzierend kokonstruiert, um über die subjektive Beliebigkeit individueller Gedankengänge hinaus allgemeingültige und kommunizierbare Ergebnisse zu synthetisieren. Die Prozessstruktur des Dialogischen Lernens ist besonders geeignet für arbeitsgleiche Partner- und Gruppenarbeit. Hier entfaltet Dialogisches Lernen sein bildungswirksames Potenzial.

Welche Schlussfolgerungen für Aufgaben sind aus den Modellen zu ziehen?

Die handwerkliche Analyse und Konstruktion von Lernaufgaben erfolgt mithilfe von acht Qualitätskriterien. Diese werden im nachfolgenden Kapitel detailliert beschrieben. Eine Aufgabe, die allen Merkmalen genügt, stellt in der Unterrichtspraxis einen Idealfall dar, der anzustreben ist, jedoch nicht immer realisiert werden kann.

Wichtiger noch als die handwerkliche Kompetenz des Lehrenden, Aufgaben kriteriengeleitet analysieren und konstruieren zu können, ist jedoch seine grundlegende Haltung zu Lernprozessen anderer. Sie besteht darin, eine konstruktivistische Sicht auf Unterrichtsprozesse zu entwickeln, einzunehmen und zu bewahren. Dazu gehört ein basales Verständnis dafür, dass Aufgaben immer Prozesse initiieren, die ihren Anfang in jedem Einzelnen selbst nehmen. Individuell erworbene Erkenntnisse und Lernerfahrungen müssen jedoch zu zweit oder in einer größeren Gruppe kokonstruiert werden. Dies geschieht, indem individuell erworbenes Wissen von Schülerinnen und Schülern anderen dargestellt wird, mit anderen Individual- oder Gruppenkonstruktionen verglichen und durch diese bestätigt oder korrigiert wird. Nicht zuletzt deshalb sind Aufgaben immer auch als Teil eines umfassenderen Lernarrangements zu verstehen. Nur dann wird es gelingen, einen komplexen Kompetenzerwerb zu initiieren.

All das braucht Routine. Diese stellt sich nur ein, indem man den Umgang mit unterschiedlichen Aufgabenformaten einübt, so dass einerseits die Schülerinnen und Schüler mit ihnen vertraut werden und andererseits Lehrerinnen und Lehrer ebenfalls Sicherheit im Umgang mit ihnen gewinnen.

> Eine konstruktivistische Haltung fokussiert bei Aufgabenanalyse und Aufgabenkonstruktion den Blick auf die Lernprozesse der Schülerinnen und Schüler.

	Kooperatives Lernen	**Selbstorganisiertes Lernen**	**Wechselseitiges Lehren und Lernen**	**Dialogisches Lernen**
Kompetenzschwerpunkt	• Fachliches Lernen • Teamfähigkeit • Strukturiertes Kommunizieren • Präsentieren	• Fachliches Lernen • Arbeitsorganisation • Eigenverantwortung • Selbstständigkeit	• Fachliches Lernen • Teamfähigkeit • Strukturiertes Kommunizieren • Aktives Zuhören	• Fachliches Lernen • Strukturiertes Kommunizieren • Aktives Zuhören
Struktur	Think – Pair – Share	Sandwich-Struktur	Experte – Novize	Ich – Du – Wir
Methoden	Partnermethoden, Gruppenmethoden	Advance Organizer, Partnermethoden	Partnermethoden	Partnermethoden
Aufgaben	• fordern fachliche Kommunikation über Lösungen und Lösungswege • sind komplex und lassen Teamarbeit zur sinnvollen Strategie werden • sind tendenziell offen und fordern Beurteilungskompetenz			
Tipps zur Implementierung der Methoden	• einfache Kooperationsmethoden einsetzen (zum Beispiel arbeitsgleiches Venn-Diagramm, Lerntempoduett), um Methodendominanz zu vermeiden • fachlich weniger komplexe Erarbeitungsaufgaben anbieten, da in der Einführungsphase neben dem Fachlichen auch der Umgang mit der Methode geschult wird • Zeit zur Reflexion des Lern-, Sozial- und Kommunikationsverhaltens einplanen, damit methodenstrukturiertes Lernen optimiert wird • eingeführte Methoden innerhalb eines kurzen Zeitraumes mehrfach einsetzen, damit Routine entsteht und sich eine kooperative Lernkultur entwickeln kann			

Abbildung: Übersicht „Komplexe Aufgabenarragements"

Anne A. Huber 2007: Wechselseitiges Lehren und Lernen als spezielle Form Kooperativen Lernens. Berlin
Urs Ruf, Stefan Keller, Felix Winter (Hg.) 2008: Besser lernen im Dialog. Dialogisches Lernen in der Unterrichtspraxis. Seelze

4. Qualitätsmerkmale von Aufgaben

Welche Merkmale zeichnen gute Aufgaben aus?

Jeder Lehrer, jede Lehrerin wird auf die Frage, was guten Unterricht ausmacht, aufgrund eigener Erfahrungen Antworten geben können. Zumindest ein Teil dieser individuellen Erfahrungen wird durch grundlegende Forschungen der Allgemeinen Didaktik verifiziert. Bei Hilbert Meyer und Andreas Helmke bestimmt der Blick auf die Lehrerkompetenzen die Antwort auf die Frage nach gutem Unterricht. Mit Sicherheit spielen jedoch auch Systemkomponenten wie beispielsweise Klassenbildung, personelle und materielle Ausstattung der Schule oder unterstützendes Elternhaus bei der Beantwortung dieser Frage eine Rolle. Darauf verweist die Studie „Lernen sichtbar machen" von John Hattie.

Die Frage, was guter Unterricht ist, wird in der schulischen Praxis jedoch spezifischer durch die Frage, was gute Aufgabenkulturen sind, beantwortet werden können. Qualitätsmerkmale von Aufgaben werden zwar in vielen fachdidaktischen Publikationen erwähnt. Dies geschieht häufig nicht explizit, sondern im Kontext anderer Argumentationen. Im Folgenden wird deshalb ein Modell vorgeschlagen, das acht Qualitätsmerkmale von Aufgabenkulturen aus allgemeindidaktischer Sicht darstellt und begründet. Diese Qualitätsmerkmale sind zugleich Konstruktionsmerkmale. Sie lassen sich aus vier Leitideen oder Thesen ableiten.

> Qualitätsmerkmale von Aufgaben sind zugleich Analyse- und Konstruktionskriterien.

Leitidee: *Gute Aufgaben brauchen eine transparente Struktur.* Dazu zählen folgende Qualitätsmerkmale:
1. Qualitätsmerkmal *sprachliche Klarheit*
2. Qualitätsmerkmal *inhaltliche Klarheit*
3. Qualitätsmerkmal *Anforderungsklarheit*

Leitidee: *Gute Aufgaben sind bildungsrelevant.* Dazu zählen folgende Qualitätsmerkmale:
4. Qualitätsmerkmal *Kompetenzbezug*
5. Qualitätsmerkmal *Authentizität*

Leitidee: *Gute Aufgaben haben eine didaktische Funktion.* Dazu zählen folgende Qualitätsmerkmale:
6. Qualitätsmerkmal *eindeutige Funktion im Lernprozess*
7. Qualitätsmerkmal *Aktivierungspotenzial*

Leitidee: *Gute Aufgaben passen zu heterogenen Lerngruppen.* Dazu zählt folgendes Qualitätsmerkmal:
8. Qualitätsmerkmal *Differenzierungs- und Individualisierungspotenzial*

Die analytischen und konstruktiven Funktionen der Leitideen werden durch vier Leitbegriffe repräsentiert:
- *Struktur,*
- *Bildungsrelevanz,*
- *didaktische Funktion,*
- *Lerngruppenpassung.*

Sie führen als Analyseschema durch die Sammlung der Operatoren, Aufgabentypen und komplexen Aufgabenarrangements im alphabetisch geordneten zweiten Teil dieses Bandes.

Hilbert Meyer 2004: Was ist guter Unterricht? Berlin
Andreas Helmke 2007: Unterrichtsqualität. Erfassen. Bewerten. Verbessern. Seelze
John Hattie 2013: Lernen sichtbar machen. Baltmannsweiler

Übersicht: „Qualitätsmerkmale von Aufgaben"

Kategorie	Qualitätsmerkmal	Ausprägung	Referenz
Struktur	sprachliche Klarheit	bewusste Aufgabenstruktur/einfache Syntax/Klärung der Fachbegriffe und Fachkonzepte/angemessenes sprachliches Anforderungsniveau/eindeutiger Handlungsauftrag	Hilbert Meyer, Andreas Helmke, Sven Oleschko, Marc Kleinknecht u. a.
	inhaltliche Klarheit	quantitativ: Bestimmung der Wissenselemente und Lösungsschritte/Zuordnung von Kompetenzen/Unterscheidung von expliziten und impliziten Wissenselementen und Prozessen/Analyse des Vorwissens	Johann Neubrand, Marc Kleinknecht u. a., Timo Leuders
	Anforderungsklarheit	qualitativ: kognitive Repräsentationsebene/Operatorenzuverlässigkeit/Operatorentransparenz und -kenntnis	Bloom, Krathwohl, Anderson, Bildungsrat, KMK
Bildungsrelevanz	Kompetenzbezug	Unterscheidung von fachlichen und überfachlichen Kompetenzen/Kompetenzmodell/Konzentration auf einen Kompetenzschwerpunkt	Franz E. Weinert, Anette Czerwanski, Bloom, Krathwohl, Anderson, Bildungsrat, KMK
	Authentizität	ohne Lebensweltbezug/mit Lebensweltbezug: konstruiert-situiert, konstruiert-realistisch situiert, real situiert	Marc Kleinknecht u. a., Sigrid Blömeke
didaktische Funktion	eindeutige Funktion im Lernprozess	eingebettet in Settings von Unterricht offene, halboffene, geschlossene Aufgabenformate Aufgabentypisierung: Erschließen, Anwenden, Üben Lernaufgaben, Leistungsaufgaben	Felix Winter, Heinz Klippert, Marc Kleinknecht u. a.
	Aktivierungspotenzial	Inhaltsdimension: aktiv und fokussiert/Motivation: Aufgabentypen, Aufgabenformate/Lernwegepluralität: Aufgabenbatterien, Aufgabenvariation	Maike Looß, Alexander Renkl
Lerngruppenpassung	Differenzierungs-, Individualisierungspotenzial	Dimensionen: Zeit, Qualität, Quantität Anforderungsdifferenzierung, Bearbeitungsdifferenzierung, Differenzierung in den Sozialformen	Manfred Bönsch, Andreas Müller

Qualitätsmerkmal 1: *sprachliche Klarheit*

Fachliche Inhalte werden durch Sprache aufgenommen und verarbeitet. Lernen und Sprache gehen Hand in Hand. Diese einfache Erkenntnis gilt für alle Fächer. Da Aufgaben mündlich oder schriftlich gegebene Handlungsaufforderungen sind und nonverbale Kommunikation während der Aufgabenbearbeitung kaum stattfindet, wird die Aufgabensprache zum entscheidenden Qualitätsmerkmal für den Lernerfolg, der durch Aufgaben angesteuert wird. Aufgaben müssen verstanden und in vielen Fällen von Schülerinnen und Schülern in Form sprachlicher Produkte bearbeitet werden. Auf die aus diesem Verstehens- und Produktionsprozess resultierenden Anforderungen an Lehrersprache verweisen sowohl Hilbert Meyer, der „Klarheit" als Erfolgsmerkmal von Unterricht beschreibt, als auch Andreas Helmke, der die grundlegenden Untersuchungsergebnisse zur Lehrersprache von Brophy und Good zusammenfasst. Sven Oleschko spezifiziert die Bedeutung von Sprachfähigkeit für Lernaufgaben und bei Marc Kleinknecht ist die „sprachlogische Komplexität" eine von mehreren Kategorien für die Analyse von Aufgaben.

So eindeutig die Bedeutung der Sprache für die Analyse und erst recht für die Konstruktion von Aufgaben ist, so anspruchsvoll ist die Umsetzung sprachlicher Klarheit in konkreten Unterrichts- und Aufgabensituationen. Kommunikationsprozesse sind komplex, ihr Gelingen umfasst viele Indikatoren. Sie richten sich, speziell in Form von Aufgaben, an Schülerinnen und Schüler mit unterschiedlichem sprachlichem Potenzial. Erschwerend für das Gelingen der Aufgabenkommunikation kommt hinzu, dass mit dem Fortschreiten des Unterrichtsstoffes zunehmend fachsprachliche Konzepte, zum Beispiel in Form fachspezifischer Terminologien, Eingang in Aufgabenstellungen finden. Solche fachsprachlichen Begriffe repräsentieren fachliches Vorwissen. Sie zu verstehen ist in der Regel Voraussetzung für die erfolgreiche Bearbeitung der anstehenden Aufgaben.

Um trotzdem das zentrale Dilemma, dass sich nämlich eine Aufgabenstellung an *viele* unterschiedliche Lerner mit weit divergierendem fachlichem Vorwissen und unterschiedlichem alltagssprachlichem Potenzial wendet, in der Praxis in den Griff zu bekommen und die Asymmetrie der Aufgabenrezeption in heterogenen Lerngruppen zu vermindern, gilt es sowohl bei der Aufgabenanalyse als auch bei der Aufgabenkonstruktion auf Klarheit …

- in der *Aufgabenstruktur* zu achten, wozu zum Beispiel gehört, dass der Wert der Aufgabe für das fachlichen Lernen transparent gemacht wird und die Aufgabe eine eindeutige Handlungsanweisung enthält.
- in den *sprachlichen Konstruktionen* zu achten, wozu zum Beispiel gehört, dass einfachen Satzgefügen Vorrang vor komplexen Hypotaxen zu geben ist, dass Kürze und Prägnanz anzustreben sind.
- in der sprachlichen Repräsentation impliziter und expliziter *fachlicher Konzepte* zu achten, wozu zum Beispiel gehört, dass nur Fachbegriffe verwendet werden, deren Bedeutung zuvor im Unterricht hinreichend geklärt wurde.
- im *Anforderungsniveau* zu achten, wozu zum Beispiel gehört, dass Aufgaben einen zielgruppenspezifischen Schwierigkeitsgrad haben.
- im *Handlungsauftrag* zu achten, wozu zum Beispiel gehört, auf Operatorengenauigkeit Wert zu legen.

Bewährt hat sich, …

1. ein Bewusstsein für das individuelle Sprachpotenzial der Schülerinnen und Schüler zu entwickeln, um Aufgaben zielgruppenpassend zu entwickeln. Dabei empfiehlt es sich, ein weniger komplexes sprachliches Anforderungsniveau anzustreben, da sonst die Gefahr zu groß wird, dass fachliches Lernen, zum Beispiel im Fach Mathematik, durch sprachliche, in diesem Fall quasi nichtmathematische Hürden ausgebremst wird.
2. zentrale alltagssprachliche und fachsprachliche Begriffe in Aufgabenstellungen zu thematisieren, also Aufgabenstellungen im Hinblick auf den Verstehensprozess zu überprüfen und Verständnisprobleme, die das Bearbeiten der Aufgabe chancenlos werden lassen, im Vorfeld der Aufgabenbearbeitung mit den Schülerinnen und Schülern zu besprechen und Fachbegriffe zu klären.

> Aufgaben sind Handlungsaufforderungen, die sich an Schülerinnen und Schüler richten.

> Aufgabenstellungen müssen von allen Schülerinnen und Schülern verstanden werden. Sie orientieren sich an den sprachlichen Fähigkeiten der Schülerinnen und Schüler.

Hilbert Meyer 2004: Was ist guter Unterricht? Berlin, S. 55 ff.
Andreas Helmke 2007: Unterrichtsqualität. Erfassen. Bewerten. Verbessern. Seelze, S. 60 ff.
Sven Oleschko 2014: Lernaufgaben und Sprachfähigkeit bei heterarchischer Wissensstrukturierung. In: Bernd Ralle, Susanne Prediger, Marcus Hamman, Martin Rothgangel (Hg.) 2014: Lernaufgaben entwickeln, bearbeiten und überprüfen. Fachdidaktische Forschungen Band 6. Münster, S. 85 ff.
Marc Kleinknecht, Thorsten Bohl, Uwe Maier, Kerstin Metz (Hg.) 2013: Lern- und Leistungsaufgaben im Unterricht. Fächerübergreifende Kriterien zur Auswahl und Analyse, S. 37 f.

3. fachsprachliche Konzepte zumindest in den unteren Klassen behutsam in Aufgabenstellungen einzuarbeiten und dabei immer das Vorwissen der Schülerinnen und Schüler im Blick zu behalten.
4. Aufgaben auch in mathematisch-naturwissenschaftlichen Fächern so zu konstruieren, dass sie Schriftlichkeit einfordern. Denn so werden alltagssprachliche wie fachsprachliche Kompetenzen gefördert. Schreiben – auch im Kontext von Aufgabenbearbeitung – fördert den Erkenntnisprozess.
5. bei starker sprachlicher Asymmetrie in der Lerngruppe Aufgaben auf unterschiedlichen sprachlichen Anforderungsniveaus anzubieten, die sich trotz der sprachlichen Differenzierung mit demselben Lerngegenstand auseinandersetzen.

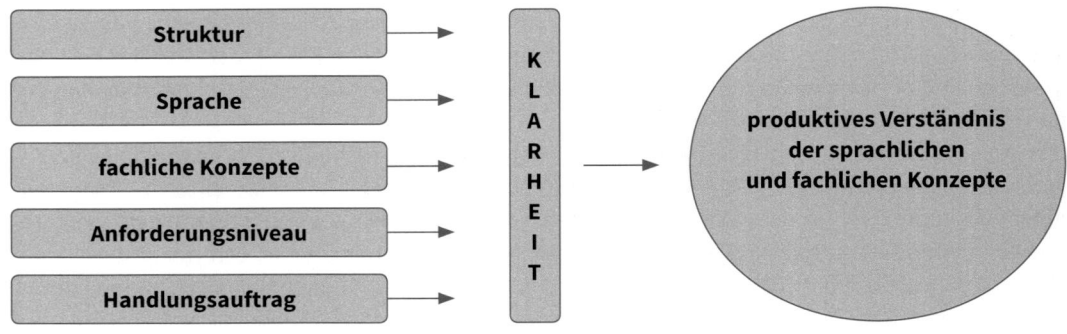

Abbildung: Klarheit von Aufgaben

Fazit

Wenn Aufgaben ihre Funktion im Unterricht erfüllen sollen, dann benötigen sie eine klare sprachliche Struktur. Diese erschließt sich im Bewusstsein des sprachlichen und fachlichen Potenzials der Lerngruppe. Aufgabenstellungen sind dabei an einer Progression auszurichten, die den Lernfortschritt der Schülerinnen und Schüler fördert. Dazu sollte die alltagssprachliche und fachsprachliche Komplexität von Aufgaben mit den zunehmenden Fertigkeiten und Fähigkeiten der Schülerinnen und Schüler wachsen, allerdings ohne dass die Merkmalsausprägung klarer Aufgaben, wie sie zuvor skizziert worden ist, über Bord geworfen wird.
Deshalb gilt als erstes Qualitätsmerkmal:

> Aufgaben brauchen sprachliche Klarheit.

Qualitätsmerkmal 2: *inhaltliche Klarheit*

Die Anzahl der Wissenseinheiten beeinflusst die inhaltliche Komplexität und damit den Schwierigkeitsgrad einer Aufgabe.

War im vorangegangenen Kapitel von der sprachlichen Struktur einer Aufgabe die Rede, dann geht es in diesem Kapitel um die innere Struktur einer Aufgabe, also um Inhalte, die durch die Aufgabensprache repräsentiert werden.
Die Verständlichkeit einer Aufgabe ist nicht nur von ihrer sprachlichen Form abhängig, sondern in gleichem Maße von der Komplexität des Stoffbezugs. Da Aufgaben im Kontext von Fachunterricht das fachliche Lernen zum Ziel haben, sind allgemeindidaktische Analysekriterien, wie sie im Folgenden skizziert werden, immer nur als Ausgangspunkt für eine weitere fachdidaktische Spezifizierung und Präzisierung anzusehen. Umgekehrt kann aus spezifischen fachdidaktischen Ansätzen allgemeindidaktisch Gültiges gewonnen werden. Neubrand entwickelte für die Analyse mathematischer Aufgaben ein Modell, das von sogenannten Wissenseinheiten ausgeht. Eine Wissenseinheit umfasst in Neubrands Verständnis ein klar begrenztes, *konkretes* fachspezifisches Wissen, das zur Lösung einer Aufgabe notwendig ist. Je mehr Wissenseinheiten, in späteren Veröffentlichungen führt sie hierfür den Begriff *Fakt* ein, eine Aufgabe enthält, desto inhaltlich komplexer ist ihre Struktur. Dieses quantitative Verfahren zur Festlegung des Komplexitätsgrades einer Aufgabenstellung findet sich auch im Modell von Kleinknecht u. a. als allgemeindidaktische Analysekategorie wieder. Timo Leuders erweitert die inhaltsbezogenen Merkmale über die von Neubrand vorgeschlagene stoffdidaktische Konzentration auf Wissenselemente hinaus. Er unterscheidet drei Analyseebenen, welche die inhaltliche Struktur einer Aufgabenstellung festlegen:
- Auf stoffdidaktischer Analyseebene werden Wissenselemente und Einzelschritte zur Lösung der Aufgabe identifiziert.

- Auf curricularer Analyseebene werden den Inhalten und Prozessen Kompetenzen zugeordnet, wodurch jene legitimiert werden.
- Auf der bildungstheoretischen Analyseebene werden zum Beispiel das exemplarische Lernen durch eine Aufgabe und die Authentizität einer Aufgabe erfasst und somit die Lebensbedeutung des Lernens durch eine bestimmte Aufgabe in den Fokus gerückt.

Aus den vorgestellten Ansätzen kann eine verbindende Gemeinsamkeit herausgelesen werden, die für die Praxis der Aufgabenanalyse und Aufgabenkonstruktion von zentraler Bedeutung ist:
Je mehr Wissenselemente eine Aufgabe konstituieren und je komplexer die geforderte Vorgehensweise bei der Lösung der Aufgabe ist, desto höher sind die kognitiven Anforderungen, die eine Aufgabe Schülerinnen und Schülern abverlangt.

Bewährt hat sich, ...
1. eine Bewusstmachung des Komplexitätsgrades einer Aufgabe und dazu bei der Aufgabenkonstruktion und -analyse über folgende Fragen nachzudenken:
   - Welche expliziten Wissenseinheiten werden in der Aufgabenstellung genannt?
   - Welche impliziten Wissenseinheiten, zum Beispiel in Form von Vorwissen, stecken in der Aufgabenstellung und müssen von den Schülerinnen und Schülern entdeckt und beherrscht werden?
   - Welche fachlichen Kompetenzen werden vorausgesetzt, um die Aufgabe lösen zu können?
   - Passen die ausgewählten Inhalte oder Wissenseinheiten der Aufgabe zu den Kompetenzen und sind sie geeignet, den angestrebten Kompetenzerwerb zu fördern?
   - Welche Schritte müssen Schülerinnen und Schüler vollziehen, um die Aufgabe zu lösen?
   - Gibt es eine sinnvolle Reihenfolge von Lösungsschritten und wenn dem so ist, wie sieht diese Reihenfolge aus?
2. Sprache und Inhalt als zwei Seiten derselben Medaille zu verstehen und jede Wissenseinheit in einfachen Aussagesätzen oder mehrere Wissenseinheiten in Satzreihen zu beschreiben.
3. prozedurales Wissen, das zur Bearbeitung einer Aufgabenstellung bestimmten Typs notwendig ist, im Unterricht zu thematisieren und entsprechende Lösungswege einzuüben.
4. ein Bewusstsein für die wechselseitige Bedingtheit von repräsentierender Sprache und repräsentiertem Inhalt bei der Aufgabenkonstruktion zu entwickeln und Aufgabenstellungen mithilfe der Frage „Kann ich das noch besser, klarer ausdrücken, damit die Aufgabe leichter verstanden wird?" zu überprüfen

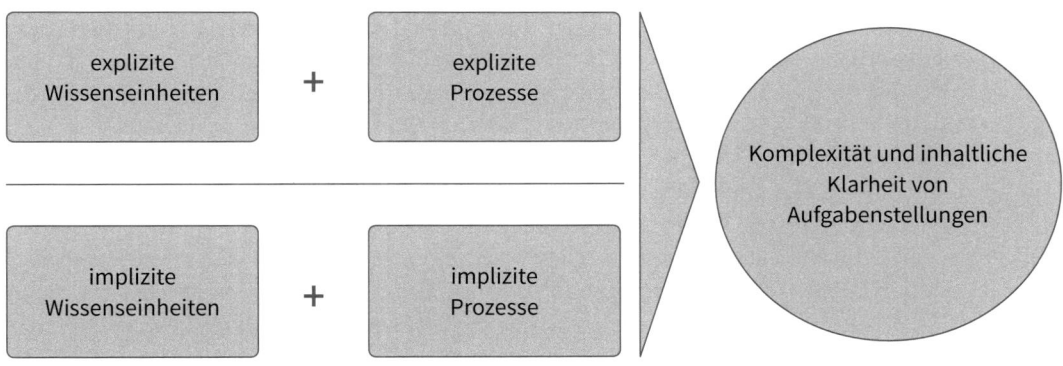

Abbildung: Strukturskizze der inhaltlichen Komplexität von Aufgabenstellungen

---

Johanna Neubrand, 2002: Eine Klassifikation mathematischer Aufgaben zur Analyse von Unterrichtssituationen. Selbstständiges Arbeiten in Schülerarbeitsphasen in den Stunden der TIMSS-Video-Studie. http://www.fachportal-pädagogik.de/fis_bildung/suche/fis_set.html? (Zugriff: 20.12.2016)
Marc Kleinknecht, Thorsten Bohl, Uwe Maier, Kerstin Metz (Hg.) 2013: Lern- und Leistungsaufgaben im Unterricht. Fächerübergreifende Kriterien zur Auswahl und Analyse, S. 35 f.
Timo Leuders 2014: Aufgaben in Forschung und Praxis. In: Bernd Ralle, Susanne Prediger, Marcus Hamman, Martin Rothgangel (Hg.) 2014: Lernaufgaben entwickeln, bearbeiten und überprüfen. Fachdidaktische Forschungen Band 6. Münster, S. 35 ff.

Fazit

Die inhaltliche Komplexität bestimmt das kognitive Potenzial und damit das Anspruchsniveau von Aufgaben. Bei der Analyse wie bei der Konstruktion von Aufgaben ist es deshalb wichtig, auf die expliziten und impliziten Stoffanteile zu achten, sie gegebenenfalls zu benennen und ebenso die Lösungsprozesse zu antizipieren. Aufgrund dieser Analyse kann dann entschieden werden, ob die Aufgabe zur Lerngruppe passt, sie überfordert oder eventuell unterfordert.
Deshalb gilt als weiteres Qualitätsmerkmal:

> Aufgaben brauchen inhaltliche Klarheit.

Qualitätsmerkmal 3: *Anforderungsklarheit*

Anforderungstransparenz zeigt sich in der Operatorenklarheit einer Aufgabenstellung.

Neben eher quantitativen Inhaltsstrukturen, wie sie im vorangegangenen Kapitel vorgestellt worden sind, spielen natürlich auch qualitative Strukturen bei der Aufgabenanalyse und Aufgabenkonstruktion eine wichtige Rolle, denn sie bestimmen das kognitive Anforderungsniveau einer Aufgabe maßgeblich mit. Schülerinnen und Schülern muss klar sein, welche Anforderungen Aufgaben an sie stellen. Deshalb gehört zu den strukturellen Merkmalen einer guten Aufgabe explizite Transparenz in den Anforderungen, die sich für alle Beteiligten, also für Lehrer wie für Schüler, in Operatorenklarheit zeigt. Für Lehrerinnen und Lehrer bedeutet Anforderungstransparenz zudem, auf die Komplexität der Repräsentationsformen des Wissens zu achten, also Taxonomien bei der Aufgabenkonstruktion mitzudenken.

Aufgabentaxonomien sind unterschiedlich komplex.

Die fachwissenschaftlichen Publikationen verwenden verschiedene Taxonomien. Diese werden fachspezifisch ausgearbeitet, um mit ihrer Hilfe fachliche Kompetenzen zu beschreiben und zu ordnen. Auf der Basis der allgemeindidaktischen Taxonomie von Bloom unterscheidet Anderson deklaratives Wissen von prozeduralem, konzeptionellem und metakognitivem Wissen. *Deklaratives Wissen* umfasst die im Langzeitgedächtnis gespeicherten Sachverhalte und Begriffe eines Fachkonzeptes. *Prozedurales Wissen* ermöglicht die Anwendung der Begriffe zur Lösung eines fachspezifischen Problems, zum Beispiel in einer einfachen Aufgabe. *Konzeptuelles Wissen* ist komplexeres Wissen: Fachkonzepte müssen identifiziert und die mit ihnen einhergehenden, lösungsrelevanten Begrifflichkeiten und Prozesse müssen selbstständig erkannt, gewählt und angewendet werden. *Metakognitives Wissen* umfasst alle kognitiven Kompetenzen, die nötig sind, um angewendete Problemlösungsstrategien zu beurteilen und gegebenenfalls Schlussfolgerungen für das eigene Lernen zu ziehen. Dazu gehören zum Beispiel auch so scheinbar einfache Erkenntnisse, dass bestimmte Vokabeln, die zum Verständnis eines fremdsprachlichen Textes fehlen, nachgeschlagen werden müssen.

Aufgabentaxonomien klassifizieren das Anspruchsniveau von Aufgaben.

In Anlehnung an diese Taxonomie wurden die Anforderungsbereiche für kognitive Prozesse vom Deutschen Bildungsrat und der Kultusministerkonferenz (KMK) entwickelt. Sie gelten als Grundlage für föderale Bildungspläne und finden sich mehr oder weniger spezifiziert in allen föderalen Lehrplänen wieder. Der Deutsche Bildungsrat unterscheidet wie Anderson ebenfalls vier Anforderungsebenen, die der *Reproduktion*, die der *Reorganisation* und des *Transfers* sowie die des *problemlösenden Denkens*. Die KMK reduziert hingegen auf nur drei Anforderungsbereiche. Sie unterscheidet Reproduzieren, fasst Reorganisations- und Transferebene in der Kategorie *Zusammenhänge herstellen* zusammen und nennt *Verallgemeinern und Reflektieren* als dritte Ordnungs- und Anspruchskategorie für Kompetenzen. Diese Vereinfachung der Ausgangstaxonomien hat zwar den Nachteil, dass die kognitionspsychologische Differenzierung geschwächt wird. Sie hat aber auch zwei Vorteile: Zum einen wird der Kompetenzbezug offensichtlicher, zum anderen wird die Bedeutung der Kategorien für die Klassifizierung von Aufgaben nachvollziehbarer. Der Anforderungsbereich *Reproduktion/Reproduzieren* umfasst Operatoren, die verfestigtes Wissen in Aufgaben verlangt. Der Anforderungsbereich *Reorganisation/Zusammenhänge herstellen* umfasst den nahen Transfer in Aufgabenstellungen, deren

---

Stefan Keller, Ute Bender (Hg.) 2012: Aufgabenkulturen. Fachliche Lernprozesse herausfordern, begleiten, reflektieren. Seelze, S. 11 f.
Marc Kleinknecht, Thorsten Bohl, Uwe Maier, Kerstin Metz (Hg.) 2013: Lern- und Leistungsaufgaben im Unterricht. Fächerübergreifende Kriterien zur Auswahl und Analyse. Bad Heilbrunn, S. 35 f.
Deutscher Bildungsrat, Empfehlungen der Bildungskommission 1970: Strukturpläne für das Bildungswesen. Bad Godesberg
Sekretariat der Ständigen Konferenz der Kultusminister der Länder in der Bundesrepublik Deutschland (Hg.) 2005: Bildungsstandards der Kultusministerkonferenz

Formate und Problemstellungen den Schülerinnen und Schülern bereits bekannt sind. Der Anforderungsbereich *Transfer/Zusammenhänge herstellen* verlangt von Schülerinnen und Schülern, neue Problemsituationen und Aufgabenformate durch selbstständige Anwendung von deklarativem und prozessualem Wissen zu lösen. Der vierte Anforderungsbereich *Problemlösendes Denken/Verallgemeinern und Reflektieren* zielt auf komplexe Anwendungen und integriert die zuvor genannten Wissensarten in unterschiedlichen Situationen, in denen Schülerinnen und Schüler problemlösende Strategien selbstständig entwickeln und im Hinblick auf ihre Wirksamkeit überprüfen müssen.

Operatoren machen die kognitiven Anforderungsebenen für die praktische Arbeit der Aufgabenanalyse und -konstruktion transparent, indem sie konkrete Erwartungen an aufgabenlösendes Schülerverhalten beschreiben. Fachspezifische Operatorenlisten finden sich inzwischen in den Anhängen der meisten kompetenzorientierten Lehrpläne. Eine Liste mit wichtigen allgemeindidaktischen Operatoren, die in vergleichbarer Bedeutung in Lehrplänen mehrerer Fächer zu finden sind, und entsprechende schüleradäquate Erklärungen zur Vorgehensweise werden im Teil III dieses Buches vorgestellt.

> Operatoren beschreiben konkrete Erwartungen an aufgabenlösendes Schülerverhalten.

Bewährt hat sich, …
1. Aufgaben zu deklarativem Wissen immer an den Anfang des Lernprozesses zu stellen, denn ohne nachhaltige Begriffsvorstellungen wird fachliches Lernen scheitern oder zu einer Simulation von Erkenntnis degenerieren.
2. Aufgabenstellungen unterschiedlicher kognitiver Reichweite möglichst früh zu kombinieren, so dass späterer Lernerfolg ermöglich wird, also nicht nur Aufgaben auf den beiden niedrigeren Repräsentationsstufen kognitiven Wissens anzubieten.
3. bei der Aufgabenkonstruktion auf alle kognitiven Anforderungsebenen zu achten und darin auch eine Möglichkeit zur Differenzierung am selben Lerngegenstand durch Aufgaben zu sehen.
4. die Nutzerpassung der Kognitionsstufen bei der Aufgabenkonstruktion im Auge zu behalten, denn Schülerinnen und Schüler stehen auf unterschiedlichen kognitiven Entwicklungsstufen, verfügen über individuell ausgeprägte Leistungsfähigkeit, sozialisieren sich in bildungsdivergenten Elternhäusern und erfahren an Schulen unterschiedlich entwickelte Lernkulturen.
5. Operatorenhandlungen transparent zu machen und spezifische Handlungsaufforderungen, durch die sich jeder Operator letztendlich definiert, im Fachunterricht einzuüben.

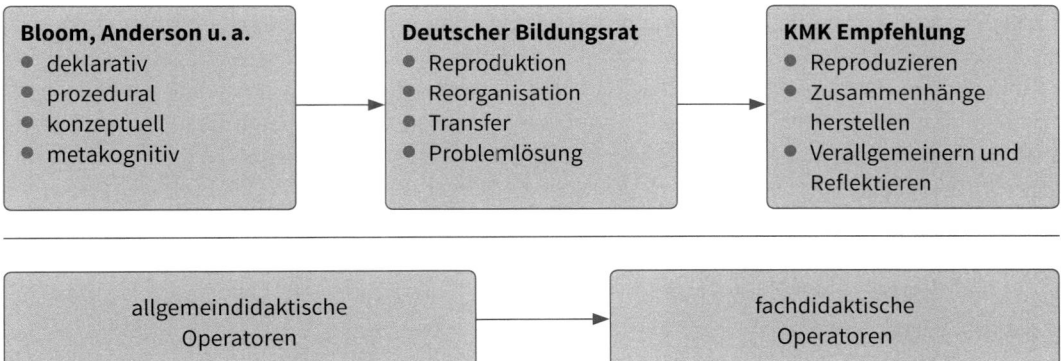

Abbildung: Anforderungstransparenz: kognitive Anspruchsniveaus und Operatoren

Fazit

Klar ist, dass die kognitiven Anforderungsniveaus, unabhängig von der gewählten Referenztaxonomie, ineinander verschränkt sind, dass zur Erschließung eines Problems sowohl die Kenntnis zentraler Begriffe eines Faches als auch das fachspezifische Wissen um Lösungswege gehört. Um diese Strategien bei der Lösung lebensweltlicher Problemsituationen in verschiedensten Lebenskontexten anwenden zu können, bedürfen Schüler auch der Fähigkeit zur Urteilsbildung über den eingeschlagenen Weg. Nur so sind zukünftige Handlungsstrategien in Schule, Beruf und Privatem für sie optimierbar.

Deshalb gilt als weiteres Qualitätsmerkmal:

> **Aufgaben brauchen Anforderungstransparenz.**

Qualitätsmerkmal 4: *Kompetenzbezug*

In allen Bundesländern gelten inzwischen kompetenzorientierte Lehrpläne.

Mehr als 15 Jahre nach Veröffentlichung der sogenannten „Klieme Expertise" sind die schulpolitischen Debatten um Bildungsstandards und Kompetenzorientierung im Unterricht zu einem erstaunlich positiven Ergebnis gelangt: Trotz föderaler Bildungsautonomie liegen inzwischen in allen Bundesländern für fast alle Fächer und Schulformen kompetenzorientierte Lehrpläne vor. Auch wenn solche Lehrpläne teilweise noch zur Erprobung ausgeschrieben sind, so verändern sie doch Schritt für Schritt die Art und Weise, wie an Schulen unterrichtet und gelernt wird.

Beschäftigt man sich etwas intensiver mit fachdidaktischen Veröffentlichungen zu Aufgabenkulturen, dann wird man früher oder später auf die zurecht häufig zitierte Definition des Kompetenzbegriffs von Weinert stoßen. Weinert versteht unter Kompetenzen

… die bei Individuen verfügbaren oder durch sie erlernbaren kognitiven Fähigkeiten und Fertigkeiten, um bestimmte Probleme zu lösen, sowie die damit verbundenen motivationalen, volationalen und sozialen Bereitschaften und Fähigkeiten, um die Problemlösungen in variablen Situationen erfolgreich und verantwortungsvoll nutzen zu können.

Die von Weinert hier vorgelegte Beschreibung dessen, was eine Kompetenz ausmacht, ist grundlegend in ihrer Bedeutung, denn sein Kompetenzbegriff ist mehrdimensional angelegt; er umfasst einen erweiterten Begriff von Lernen und impliziert zugleich ein differenziertes Kompetenzmodell. Weinert spricht in seiner Begriffsbestimmung von „kognitiven Fähigkeiten und Fertigkeiten" und betont damit die domänenspezifischen Fach- oder Sachkompetenzen, auf deren Vermittlung sich jeder Unterricht bezieht. Diese kognitiven Fähigkeiten und Fertigkeiten sind bei Weinert jedoch kein Selbstzweck, sondern sind an problemlösendes Handeln „in variablen Situationen" gebunden. Die „verantwortungsvolle" Nutzung dieser Kompetenzen in schulischen, beruflichen und privaten Kontexten verweist auf eine gesellschaftlich-ethische Dimension, die bei fachlichem Lernen von den Lehrenden mitbedacht und auch thematisiert werden muss. Darüber hinaus spricht Weinert aber auch von „motivationalen, volationalen und sozialen Bereitschaften und Fähigkeiten" und erweitert so die fachliche Dimension des Lernens um personale Kompetenzdimensionen.

Aufgaben sind komplexe Kompetenzarrangements.

Ein entsprechendes Kompetenzmodell ist unter anderem von Anette Czerwanski vorgestellt und in den aktuellen Lehrplänen domänenspezifisch weiterentwickelt worden. Darin werden neben den fachlichen auch personale, soziale, methodische und kommunikative Kompetenzen ausgewiesen, die im und durch Unterricht erworben, gefördert und gefestigt werden müssen. Aufgabenstellungen vermitteln diese Kompetenzen. Während fachliche Kompetenzen in Aufgabenstellungen offensichtlich sind, müssen implizite personale, kommunikative und soziale Kompetenzen, die zur erfolgreichen Bearbeitung der Aufgaben notwendig sind, erst bewusst gemacht werden. Bei der unterrichtlichen Umsetzung gilt es zu bedenken, dass nie alle Kompetenzdimensionen gleichzeitig anzusteuern sind. Denn dies beinhaltet zwei Gefahren, die der Überfrachtung des inhaltlichen Lernens und die der Überforderung sowohl der Schülerinnen und Schüler als auch der Lehrerinnen und Lehrer, die eine Unterrichtssequenz planen und durchführen.

Bewährt hat sich, …

1. bei der Aufgaben- und Unterrichtsplanung zwischen überfachlichen Kompetenzen (personale, soziale, methodische, kommunikative Kompetenzen) und Fachkompetenzen zu unterscheiden.
2. die Vermittlung von überfachlichen Kompetenzen an das fachliche Lernen zu binden, denn der Erwerb von überfachlichen Kompetenzen erfolgt nie isoliert, sondern immer in der Auseinandersetzung mit dem Fachlichen, also den Inhalten, dem Stoff.
3. in jeder Unterrichtssequenz nur einen überfachlichen Kompetenzschwerpunkt zu setzen, diesen jedoch im Verlauf der Unterrichtssequenz zu thematisieren und den Grad des Kompetenzerwerbs zu evaluieren.
4. bei der Vermittlung überfachlicher Kompetenzen Absprachen mit anderen Fächern zu suchen, um parallel an einem Kompetenzschwerpunkt zu arbeiten und somit nachhaltigere Lerneffekte zu erzielen. Dies setzt in der Regel eine Einigung über ein Methoden- und Kompetenzcurriculum voraus.

Anette Czerwanski u. a. 2002: Förderung von Lernkompetenz in der Schule
Franz E. Weinert (Hg.) 2014: Leistungsmessung in Schulen. Weinheim

Personale Kompetenzen
Zum Beispiel:
- Selbstmotivation
- selbstbestimmt und eigenverantwortlich handeln
- realistische Selbstwahrnehmung
- Abbau von Defiziten
- Ausbau von Potenzialen

Kommunikationskompetenz
Zum Beispiel:
- Dialogfähigkeit
- mündliches & schriftliches Ausdrucksvermögen
- argumentieren
- visualisieren
- moderieren

Aufgabenstellung

Sozialkompetenz
Zum Beispiel:
- mit anderen interagieren
- Wahrnehmungsfähigkeit
- Perspektivwechsel
- Empathie
- Rücksichtnahme
- Solidarität
- Kooperations- und Teamfähigkeit

Fachkompetenz
Zum Beispiel:
- Sachkompetenz
- Methodenkompetenz
- Urteilskompetenz
- fachspezifische Handlungskompetenz

Abbildung: Kompetenzmodell fächerübergreifender und fachspezifischer Kompetenzen

Fazit

Um unter diesen Voraussetzungen den Vorgaben der neuen lehrplanspezifischen Kompetenzkultur im Unterricht nachzukommen, bedarf es in der Praxis einer neuen Aufgabenkultur. Nur wer im Unterricht die Möglichkeit hat, sich zu beweisen, über Lerngegenstände und Lernprozesse mit anderen zu kommunizieren und Lösungen für Probleme im Diskurs zu entwickeln, wird multiple Kompetenzen nachhaltig erwerben. Aufgaben fällt dann im Unterricht eine zentrale Mittlerrolle zu, denn sie steuern diese Kompetenzen an und bereiten den Weg zum komplexen Kompetenzerwerb.

Deshalb gilt als weiteres Qualitätsmerkmal:

> Aufgaben brauchen einen bewussten Kompetenzbezug.

Qualitätsmerkmal 5: *Authentizität*

Die Welt für Schülerinnen und Schüler zu erschließen und zu ordnen, ist ein fundamentales Bildungsziel von Schule. Aufgaben übernehmen dabei eine zentrale Funktion, denn sie schaffen einen Bezug zwischen den fachlichen Inhalten und der Lebens- und Erfahrungswelt der Schülerinnen und Schüler. Dieser Prozess, bei dem Aufgaben Lebensweltbezüge herstellen, wird jedoch nur in Gang kommen, wenn Aufgaben die besonderen Erfahrungen von Kindern und Jugendlichen auch treffen, wenn sie quasi ein von Lehrenden zuvor prognostiziertes Vorwissen abbilden, es thematisieren und es so für das fachliche Lernen nutzbar machen. Und genau dies muss sowohl bei der Reflexion und Beurteilung von Aufgaben als auch bei der Konstruktion von Aufgaben mitbedacht werden, was kein leichtes Unterfangen ist. Erfahrungen von Kindern und Jugendlichen unterscheiden sich in vielerlei Hinsicht von denen Erwachsener, die als Lehrende den Lernprozess planen und dazu Aufgaben auswählen oder selbst generieren. So sei in diesem Zusammenhang zur Veranschaulichung der unterschiedlichen Lebensbezüge darauf hingewiesen, dass Kinder und Jugendliche in wesentlich stärkerem Maße in medial vermittelten Welten und Wirklichkeiten leben und ihre Realerfahrungen meist weniger komplex sind als die von Erwachsenen. Vieles, was Lehrende in der Planung von Unterricht und insbesondere bei der Gestaltung von Aufgaben als Lebens- und Erfahrungsbezüge bei Kindern

Aufgaben schaffen einen Bezug zur Lebenswelt der Schülerinnen und Schüler.

Annahmen über die Lebenswirklichkeiten und Erfahrungen von Schülerinnen und Schülern sind von Lehrerinnen und Lehrern bei der Aufgabenanalyse und Aufgabenkonstruktion kritisch zu hinterfragen.

Aufgabenstellungen mit echtem Lebensweltbezug motivieren und bilden nachhaltig.

und Jugendlichen vermuten, existiert oft gar nicht, ist nur rudimentär verfügbar oder muss als Wirklichkeit aus medialen Verfremdungen dekonstruiert werden. Gelingt dies nicht, scheitert der Lehrende mit seiner Aufgabenintention, weil auf Schülerseite kein Lebensweltbezug wahrgenommen wird. Unbestritten ist, dass Schülerinnen und Schüler Aufgaben als für sie bedeutsam erfahren, wenn diese einen expliziten Lebensbezug darlegen. Gelingt dies, dann wirken Aufgaben motivierend. Schülerinnen und Schüler erfahren sich in solchen Fällen als kompetent, autonom und eingebunden, denn sie erleben im Unterricht, wie die Auseinandersetzung mit dem Fachlichen, transponiert durch die Aufgabe, sie in die Lage versetzt, zukünftige Lebensanforderungen in Schule, Beruf, Gesellschaft und Privatem erfolgreich zu bewältigen.

Sigrid Blömeke erläutert in ihrer allgemeindidaktischen Analyse von guten Aufgaben, dass lebensweltliche Referenz ein Qualitätsmerkmal sei, weil authentische Situationen in Aufgaben den Transfer auf neue Situationen ermöglichen, dass Fähigkeiten, Fertigkeiten und auch erworbene Kenntnisse dann weniger als „träges Wissen" im Langzeitspeicher unseres Gedächtnisses ruhen, sondern in flexiblen Situationen zur Lösung realer Probleme auch aktiviert werden können. Ähnlich argumentieren Marc Kleinknecht, Thorsten Bohl, Uwe Maier und Kerstin Metz. Auch in ihrem allgemeindidaktischen Modell zur kriterienorientierten Analyse von Aufgaben ist der Lebensweltbezug eines der sieben ausgewiesenen Qualitätsmerkmale von Aufgaben.

Zu unterscheiden sind grundsätzlich Aufgaben ohne Lebensweltbezug von Aufgaben mit Lebensweltbezug, wobei letztere unterschiedliche Qualitäten aufweisen können. In der Terminologie dieser Arbeit werden unterschieden …

- *nicht situierte Aufgaben* (ohne Lebensweltbezug),
- *konstruiert-situierte Aufgaben* (konstruierter, aber die Erfahrungswelt der Schüler kaum treffender Lebensweltbezug),
- *realistisch situierte Aufgaben* (glaubhafter Lebensweltbezug),
- *real situierte Aufgaben* (unmittelbar existierender Lebensweltbezug).

Bewährt hat sich, …

1. sich vor der Aufgabenkonstruktion die Lebens- und Erfahrungswelten von Kindern und Jugendlichen in Bezug auf konkrete Unterrichtsinhalte ins Bewusstsein zu rufen. Denn es liegen bei Schülerinnen und Schülern eben nicht immer jene eigenen Erfahrungen so vor, wie der Planer von Aufgaben sich dies vorstellt.
2. Aufgaben einen narrativen Rahmen zu geben, um so einen Bezug zur Lebenswirklichkeit darzustellen und Imaginationen anzustoßen.
3. zwischen Aufgaben zur Problemlösung und Aufgaben zum Üben zu unterscheiden. Letztere benötigen, besonders wenn sie die Sicherung und Automatisierung fachspezifischer Teilfähigkeiten zum Ziel haben, nicht zwingend den narrativen Rahmen, da der Lebensweltbezug bereits in vorangegangenen Lernaufgaben geklärt worden ist.
4. den Lebensweltbezug bei der Besprechung von Aufgaben im Unterrichtsgespräch zu thematisieren.

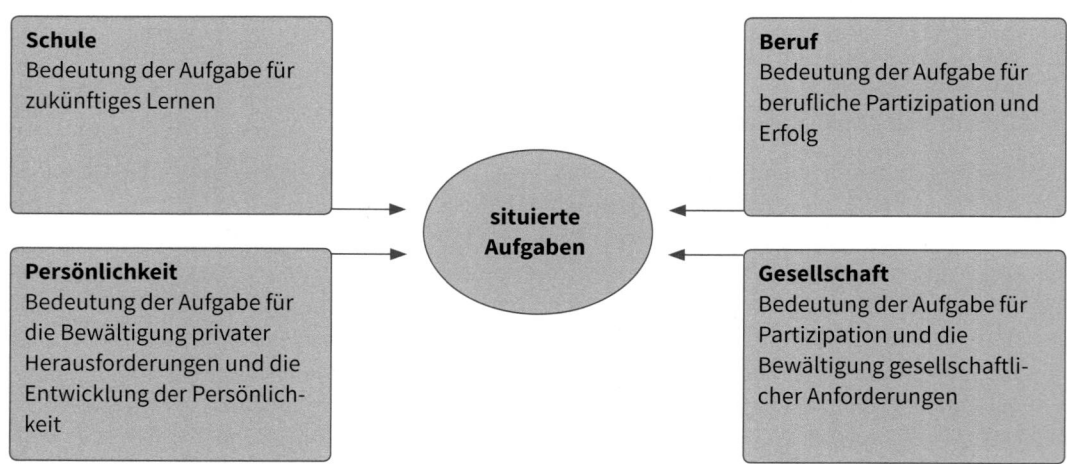

Abbildung: Bezugsrahmen für situierte Aufgaben

Marc Kleinknecht, Thorsten Bohl, Uwe Maier, Kerstin Metz (Hg.) 2013: Lern- und Leistungsaufgaben im Unterricht. Fächerübergreifende Kriterien zur Auswahl und Analyse. Bad Heilbrunn, S. 36 f.

Sigrid Blömeke u. a. 2006: Analyse der Qualität von Aufgaben aus didaktischer und fachlicher Sicht. Ein allgemeines Modell und seine exemplarische Umsetzung im Unterrichtsfach Mathematik. In: Unterrichtswissenschaft 39, 2006, Heft 4, S. 330 ff.

Fazit

Aufgaben mit situierter Rahmung nutzen kognitive Dispositionen. Sie vernetzen Erfahrung und Lernen, Lebenswirklichkeit und Schule. Deshalb wirken situierte Aufgaben authentisch und sind motivierend. Sie ermöglichen vertiefendes Lernen und fördern nachhaltig Kompetenzen.

Deshalb gilt als weiteres Qualitätsmerkmal:

> Aufgaben verfügen über einen möglichst authentischen Lebensbezug.

Qualitätsmerkmal 6: *eindeutige Funktion im Lernprozess*

Aufgaben im Unterricht sind immer Teil eines umfassenderen Lernprozesses. Sie bauen neues Wissen auf, dienen der Verfestigung dieses Wissens, ermöglichen dessen Anwendung und sind Ausgangspunkt diagnostischer Prozesse, deren Erkenntnisse in die Planung des nachfolgenden Unterrichts wie in die Konstruktion neuer Aufgaben eingehen. Als „Teil ganzer Lernakte" verortet Felix Winter Aufgaben an zentraler Stelle im Lernprozess; Heinz Klippert veranschaulicht „ganze Lernakte" praxisnah in seinem Konzept der Lern- und Übungsspiralen. Dabei korrespondieren Aufgaben mit Sozialformen, Differenzierungsnotwendigkeiten und Kompetenzintentionen. Aufgaben sind in eine Unterrichtsstruktur eingebunden und werden über deren Dramaturgie zu Sinnträgern von Lehrerhandeln.

Aufgaben bestimmen die Unterrichtsstruktur maßgeblich mit.

Damit Aufgaben in komplexen Lernprozessen lernförderlich eingesetzt werden und sich ihre didaktischen Funktionen entfalten können, ist es unumgänglich, sie kategorial zu definieren. Eine erste wichtige Unterscheidung betrifft dabei die Aufgabenformate. *Offene Aufgabenformate*, wie zum Beispiel freie Schreibaufgaben, ermöglichen einen umfangreichen Kompetenzerwerb. Sie ermöglichen Schülerinnen und Schülern, sich mit ihren individuellen Lernkonstruktionen auf unterschiedlichen Niveauebenen einzubringen. Sie verlangen von Lehrerinnen und Lehrern jedoch klare fachliche Kategorien zur Reflexion und Beurteilung der Ergebnisse. *Halboffene Aufgabenformate*, wie zum Beispiel klassische Ergänzungsaufgaben, steuern und fokussieren Lernhandlungen wesentlich stärker, lassen aber in Teilen immer noch individuelle sinnvolle Lösungen zu. *Geschlossene Aufgabenformate*, wie zum Beispiel Auswahl- oder Zuordnungsaufgaben, sind in ihren Antworten eindeutig festgelegt. Sie fördern kaum einen komplexen und vernetzten Kompetenzerwerb, sind aber für Lehrerinnen und Lehrer ökonomisch in Durchführung und Bewertung.

Unterschiedliche Aufgabenformate haben unterschiedliche Funktionen im Lernprozess.

Alle Aufgabenformate sind prinzipiell sowohl für das Lernen als auch für Diagnostik und Lernstandserhebung geeignet. Sie unterscheiden sich jedoch deutlich im Hinblick auf ihre Funktion im Lernprozess.

Lernaufgaben initiieren Lernhandlungen, die den Erwerb fachspezifischer Kompetenzen zum Ziel haben. Sie sind domänenspezifisch auf Inhalte, Probleme und Methoden bezogen und entfalten erst im Zusammenspiel von

- Erschließung und Erarbeitung,
- Anwendung und Gestaltung,
- Übung und Vertiefung

ihr didaktisches Potenzial. Sie werden einzeln oder zusammen mit anderen Aufgaben bearbeitet. Sie zielen auf ein Produkt, das präsentiert und einer sachbezogenen Beurteilung zugeführt werden kann. Leistungsaufgaben haben im Unterricht eine situativ ausgewiesene diagnostische Funktion: Sie erheben den individuellen Lernstand in Tests, Klassenarbeiten und Prüfungen und sind somit wesentliche Indikatoren für die Planung anschließenden Unterrichts. Leistungsaufgaben sollten dann nicht den Abschluss einer Unterrichtseinheit darstellen, sie müssen vielmehr, wenn sie als diagnostisches Instrumentarium ernstgenommen werden, die Grundlage für die Planung weiteren Unterrichts sein, in dem aufgezeigte Leistungsdefizite aufgearbeitet werden. Leistungsaufgaben werden in der Regel in Einzelarbeit gelöst. Sie ermöglichen eine reliable, objektive und valide Messung. Sie bewerten individuelle fachspezifische Fertigkeiten und Fähigkeiten. In der Praxis geschieht dies in Form von Punkten, Noten, Wortgutachten und Kompetenzlisten, die allen an Schule Beteiligten Aufschluss über die persönliche fachbezogene Leistungsfähigkeit geben.

Leistungsaufgaben ergeben sich aus Lernaufgaben und führen ihrerseits zu neuen Lernaufgaben.

Felix Winter 2004: Leistungsbewertung – eine neue Lernkultur braucht einen anderen Umgang mit Schülerleistungen. Baltmannsweiler

Marc Kleinknecht, Thorsten Bohl, Uwe Maier, Kerstin Metz (Hg.) 2013: Lern- und Leistungsaufgaben im Unterricht. Fächerübergreifende Kriterien zur Auswahl und Analyse. Bad Heilbrunn, S. 13 ff.

Bewährt hat sich, …
1. Aufgabenformate und Aufgabenformen abwechslungsreich einzusetzen und den Umgang mit diesen in der Klasse einzuüben. Dies gilt insbesondere für prüfungsrelevante Formate.
2. bei offenen Aufgabenformaten Kompetenzlisten zu verwenden, um so Anforderungen und Bewertungen sich selbst und den Schülerinnen und Schülern transparent zu machen.
3. Aufgabenformate und Aufgabenformen einer Unterrichtseinheit im Blick über mehrere Stunden zu planen.

Abbildung: didaktische Funktion im Lernprozess

Fazit

Die Kenntnis unterschiedlicher didaktischer Funktionen von Aufgabenformaten und Aufgabentypen im Unterricht ist Voraussetzung dafür, Aufgaben so auszuwählen, dass sie Lernprozesse gestalten und vorantreiben. Wer sich bewusst ist, was er in Bezug auf seine Lerngruppe erreichen will, weiß eher passende Aufgabenformen und Aufgabenarrangements einzuschätzen und sie sinnstiftend im Unterricht einzusetzen.

Deshalb gilt als weiteres Qualitätsmerkmal:

> **Aufgaben brauchen eine eindeutige Funktion im Lernprozess.**

Qualitätsmerkmal 7: *Aktivierungspotenzial*

Aktivierende Aufgabentypen schulen kognitive Fähigkeiten nachhaltig.

Die aktive Teilnahme der Schülerinnen und Schüler am Unterricht findet in der Auseinandersetzung mit Stoffen und Inhalten des jeweiligen Faches statt. Es ist die zentrale Aufgabe der Lehrenden, den Lernrahmen so zu gestalten und den Stoff so didaktisch aufzubereiten, dass eine seriöse Auseinandersetzung mit den Fachinhalten möglich wird. Jede Simulation von Lernen ist hingegen zu vermeiden. Deshalb sollte Unterricht so konzipiert sein, dass kognitive Fähigkeiten erprobt und letztendlich nachhaltig erworben werden. Die kognitive Aktivierung der Schülerinnen und Schüler wird dabei in der Regel über aktivierende Aufgabentypen und Aufgabenarrangements gesteuert.

Die geplanten Unterrichtsarrangements werden in der praktischen Umsetzung erfolgreich sein und eine aktive Lernhaltung bei Schülerinnen und Schülern evozieren, wenn sie bestimmte Merkmalsausprägungen aufweisen,
- wenn sie motivieren und klar strukturiert sind, damit Schülerinnen und Schülern ihre Lernziele transparent sind und sie sich mit ihrem Lernen identifizieren können,
- wenn sie verschiedene Lernwege zulassen oder variieren, um so den verschiedenen Lernertypen gerecht zu werden.

Aufgaben bieten Schülerinnen und Schülern abwechslungsreiche Lernwege an.

Deshalb sollte bei der Aufgabenkonstruktion bedacht werden, dass Schülerinnen und Schüler der gleichen Lerngruppe unterschiedliche Lernertypen repräsentieren. Ein Lehrer, der vorträgt, belehrt, korrigiert, erreicht mit seinen Handlungen nur einen kleinen Teil seiner Zuhörerschaft. Die Lernpsy-

---
Maike Looß 2007: Lernstrategien, Lernorientierung, Lern(er)typen. In: Dirk Krüger u. a.: Theorien in der biologiedidaktischen Forschung. Cham, S. 141 ff.
Alexander Renkl 2014: Lernaufgaben zum Erwerb prinzipienbasierter Fertigkeiten: Lernende nicht nur aktivieren, sondern aufs Wesentliche fokussieren. Münster, S. 12 ff.

chologie geht heute davon aus, dass nur etwa 5 Prozent der Menschen auditiv-orientierte Lerner sind. Beim Lesen ist der Lernerfolg schon etwas ausgeprägter; etwa 10 Prozent der Schülerinnen und Schüler nehmen dann aktiv Informationen auf. Eine Kombination von auditiven und visuellen Lernangeboten erreicht einen Wirkungsgrad von etwa 20 Prozent. Richtig erfolgreich wird Lernen in Gruppen aber erst dann, wenn Handlungen ins Spiel gebracht werden. Dann erreicht das Wirkpotenzial Aktivierungswerte von bis zu 90 Prozent. Solch hohe Werte werden sichtbar, wenn Schüler anderen Schülern Inhalte erklären, wenn sie also selbst handelnd aktiv werden, indem sie zum Beispiel für kurze Zeit in eine Lehrerrolle schlüpfen. Dieses hohe Aktivierungspotenzial resultiert letztendlich aus der Kombination verschiedener Lernstile, denn wer erklärt, nutzt alle Lernwege. Er hört, liest und schreibt, um sich selbst den Stoff zu erschließen. Er erklärt, demonstriert, präsentiert, visualisiert, kommuniziert und diskutiert seine neu gewonnenen Erkenntnisse in der Lerngruppe. Er nutzt dabei nicht nur die in ihm prädisponierte Lernorientierung, sondern kombiniert unterschiedliche Lernstile für sein Lernen, so dass man sagen kann: Wer einem anderen etwas richtig erklärt, ist nicht nur in hohem Maß aktiv, sondern hat den Stoff auch verstanden.

Bei der Konstruktion und Bewertung von Lernaufgaben muss jedoch auch das Qualitätsniveau der kognitiven Aktivierung durch die Kombination verschiedener Lernwege im Blick behalten werden. Alexander Renkl nennt drei qualitative Perspektiven der kognitiven Aktivierung, um die Aktivierungstiefe und damit auch den Lernerfolg, den man mit Lernaufgaben erzielen kann, zu erklären. Er unterscheidet die „Perspektive des aktiven Tuns", die „Perspektive der aktiven Verarbeitung" und die „Perspektive der fokussierten Verarbeitung". Er kritisiert am klassischen handlungsorientierten Ansatz, der auf der Theorie unterschiedlicher Lernwege und Lernstile basiert, dass, zum einen, handelndes Tun erst dann Lernerfolg garantiert, wenn zuvor grundlegende Voraussetzungen für das Lösen spezifischer Fachprobleme erarbeitet worden sind. Er moniert, dass Schülerinnen und Schüler teilweise weniger lernen, wenn sie zu früh mit einer handlungsorientierten Problemlösungsaufgabe konfrontiert werden. Deshalb ist in seiner Sichtweise das handelnde Tun eher am Ende eines fachlichen Lernprozesses zu verorten, also erst dann, wenn der Stoff fachlich durchdrungen und gesichert ist. Zum anderen sieht er zurecht die Gefahr, dass besonders weniger leistungsstarke Schülerinnen und Schüler, wenn von ihnen erwartet wird, Probleme selbstständig und womöglich ohne Hilfe zu lösen, sich auch schnell überfordert und frustriert fühlen. Renkl favorisiert deshalb eine fokussierte Erarbeitung wesentlicher Prinzipien des Fachlichen durch entsprechende Lernaufgaben.

> Handlungsorientierte Problemlösungsaufgaben müssen durch einfacherer Aufgabentypen vorbereitet werden.

Bewährt hat sich, ...
1. Lernhandlungen von Schülerinnen und Schülern bei der Aufgabenkonstruktion inhaltlich zu fokussieren, damit sie nicht zur äußerlichen Aktivität werden und Lernen nur simulieren.
2. Leitfragen als Unterstützerkonzepte zur Verdeutlichung der fachlichen Fokussierung auf das Exemplarische oder auf zentrale Prinzipien bei der Implementierung von Aufgaben zu verwenden.
3. Aufgaben und Aufgabenarrangements so zu gestalten, dass sie unterschiedliche Lernertypen ansprechen.
4. Kooperationsprozesse über Aufgabenkonstruktionen zu fördern, damit multiple Lernwege angesprochen und kombiniert werden.
5. Schüler erst mit komplexen Vermittleraufgaben als Lehrende zu betrauen, wenn die fachlichen Konzepte gesichert sind.

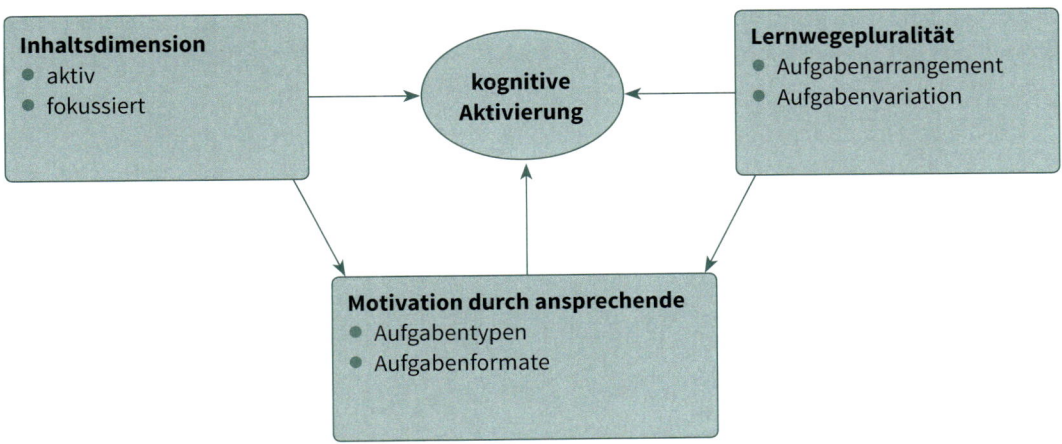

Abbildung: Bedingungen aktiven Lernens bei der Aufgabenkonstruktion

Fazit

Kognitiv aktivierende Lernaufgaben sollen fachliches Lernen im Fokus behalten. Sie müssen aber auch unterschiedliche Lernwege anbieten, um Lernchancen gerechter zu verteilen und Lernerfolg zu ermöglichen.

Deshalb gilt als weiteres Qualitätsmerkmal:

> Aufgaben aktivieren und fokussieren fachliches Lernen.

Qualitätsmerkmal 8: *Differenzierungs- und Individualisierungspotenzial*

Heterogene Lerngruppen brauchen eine differenzierende und individualisierende Aufgabenkultur.

Die Schullandschaft in Deutschland hat sich verändert. Mit der Umstellung auf ein zweigliedriges, häufig inklusives Schulsystem sind die Lerngruppen heterogener geworden. Das stellt neue Anforderungen an differenzierten und individualisierten Unterricht. Der ist ohne eine entsprechende differenzierende und individualisierende Aufgabenkultur nicht vorstellbar.

Differenzierung und Individualisierung sind zwei Seiten derselben Medaille. *Differenzierung* umfasst alle Anstrengungen des Schulmanagements und des Lehrers, den unterschiedlichen Lernprozessen von Schülerinnen und Schülern ein möglichst passendes Lernangebot gegenüberzustellen. *Individualisierung* umfasst alle Maßnahmen, die es den Schülerinnen und Schülern ermöglichen, innerhalb der Schul- und Unterrichtsstruktur gemäß ihrer individuellen Lern- und Leistungsdispositionen zu wählen, zum Beispiel die angemessene Lernzeit zur Bewältigung einer Aufgabe, das kognitive Anspruchsniveau oder unterstützende Helfersysteme. Individualisierungsmaßnahmen sind folglich als Teilmenge der Differenzierungsmaßnahmen zu verstehen.

Eine Übersicht über Differenzierungsprozesse findet sich bei Manfred Bönsch. Er konstatiert, dass Lernprozesse von Schülerinnen und Schülern sich individuell unterscheiden und identifiziert sieben Differenzierungskriterien: *Auffassungsgabe, Lerntempo, Lernkapazität, Anspruchsniveau, Sprachniveau, Motivation* und *Selbststeuerung*. Zugleich verweist er darauf, dass diese individuellen kognitiven Prozesse einen linearen Unterrichtsablauf, also das, was die meisten Lehrerinnen und Lehrer bis zur Perfektion während ihrer Ausbildung gelernt haben, problematisch machen. Wenn also Unterricht nicht zur Illusion einer Bildungsveranstaltung werden soll, sondern den Anspruch erhebt, die Wirklichkeit durch Bildung positiv zu verändern, dann muss stärker auf individuelle Dispositionen eingegangen werden.

Differenzierungs- und ebenso Individualisierungsmodelle müssen praktikabel sein.

Im Folgenden wird deshalb ein einfaches, dreidimensionales Differenzierungs- und Individualisierungsmodell vorgestellt, das die praxisrelevanten Aspekte zur inneren Differenzierung, die für die Aufgabenanalyse und Aufgabenkonstruktion bedeutsam sind, zusammenfasst und ordnet.

Aufgaben differenzieren in drei Dimensionen, der Zeit, die Schülerinnen und Schülern zur Bearbeitung einer Aufgabe zur Verfügung steht, der *Quantität*, die im Wesentlichen durch die Inhaltsstruktur der Aufgabe festgelegt wird, und der *Qualität*, die durch das operative Anspruchsniveau einer Aufgabe bestimmt wird. Hinzu kommen *Helfersysteme*, welche die Aufgabenarbeit in den drei Differenzierungsdimensionen unterstützen.

Die bislang dargestellten Qualitätsmerkmale von Aufgaben lassen sich den Differenzierungsdimensionen zuordnen. Dabei wird durch die Mehrfachnennungen in der Tabelle zum Schaubild der innere Zusammenhang sowohl der Qualitätsmerkmale als auch der Differenzierungsdimensionen deutlich.

Bewährt hat sich, ...
1. Individualisierungsangebote über halboffene und offene Aufgabenformate zu realisieren.
2. bei zielgleicher Unterrichtung Aufgaben auf ausgewiesenen Anspruchsniveaus zu variieren und bei der Auswahl durch Schülerinnen und Schüler darauf zu achten, dass jede Schülerin und jeder Schüler etwas oberhalb seiner möglichen Leistungsgrenze operiert.
3. in komplexen Aufgabenarrangements fachliche Basiskompetenzen auszuweisen, sie Aufgaben zuzuordnen, die jeder bearbeiten muss, und darüber hinaus Vertiefungs- und Erweiterungsaufgaben anzubieten, die nur von jenen Schülerinnen und Schülern bearbeitet werden, die über nachhaltig

---

Manfred Bönsch 2011: Die Differenziertheit der Lernprozesse. In: Praxis Schule 5–10. Individuell lernen – differenziert lehren.
Andreas Müller 2014: Kooperatives Lernen im gesellschaftswissenschaftlichen Unterricht. Paderborn, S. 7

gesichertes Basiswissen verfügen, während alle anderen die fachlichen Basiskompetenzen übend absichern.
4. in komplexen Aufgabenarrangements unterschiedliche Lernwege anzubieten und die Schülerinnen und Schüler interessengeleitet für sie passende Aufgaben wählen zu lassen.
5. kooperatives Lernen zur Arbeits- und Lernkultur in der Schule zu machen, um so feste und zuverlässige Helfersysteme zu etablieren.

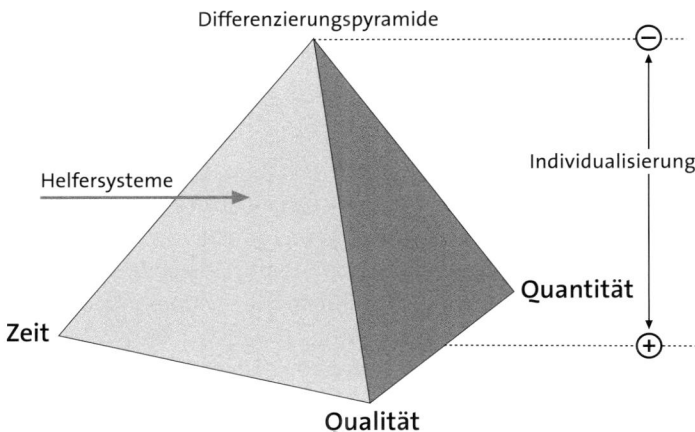

Abbildung: Aufgabendifferenzierung

Zeit	Qualität	Quantität	Helfersysteme
• variable Bearbeitungszeit • variable Lernphasen, Übungsphasen/Vertiefungsphasen • Aufgabenarrangements • Aufgabentypen	• Repräsentationsformen des Wissens • Klarheit • Kompetenzanforderungen • Lebensweltbezug • Operatorenvariabilität • Materialangebot • Präsentationsanforderungen • multiple Lernwege • Aufgabenarrangements • Aufgabentypen	• Anzahl der Wissenseinheiten • Inhalt, Stoff • Themenorientierung • Materialangebot • Aufgabenarrangements • Aufgabentypen	• Kooperationsform/Sozialform • Hilfekärtchen • Classroom-Management • Aufgabenarrangements

Fazit

Zunehmende Heterogenität in Lerngruppen bedeutet für den Unterricht, differenzierende Aufgabenangebote bereitzustellen, die individuelles Lernen ermöglichen. Solche Aufgaben und Aufgabenarrangements differenzieren ihr Angebot, die Bearbeitungswege und die Sozialformen. Sie sind Voraussetzung dafür, dass alle Schülerinnen und Schüler im Unterricht eine Teilhabechance an Bildung erfahren. Sie verhindern, dass Schülerinnen und Schüler sich im Unterricht als randständig erleben und die Schule misserfolgstraumatisiert, ohne Abschluss und mit eingeschränkten Zukunftsaussichten verlassen.

Deshalb gilt als weiteres Qualitätsmerkmal:

> Aufgaben machen Differenzierungs- und Individualisierungsangebote.

Teil II: Sammlung – Operatoren, Aufgabenformen, Aufgabenarrangements

1. Fächerübergreifend relevante Operatoren

Die Bedeutung von Operatoren

Operatoren beschreiben Lernhandlungen von Schülerinnen und Schülern, die deren Kompetenzerwerb anleiten. Sie unterscheiden sich in drei Anforderungsbereichen: Schülerinnen und Schüler reproduzieren, reorganisieren oder transferieren und beurteilen Lerngegenstände. Jede dieser Lernhandlungen beinhaltet auch nicht sichtbare Urteile über die Sache. Selbst die einfachste Additionsaufgabe, zum Beispiel 1 + 1 = 2, setzt ein fachliches Konzept zu ihrer Lösung voraus und impliziert die Entscheidung darüber, ob die Antwort richtig oder falsch ist.

Operatoren sind an Fachkompetenzen gebunden, die an unterschiedlichen Lerngegenständen erworben werden. So bleibt das fachliche Konzept beim Addieren zwar immer dasselbe, das Anspruchsniveau, also der Schwierigkeitsgrad der Aufgabe, kann jedoch variieren. In der Zuordnung von Operator und Lerngegenstand steckt deshalb das wichtigste Differenzierungsinstrument für Unterricht in heterogenen Lerngruppen.

Um mit Operatoren Anforderungsbereiche und Anforderungsniveaus zu treffen, bedarf es einer sicheren Operatorenkenntnis. Lehrerinnen und Lehrer arbeiten jedoch nicht selten mit persönlichen Operatorenkonzepten, die einer fachwissenschaftlichen Überprüfung nicht standhalten. Solche Fehlkonzepte führen zu Irritationen und können Schülerinnen und Schüler an einer Aufgabe scheitern lassen. Hinzu kommt, dass Operatoren in unterschiedlichen Fächern modifizierte Bedeutungen haben können oder bei gleicher Bedeutung anders benannt worden sind. Auf den folgenden Seiten finden Sie deshalb 20 fächerübergreifend relevante Operatoren. In die Auswahl wurden nur Operatoren aufgenommen, die in Bildungsstandards und Lehrplänen mindestens dreier Fächer zu finden sind.

Die Kenntnis der Operatoren, ihrer fächerübergreifenden Bedeutung, aber auch das Bewusstsein für ihre fachspezifischen Adaptionen und Variationen, ist für Lehrerinnen und Lehrer von grundlegender Bedeutung für die Analyse und Konstruktion von Aufgabentypen. Für Schülerinnen und Schüler bedeutet das sichere Erkennen von Handlungserwartungen, die von Operatoren repräsentiert werden, eine zentrale Voraussetzung, um in Lern- und Leistungssituationen mit Aufgabentypen klarzukommen, sie richtig zu lesen, Anforderungen abzuleiten und sie letztendlich erfolgreich bearbeiten zu können.

Aus dem zuvor Dargelegten lassen sich zwei Anforderungen für den bewussteren Umgang mit Operatoren ableiten.

Operatoren müssen eindeutig verwendet werden. Dies braucht das fachliche Gespräch in den Gremien jeder Schule. Nur so sind individuelle Fehlkonzepte zu korrigieren, und nur so kann im Interesse des Lernens der Schülerinnen und Schüler Verbindlichkeit und Verlässlichkeit im Umgang mit Operatoren hergestellt werden. Keinesfalls genügt es, zum Beispiel vor Abschlussprüfungen, eine ministeriale Liste mit prüfungsrelevanten Operatoren herumzureichen.

Der Umgang mit Operatoren muss bewusst angeleitet werden und in Aufgabenkontexten regelmäßig thematisiert werden. Letzteres geschieht im alltäglichen Unterricht. Die gezielte Anleitung kann hingegen auf unterschiedlichen Wegen erfolgen. So können in einer Wiederholungssequenz bereits bekannter Inhalte die Operatoren selbst zum Gegenstand von Unterricht werden. Diese Vorgehensweise hat den Vorteil, dass die Fokussierung auf die Lernhandlung durch die inhaltliche Vorentlastung verstärkt wird.

Der Erwerb solchermaßen metakognitiver Kompetenzen kann aber auch auf anderen Wegen erfolgen. Operatorenwissen kann projektorientiert vermittelt werden und Teil des schulinternen Methodencurriculums sein, das in unterschiedlich organisierten Methodentagen thematisiert wird.

Für beide Umsetzungsvorschläge finden Sie in Teil III dieses Bandes Angebote, zum einen schüleradäquate Handlungsbeschreibungen zur vorliegenden Operatorenauswahl, zum anderen ein Operatorentraining, das sich in besonderem Maße für Projektunterricht eignet.

Übersicht: „Fächerübergreifende Operatoren"

Operatoren	Naturwissenschaften	Mathematik	Deutsch	Gesellschaftswissenschaften	Musische Fächer	Sport
analysieren, untersuchen	x		x	x	x	x
auswerten	x	x	x			
begründen	x	x	x	x	x	x
benennen, nennen	x	angeben*	x	x	x	angeben
beschreiben	x	x	x	x		x
beurteilen	x	x	x	x	x	x
bewerten	x	x	x	x	x	x
charakterisieren			x	x	x	
darstellen	x	x	wiedergeben	x	x	x
diskutieren	x		x	x	x	x
erklären	x	x	x	x		x
erläutern	x	x	x	x	x	x
herausarbeiten, untersuchen	x	x	erschließen	x	x	auseinandersetzen
interpretieren		x	deuten	x		x
ordnen, einordnen, zuordnen	klassifizieren		x	x	x	x
prüfen, überprüfen	x	x	x		x	x
skizzieren	x	x			x	x
vergleichen	x	x	gegenüberstellen	x	x	x
zeichnen	x	x	gestalten		x	
zusammenfassen	x	x	x			x

* Abweichende Operatorennamen der einzelnen Fächer bei vergleichbarer Operatorenbedeutung sind in den Fächerspalten benannt.

Operator

Analysieren

Lerngruppenpassung

Der Operator *Analysieren* oder *Untersuchen* findet sich vor allem in halboffenen Aufgabenformaten. Er ermöglicht Schülerinnen und Schülern, zu analysierende Merkmale eines Sachverhaltes oder einer Sache darzustellen oder in Beziehung zueinander zu setzen. Er lässt besonders in den Fächern Deutsch und Bildende Kunst individuelle Modellierungen zu. Als differenzierende Maßnahmen können einschränkende Fragestellungen, die den Komplexitätsgrad der Analyse einschränken, der Aufgabenstellung mitgegeben, Analysekriterien vorgegeben oder Kriterien den Sachverhalten zugeordnet werden.

Verwandte Operatoren sind *Erklären, Herausarbeiten* und *Charakterisieren*. Der Operator *Untersuchen* wird synonym verwendet.

Bildungsrelevanz

Der Operator wird in den nationalen Bildungsstandards dem Anforderungsbereich II zugeordnet. Der Operator *Analysieren* wird in Aufgabenstellungen verwendet, um bereits bekannte Inhalte zu reorganisieren oder Transferleistungen einzufordern. Er verlangt von Schülerinnen und Schülern eine weitgehend selbstständige Erarbeitung der Aufgabenstellung. Dies setzt Sachkompetenz und Beurteilungskompetenz voraus.

Didaktische Funktion und Struktur

Der Operator *Analysieren* wird verwendet, wenn Schülerinnen und Schüler …

- einen inhaltlichen und formalen Bildbestand kriteriengestützt erschließen sollen (Bildende Kunst).
- Bestandteile und Merkmale eines Sachverhaltes systematisch erfassen, in Beziehung setzen und darstellen sollen (Naturwissenschaften).
- Merkmale einer Sache kriterien- oder aspektgeleitet erschließen und darstellen sollen (Deutsch, Gesellschaftswissenschaften, Musik).

Der Operator *Analysieren* repräsentiert eine deduktive Vorgehensweise und stellt komplexe Kompetenzanforderungen an Schülerinnen und Schüler. Der Operator verlangt immer fachspezifische Analysekriterien. Diese müssen transparent sein und im vorangegangenen Unterricht geklärt worden sein. Die nachfolgende induktive Anwendung der Analysekriterien auf den konkreten Fall oder auf die spezifische Sache setzt Erschließungskompetenz und Beurteilungskompetenz voraus.

Aufgabenbeispiele:
Analysiere die Farbgestaltung des Bildes und beschreibe seine Wirkung auf den Betrachter./Untersuche die Form des Gedichts./Analysiere den Aufbau des Präparates./Analysiere den formalen Aufbau des Liedes.

Tipps für die Praxis

Schülerinnen und Schülern muss nicht nur klar sein, was sie analysieren sollen. Auch die Kriterien, die in der Analyse angewendet werden sollen, müssen transparent sein. Die zu analysierende Sache muss in der Einführungsphase einfach strukturiert sein und möglichst genau zur Analyseaufgabe passen.

Operatorenliste Kunst. Niedersächsischer Bildungsserver. www.nibis.de (Zugriff: 2.12.2014)
KMK: Operatorenliste Naturwissenschaften (Physik, Biologie, Chemie), Stand 2013
KMK: Operatoren für das Fach Deutsch, Stand 2012
Lehrplan Gesellschaftswissenschaften Gemeinschaftsschule Saarland 2014, S. 99
Ausgewählte Operatoren im Fach Musik. www.schule-bw.de (Zugriff: 23.11.2015)

Operator

Auswerten

Der Operator *Auswerten* wird in geschlossenen oder halboffenen Aufgabenformaten verwendet und lässt dementsprechend eindeutige oder unterschiedliche Lösungen zu. Zu offenen Lösungen kommt es dann, wenn keine Auswertungsaspekte in der Aufgabenstellung vorgegeben sind. Differenzierungsmöglichkeiten bestehen bei halboffenen Auswertungsaufgaben darin, Auswertungsaspekte vorzugeben, um die kognitiven Prozesse beim fachlichen Lernen zu leiten. Außerdem können Daten oder Einzelergebnisse, auf denen die Auswertung basieren soll, gefiltert, vereinfacht und im Umfang reduziert werden.
Verwandte Operatoren sind *Untersuchen* und *Erklären*.

Lerngruppenpassung

Der Operator wird in den nationalen Bildungsstandards dem Anforderungsbereich III zugeordnet. *Auswerten* ist ein komplexer Operator. Er repräsentiert die Anforderungsbereiche Reorganisation und Transfer. Er verlangt von Schülerinnen und Schülern eine weitgehend selbstständige Erarbeitung der Aufgabenstellung. Dies setzt Lesekompetenz voraus, insofern die auszuwertenden Daten sinnverstehend erfasst werden müssen. Auswertungen setzen zudem Sachkompetenz voraus, da sinnvolle fachspezifische Auswertungsaspekte bekannt sein müssen, und sie setzen Beurteilungskompetenz voraus, da die Daten mithilfe der Analyseaspekte geordnet und beurteilt werden.

Bildungsrelevanz

Der Operator *Auswerten* wird verwendet, wenn Schülerinnen und Schüler ...
▶ Daten oder Einzelergebnisse in einen Zusammenhang stellen und dann Schlussfolgerungen ziehen sollen (Mathematik, Naturwissenschaften).
▶ Daten oder Einzelergebnisse zu einer abschließenden Gesamtaussage zusammenführen sollen (Gesellschaftswissenschaften).
Während der Operator *Analysieren* eine deduktive Vorgehensweise repräsentiert, wird mit dem Operator *Auswerten* der umgekehrte Weg von den Einzelergebnissen hin zu allgemeinen Aussagen beschritten. *Analysieren* und *Auswerten* sind wichtige Operatoren, da sie die Prinzipien induktiver und deduktiver Problemlösungsstrategien vermitteln und damit die Basis für systematisches wissenschaftliches Arbeiten legen.

Didaktische Funktion und Struktur

Aufgabenbeispiele:
Werte die Tabelle aus. Bestimme dazu die Anzahl der Jungen und Mädchen in der Klasse und überlege, wie viele Vier-Bett-Zimmer ihr für eure Klassenfahrt reservieren müsst./Werte die Ergebnisse des Kreuzungsexperiments aus./Werte das Klimadiagramm aus und ziehe Schlüsse für den Tourismus.

Motivierend sind Aufgaben, die real oder realistisch situiert sind. Die erforderliche Lesekompetenz muss eingeübt sein und mögliche Analyseaspekte müssen in der Aufgabenstellung genannt und bekannt sein.

Tipps für die Praxis

KMK: Operatoren für das Fach Mathematik, Stand Oktober 2012
KMK: Operatorenliste Naturwissenschaften (Physik, Biologie, Chemie), Stand 2013
Lehrplan Gesellschaftswissenschaften Gemeinschaftsschule Saarland 2014, S. 99

Operator

Begründen

Lerngruppenpassung

Der Operator *begründen* findet sich vor allem in halboffenen Aufgabenformaten. Eine Aufgabenstellung, die von Schülerinnen und Schülern fordert, Sachverhalte oder Thesen zu begründen, lässt in vielen Fällen unterschiedliche Argumentationen zu und trägt in sich bereits ein Individualisierungspotenzial. Als differenzierende Maßnahmen können Argumentationshilfen angeboten werden. Darin können Teilargumentationen, Belege oder Beispiele in unterschiedlichem Umfang vorformuliert sein. Diese müssen dann von Schülerinnen und Schülern ergänzt, sachlogisch zugeordnet und zu einer kohärenten Argumentationskette zusammengeführt werden.
Verwandte Operatoren sind *Argumentieren, Beurteilen* und *Bewerten*.

Bildungsrelevanz

Der Operator wird den Anforderungsbereichen II oder III der nationalen Bildungsstandards zugeordnet. Er wird verwendet, um Inhalte im Muster einer festen Argumentationsstruktur zu reorganisieren und Transferleistungen einzufordern. Er verlangt den Schülerinnen und Schülern in der Auseinandersetzung mit den fachspezifischen Themen Sachkompetenz ab. Die Umsetzung einer Argumentationsstruktur setzt die entsprechende Methodenkompetenz, die Einarbeitung der Sachkompetenz in die Argumentation Beurteilungskompetenz voraus.

Didaktische Funktion und Struktur

Der Operator *Begründen* wird verwendet, wenn Schülerinnen und Schüler ...
- Sachverhalte auf Regeln, Gesetzmäßigkeiten oder kausale Zusammenhänge zurückführen sollen (Mathematik, Naturwissenschaften).
- einen Sachverhalt oder eine Aussage durch Argumente stützen sollen (Deutsch, Bildende Kunst).
- einen angegebenen Sachverhalt auf Gesetzmäßigkeiten zurückführen oder hinsichtlich Ursachen und Auswirkungen nachvollziehbare Zusammenhänge herstellen sollen (Sport).

Immer wenn der Operator *Begründen* verwendet wird, dann muss von einem mehrdeutigen fachspezifischen Gegenstand ausgehend argumentiert werden. Mögen sich dabei auch die Argumentationen in ihrem Komplexitätsgrad unterscheiden, so ist die zugrundeliegende Struktur doch immer vergleichbar: Auf eine Aussage folgt deren nachvollziehbare Begründung. Sie belegt die sachliche Richtigkeit der Aussage und kann durch konkrete Beispiele veranschaulicht werden.

Aufgabenbeispiele:
Begründe Maßnahmen zur Prävention von AIDS. /Begründe, warum das vorliegende Dreieck gleichschenklig sein muss./Begründe, warum dieses Gedicht der Epoche der Romantik zuzurechnen ist./ Begründe die Zuordnung des Werks zum Expressionismus.

Tipps für die Praxis

Bei Verwendung des Operators ist immer zu überprüfen, ob der Sachverhalt oder die Behauptung überhaupt sachlogisch zu begründen ist. Darüber hinaus gilt: Argumentationen fallen Schülerinnen und Schülern leichter, wenn sie mit deren Lebens- und Erfahrungswelt verknüpft werden.

KMK: Operatoren für das Fach Mathematik, Stand Oktober 2012
KMK: Operatorenliste Naturwissenschaften (Physik, Biologie, Chemie), Stand 2013
KMK: Operatoren für das Fach Deutsch, Stand 2012
Niedersächsischer Bildungsserver: Operatorenliste Kunst. www.nibis.de (Zugriff: 2.12.2014)
Operatoren: Schulsport-NRW. www.schulsport-nrw.de (Zugriff: 10.11.2015)

Operator

Benennen

Der Operator *Benennen* wird in geschlossenen Aufgabenformaten verwendet, wobei die Elemente der Aufzählung genau definiert sind. Es bestehen vielfältige Differenzierungsmöglichkeiten. So kann über den Umfang der Aufzählung das Anforderungsniveau quantitativ differenziert werden. Zuordnungsaufgaben können im Vergleich zu freien Nennungen von Aufzählungselementen qualitativ differenzieren und das kognitive Anspruchsniveau der Aufgabenstellung senken.
Die Operatoren *Nennen* und *Angeben* werden synonym verwendet.

Lerngruppenpassung

Der Operator wird in den nationalen Bildungsstandards dem Anforderungsbereich I zugeordnet. Er wird verwendet, um bereits bekannte Inhalte zu reproduzieren. Er zielt ausschließlich auf die Erschließung und Absicherung von Sachkompetenz und setzt eine gesicherte fachspezifische Lesekompetenz voraus, da in der Regel ein Text, ein Schaubild oder Bildmaterial bearbeitet werden soll.

Bildungsrelevanz

Der Operator wird verwendet, wenn Schülerinnen und Schüler …
- Begriffe oder Sachverhalte einer vorgegebenen Struktur zuordnen sollen (Naturwissenschaften).
- Objekte, Sachverhalte, Begriffe oder Daten aufzählen sollen (Mathematik, Sport, Musik).
- Begriffe, Schlüsselwörter, Merkmale, Aspekte aufzählen oder zielgerichtet Informationen zusammentragen sollen (Deutsch, Bildende Kunst, Gesellschaftswissenschaften).

Trotz seiner einfachen Struktur und seiner Zuordnung zum Anforderungsbereich Reproduktion ist *Benennen, Nennen* ein wichtiger Operator. Denn über Begriffe werden Ordnungen geschaffen, wir Wissen verankert und Verstehen inhaltlich strukturiert. Der Operator dient zur Einführung neuer Inhalte und kann Vorwissen aktivieren. In den meisten Fällen wird er jedoch zur Absicherung von bereits eingeführtem Fachwissen eingesetzt werden.

Didaktische Funktion und Struktur

Aufgabenbeispiele:
Zähle die Bestandteile des Versuchaufbaus auf./Nenne alle Primzahlen bis 10./Nenne drei Komponisten des Barock./Nenne alle Zeitformen./Welche Erfindungen revolutionierten die Landwirtschaft im Mittelalter? Nenne sie./Nenne zwei Klimagase.

Wenn durch den Operator Vorwissen bewusst gemacht werden soll, dann können einfache Kooperative Verfahren *(Schreibe auf, was du weißt. Sammelt in der Gruppe. Präsentiert eure Ergebnisse der Klasse.)* zum Wissensabgleich in der Lerngruppe nützlich sein.
Wenn der Operator der Absicherung von Fachbegriffen dient, dann verlangt die fundamentale Bedeutung der Fachinhalte, dass jede Schülerin und jeder Schüler so lange üben muss, bis er sie sicher beherrscht.

Tipps für die Praxis

KMK: Operatorenliste Naturwissenschaften (Physik, Biologie, Chemie), Stand 2013
KMK: Operatoren für das Fach Mathematik, Stand Oktober 2012
Operatoren: Schulsport-NRW. www.schulsport-nrw.de (Zugriff: 10.11.2015)
Ausgewählte Operatoren im Fach Musik. www.schule-bw.de (Zugriff: 23.11.2015)
KMK: Operatoren für das Fach Deutsch, Stand 2012
Niedersächsischer Bildungsserver: Operatorenliste Kunst. www.nibis.de (Zugriff: 2.12.2014)
Lehrplan Gesellschaftswissenschaften Gemeinschaftsschule Saarland 2014, S. 99

Operator

Beschreiben

Lerngruppenpassung

Der Operator *Beschreiben* findet sich vor allem in geschlossenen und halboffenen Aufgabenformaten. Er wird verwendet, wenn Schülerinnen und Schüler die Ergebnisse eines selektiven Leseprozesses darstellen sollen.

Qualitative Differenzierungsmöglichkeiten ergeben sich, wenn Strukturierungskategorien vorgegeben werden, die den analytischen Leseprozess unterstützen und Einzelaspekte der Darstellung gliedern. Quantitative Differenzierungsmaßnahmen bestehen zum Beispiel darin, Schülerinnen und Schüler nur Teile des zu beschreibenden Sachverhaltes erarbeiten zu lassen. Schülerinnen und Schülern fallen Beschreibungen auf der Metaebene, wenn also Vorgehensweisen, Lern- oder Arbeitsstrategien dargestellt werden sollen, prinzipiell schwerer, da diese abgesicherte Sach- und Methodenkompetenz voraussetzen.

Verwandte Operatoren sind *Darstellen* und *Wiedergeben*.

Bildungsrelevanz

Der Operator wird in den nationalen Bildungsstandards dem Anforderungsbereich I zugeordnet. Wird der Operator in Aufgabenstellungen eingesetzt, dann sollen Inhalte reproduziert werden. Immer geht es darum, wesentliche Aspekte einer Sache zu erkennen und sie strukturiert darzustellen. Dies setzt bei Schülerinnen und Schülern sowohl fachspezifische Lesekompetenz als auch Beurteilungskompetenz voraus.

Didaktische Funktion und Struktur

Der Operator wird verwendet, wenn Schülerinnen und Schüler …
- ▸ typische Merkmale eines Sachverhalts, von Strukturen oder Verfahren mit eigenen Worten auch unter Verwendung von Fachsprache wiedergeben sollen (Gesellschaftswissenschaften, Bildende Kunst, Sport, Mathematik, Naturwissenschaften).
- ▸ Situationen, Personen oder Vorgänge sachlich genau darstellen sollen (Deutsch).

Die fachsprachlichen Bedeutungen des Operators variieren kaum. Lediglich für das Fach Deutsch werden Gegenstände der Beschreibung konkret benannt. Wird der Operator in Aufgabenstellungen verwendet, dann müssen Schülerinnen und Schüler in einem ersten Schritt den zu beschreibenden Gegenstand erfassen, um ihn im zweiten Schritt darzustellen. Beide Erarbeitungsebenen müssen im Unterricht thematisiert und fachspezifisch erarbeitet werden, so dass klar ist, welche Lese- und welche Darstellungserwartungen zu erfüllen sind.

Aufgabenbeispiele:
Beschreibe den Aufbau einer Zelle./Beschreibe deinen Lösungsweg./Beschreibe die Krisen der Weimarer Republik./Beschreibe Charaktereigenschaften der Hauptfigur.

Tipps für die Praxis

Wenn der Operator in Aufgabenstellungen verwendet werden soll, ist vorab zu klären, inwieweit die Leistungserwartungen transparent sind. Außerdem sind die entsprechenden fachspezifischen Lesemethoden einzutrainieren. Werden Aussagen zu fachspezifischen Merkmalen erwartet, dann müssen auch diese Aspekte bekannt sein, um beschrieben zu werden. Gleiches gilt für fachspezifische Darstellungsformen.

Lehrplan Gesellschaftswissenschaften Gemeinschaftsschule Saarland 2014, S. 99
Niedersächsischer Bildungsserver: Operatorenliste Kunst. www.nibis.de (Zugriff: 2.12.2014)
Operatoren: Schulsport-NRW. www.schulsport-nrw.de (Zugriff: 10.11.2015)
KMK: Operatoren für das Fach Mathematik, Stand Oktober 2012
KMK: Operatorenliste Naturwissenschaften (Physik, Biologie, Chemie), Stand 2013
KMK: Operatoren für das Fach Deutsch, Stand 2012
www.schulsport-nrw.de. (Zugriff: 10.11.2015)

Operator

Beurteilen

Der Operator *Beurteilen* findet sich vor allem in halboffenen und offenen Aufgabenformaten. Er ermöglicht Schülerinnen und Schülern individuelle kategoriale Begründungsstrategien. Differenzierungsmöglichkeiten ergeben sich, wenn der Komplexitätsgrad des zu beurteilenden Sachverhaltes nach oben oder unten variiert wird oder wenn Beurteilungsaspekte reduziert oder erweitert werden. Ein weiterer Differenzierungsweg besteht darin, Sachurteile zur Auswahl vorzugeben, sie von Schülerinnen und Schülern der Sache zuordnen zu lassen und die Zuordnungen gegebenenfalls begründen zu lassen.
Verwandte Operatoren sind *Begründen* und *Bewerten*.

Lerngruppenpassung

Der Operator wird in den nationalen Bildungsstandards dem Anforderungsbereich III zugeordnet. Urteile beziehen sich auf Sachverhalte, weshalb Beurteilungskompetenz immer auch fachspezifische Sachkompetenz beinhaltet und voraussetzt. Urteile haben eine argumentative Struktur und trainieren Methodenkompetenz, deren lebensweltliche Bedeutung für beruflichen Erfolg und private Zufriedenheit offensichtlich ist.

Bildungsrelevanz

Der Operator wird verwendet, wenn Schülerinnen und Schüler …
- einen Sachverhalt unter Verwendung von Fachwissen und Fachmethoden beurteilen und dabei die Beurteilungskriterien offenlegen (Sport), aber ohne persönlichen Wertbezug darlegen sollen (Bildende Kunst).
- zu einem Sachverhalt oder einer Aussage unter Verwendung von Fachwissen und Fachmethoden Stellung nehmen sollen, um zu einer begründeten Einschätzung zu gelangen (Deutsch, Naturwissenschaften).
- den Stellenwert von Sachverhalten in einem Zusammenhang bestimmen sollen, um ohne persönlichen Wertbezug zu einem begründeten Sachurteil zu gelangen (Gesellschaftswissenschaften).
- Sachverhalte unter Nutzung von Regeln und mathematischen Beziehungen auf Gesetzmäßigkeiten oder kausale Zusammenhänge zurückführen sollen (Mathematik).

Der Operator bezieht sich immer auf einen Sachverhalt, der einem begründeten Urteil zugeführt werden soll. Dabei sind drei Bedingungen einzuhalten. Zum Ersten müssen die Beurteilungskriterien fachspezifisch definiert sein. Zum Zweiten müssen sie explizit dargestellt werden, um die Argumentation transparent zu machen. Zum Dritten wird in Argumentationen auf persönliche Stellungnahmen und Werturteile verzichtet.

Didaktische Funktion und Struktur

Aufgabenbeispiele:
Beurteile ausgehend von den verwendeten Stilmitteln die Stimmungsveränderungen./Beurteile den dargestellten Rechenweg und optimiere ihn./Beurteile die Chancen und Risiken des Kohleausstiegs./Beurteile Bismarcks Sozialgesetzgebung.

Bevor Urteile eingefordert werden können, muss zuerst die Sache geklärt werden. Erst wenn Beurteilungsprozesse an bekannten Sachverhalten eingeübt wurden, können Transferleistungen eingefordert und bewältigt werden. Ebenso müssen die fachspezifischen Beurteilungskriterien Teil des Wissensbestandes der Schülerinnen und Schüler sein. Anfangs sollten diese in der Aufgabenstellung explizit benannt sein.

Tipps für die Praxis

---

www.schulsport-nrw.de. (Zugriff: 10.11.2015)
Niedersächsischer Bildungsserver: Operatorenliste Kunst. www.nibis.de (Zugriff: 2.12.2014)
KMK: Operatoren für das Fach Deutsch, Stand 2012
KMK: Operatorenliste Naturwissenschaften (Physik, Biologie, Chemie), Stand 2013
Lehrplan Gesellschaftswissenschaften Gemeinschaftsschule Saarland 2014, S. 99
KMK: Operatoren für das Fach Mathematik, Stand Oktober 2012

Operator

Bewerten

Lerngruppenpassung

Der Operator *Bewerten* findet sich vor allem in halboffenen und offenen Aufgabenformaten. Er ermöglicht Schülerinnen und Schülern, über fachliche Urteile hinausreichende Werturteile abzugeben. Differenzierungsmöglichkeiten bestehen darin, die einem Werturteil zugrunde liegenden Normen und Werte als plausible problembezogene Auswahl vorzugeben, damit vor allem Schülerinnen und Schüler, denen die persönliche Werteeinbindung nicht bewusst ist, ihre Werteentscheidung transparent treffen können.

Verwandte Operatoren sind *Begründen, Bewerten* und *Stellung nehmen*. In den naturwissenschaftlichen Fächern und im Fach Mathematik werden die Operatoren *Beurteilen* und *Bewerten* synonym verwendet.

Bildungsrelevanz

Der Operator wird in den nationalen Bildungsstandards dem Anforderungsbereich III zugeordnet. Werturteile beziehen sich auf Sachverhalte und Sachurteile, weshalb Bewertungskompetenz immer auch fachspezifische Sachkompetenz und Beurteilungskompetenz beinhaltet und zugleich voraussetzt. Wie Sachurteile haben auch Werturteile eine argumentative Struktur und trainieren eine komplexe Methodenkompetenz, deren lebensweltliche Bedeutung für gesellschaftliche Partizipation und private Zufriedenheit offensichtlich ist.

Didaktische Funktion und Struktur

Der Operator wird verwendet, wenn Schülerinnen und Schüler …
- eine Position nach ausgewiesenen Normen und Werten vertreten (Sport).
- zu einem Sachverhalt oder einer Aussage unter Verwendung von Fachwissen und Fachmethoden Stellung nehmen sollen und zusätzlich die eigenen Maßstäbe darlegen und begründen sollen (Deutsch, Gesellschaftswissenschaften).
- Sachverhalte kriterienorientiert beurteilen und eigene Werturteile begründen sollen (Bildende Kunst).

Werturteile werden getroffen, indem individuell relevante Werte, Normen und Verhaltensweisen einem Entscheidungsproblem oder einem Sachverhalt argumentativ zugeordnet werden. Dabei ist es wichtig, den Bewertungsrahmen transparent zu machen und die zur Bewertung herangezogenen Normen zu begründen. Nur so können andere das Werturteil nachvollziehen und ihrerseits beurteilen.

Aufgabenbeispiele:
Bewerte die Spielszene unter Fairness-Aspekten./Bewerte den Konflikt zwischen den Protagonisten der Handlung./Bewerte rechtsextremistische Verhaltensweisen mithilfe der Grundrechtsartikel des Grundgesetzes./Bewerte die Darstellung des Paradieses aus heutiger Sicht.

Tipps für die Praxis

Bevor Werturteile eingefordert werden können, muss zuerst die Sache geklärt werden. Dazu gehören auch kategoriale Sachurteile. Sie objektivieren und grenzen die Beliebigkeit nachfolgender Werturteile ein. Damit Werturteile kritisch gefällt werden können, empfiehlt sich nach einer Phase singulärer Standortbestimmung zum Perspektivwechsel anzuleiten, um Werteinstellungen pluralistisch wahrzunehmen und zu hinterfragen.

---

www.schulsport-nrw.de (Zugriff: 10.11.2015)
KMK: Operatoren für das Fach Deutsch, Stand 2012
Lehrplan Gesellschaftswissenschaften Gemeinschaftsschule Saarland 2014, S. 99
Niedersächsischer Bildungsserver: Operatorenliste Kunst. www.nibis.de (Zugriff: 2.12.2014)

Operator

Charakterisieren

Der Operator *Charakterisieren* findet sich vor allem in halboffenen Aufgabenformaten. Er ermöglicht Schülerinnen und Schülern individuelle und aspektgeleitete Begründungen der Wesensmerkmale von Sachverhalten.
Differenzierungsmöglichkeiten ergeben sich, wenn der Komplexitätsgrad des zu charakterisierenden Sachverhaltes eingeschränkt wird, indem zum Beispiel nur Teile eines Sachverhaltes zu betrachten sind oder nur bestimmte vorgegebene Aspekte des Sachverhaltes zu charakterisieren sind. Darüber hinaus können Charakteristika auch begrifflich vorgegeben werden und sind dann entsprechenden Teilen des Sachverhaltes argumentativ zuzuordnen.
Verwandte Operatoren sind *Analysieren* und *Begründen*.

Lerngruppenpassung

Der Operator wird in den nationalen Bildungsstandards dem Anforderungsbereich II zugeordnet. *Charakterisieren* heißt, einen Sachverhalt in seiner Komplexität wahrzunehmen und in wesentlichen Aspekten zu reorganisieren. Dazu ist Sachkompetenz vonnöten. Die Reduktion auf das Wesentliche impliziert Beurteilungskompetenz. Der Operator hat immer auch eine argumentative Intention und trainiert Methodenkompetenz.

Bildungsrelevanz

Der Operator wird verwendet, wenn Schülerinnen und Schüler …
- Sachverhalte in ihren Eigenarten beschreiben und unter einem bestimmten Gesichtspunkt zusammenfassen sollen (Gesellschaftswissenschaften).
- Personen, Vorgänge, Sachverhalte treffend beschreiben und ihre Funktion im Kontext aufzeigen sollen (Deutsch).

Die fachsprachlichen Bedeutungen des Operators variieren kaum, allerdings spielt er nur in Fächern eine Rolle, die vornehmlich mit Texten arbeiten. Im Fach Deutsch und ebenso im Fremdsprachenunterricht kann zudem ein Vorgang oder eine Person in ihrem Handlungskontext Gegenstand des *Charakterisierens* sein. Der Operator *Charakterisieren* bezieht sich immer auf einen Sachverhalt. Der Operator verlangt eine Reorganisation wesentlicher Aspekte, die aus unterschiedlichen Medien, zum Beispiel aus Texten, Bildern oder Filmen, zu erlesen sind. In der Regel reicht es dabei nicht, die wesentlichen Aspekte oder Merkmale nur zu nennen. Ihre Ableitung ist durch expliziten Bezug auf das zugrunde liegende Medium zu begründen und gegebenenfalls durch Zitate oder Paraphrasierungen zu belegen und zu veranschaulichen.

Didaktische Funktion und Struktur

Aufgabenbeispiele:
Charakterisiere den idealen Ritter des Mittelalters./Charakterisiere wesentliche Merkmale der NS-Ideologie./Charakterisiere die Protagonisten der Kurzgeschichte./Charakterisiere die Spannungsentwicklung im Verlauf der Geschichte.

Wird der Operator *Charakterisieren* in Aufgabenstellungen verwendet, dann muss sichergestellt sein, dass die hierfür notwendige Lesekompetenz bei Schülerinnen und Schülern vorliegt.

Tipps für die Praxis

Lehrplan Gesellschaftswissenschaften Gemeinschaftsschule Saarland 2014, S. 99
KMK: Operatoren für das Fach Deutsch, Stand 2012

Operator

Darstellen

Lerngruppenpassung

Der Operator *Darstellen* findet sich vor allem in geschlossen und halboffenen Aufgabenformaten, die von Schülerinnen und Schülern abverlangen, Sachverhalte auf eine fachspezifische Art und Weise wiederzugeben.

Quantitative Differenzierungsmöglichkeiten ergeben sich, wenn der Komplexitätsgrad des darzustellenden Sachverhaltes variiert wird oder wenn lediglich Teilaspekte eines Sachverhaltes wiederzugeben sind. Qualitative Differenzierungsmöglichkeiten ergeben sich, wenn Schülerinnen und Schülern unterschiedliche Sachverhalte auf verschiedenen Niveaustufen, aber zum selben Thema zur Darstellung angeboten werden.

Die Operatoren *Wiedergeben* und *Zeichnen* (Mathematik) werden synonym verwendet.

Bildungsrelevanz

Der Operator wird in den nationalen Bildungsstandards der Fächer unterschiedlichen Anforderungsbereichen zugeordnet. Eine wenig komplexe Darstellung reproduziert lediglich bereits bekannte Inhalte. Sollen Inhalte jedoch strukturiert und in fachspezifischen Formaten wiedergegeben werden, müssen sie von Schülerinnen und Schülern auf einem höheren kognitiven Niveau reorganisiert werden. Sobald dieses Darstellungsmodell auf neue Inhalte übertragen wird, werden Transferleistungen von Schülerinnen und Schülern verlangt. In solchen Fällen beinhaltet der Operator neben der zugrunde liegenden Sachkompetenz auch methodische Kompetenzen und fordert Beurteilungskompetenzen ein.

Didaktische Funktion und Struktur

Der Operator wird verwendet, wenn Schülerinnen und Schüler ...
- Zusammenhänge und Sachverhalte unter Verwendung der Fachsprache in eignen Worten strukturiert wiedergeben sollen (Sport, Naturwissenschaften, Bildende Kunst, Gesellschaftswissenschaften).
- Zusammenhänge, Probleme, Inhalte unter einer bestimmten Fragestellung objektiv abbilden sollen (Deutsch).
- eine maßstäblich hinreichende grafische Darstellung anfertigen sollen (Mathematik).

Die fachsprachlichen Bedeutungen des Operators variieren kaum. Um Aufgabenstellungen, die den Operator *Darstellen* verwenden, erfolgreich bewältigen zu können, bedarf es einer eintrainierten fachspezifischen Lese- und Orientierungskompetenz, die auf der Kenntnis von Fachbegriffen zur Analyse und Darstellung des wiederzugebenden Sachverhaltes basiert.

Aufgabenbeispiele:
Stelle die Ergebnisse der Versuchsreihe in einem Diagramm dar./Stelle die im Gedicht verwendeten Formmerkmale lyrischen Schreibens dar./Stelle die historische Epoche im Überblick dar. Gestalte dazu einen Zeitstrahl./Stelle die Werte der Tabelle in einem Graphen dar.

Tipps für die Praxis

Fachbegriffe strukturieren Analyse und Darstellung. Sie müssen Schülerinnen und Schülern nicht nur bekannt sein. Der fachspezifische Umgang mit ihnen muss eingeübt werden. Zudem müssen die in geschlossenen Aufgabenformaten eingeforderten Darstellungsformen bekannt sein. In halboffenen Aufgabenformaten können Schülerinnen und Schüler hingegen eigene Darstellungsformate zur Problemlösung verwenden und ihre Lösungsvorschläge zur Diskussion stellen.

---

www.schulsport-nrw.de (Zugriff: 10.11.2015)
KMK: Operatorenliste Naturwissenschaften (Physik, Biologie, Chemie), Stand 2013
Niedersächsischer Bildungsserver: Operatorenliste Kunst. www.nibis.de (Zugriff: 2.12.2014)
Lehrplan Gesellschaftswissenschaften Gemeinschaftsschule Saarland 2014, S. 99
KMK: Operatoren für das Fach Deutsch, Stand 2012
KMK: Operatoren für das Fach Mathematik, Stand Oktober 2012

Operator

Diskutieren

Der Operator *Diskutieren* findet sich vor allem in halboffenen und offenen Aufgabenformaten. Aufgabenstellungen mit dem Operator *Diskutieren* ermöglichen Schülerinnen und Schülern die Entwicklung eigener Standpunkte und individueller Begründungsstrategien. Einfache quantitative und qualitative Differenzierungsmöglichkeiten ergeben sich, wenn der Komplexitätsgrad der Argumentation variiert, authentische Themen aus dem Erfahrungsbereich der Schülerinnen und Schüler zur Diskussion gestellt werden und in kooperativen Verfahren Argumentationsstrategien entwickelt werden, die in der Diskussion individuell weiterverfolgt werden.
Verwandte Operatoren sind *Begründen* und *Bewerten*. Im Fach Sport wird der Operator *Erörtern* synonym verwendet.

Lerngruppenpassung

Der Operator wird in den nationalen Bildungsstandards dem Anforderungsbereich III zugeordnet. In Diskussionen geht es darum, den eigenen Standpunkt überzeugend darzulegen. Dies setzt ein hohes Maß an Sachkompetenz voraus und verlangt von Schülerinnen und Schülern Beurteilungskompetenz. Wenn von Schülerinnen und Schülern verlangt wird, einen eigenen Standpunkt zu finden und ihn argumentativ darzulegen oder zu verteidigen, dann werden in Diskussionen eine Vielzahl an kommunikativen und personalen Kompetenzen aktiviert und gefördert.

Bildungsrelevanz

Der Operator wird verwendet, wenn Schülerinnen und Schüler ...
- zu einer Problemstellung oder These eine Argumentation entwickeln, anwenden und zu einer begründeten Bewertung gelangen sollen (Gesellschaftswissenschaften, Deutsch).
- Argumente zu einer Aussage oder These einander gegenüberstellen und abwägen sollen (Naturwissenschaften).
- ein Beurteilungs- oder Bewertungsproblem erkennen und darstellen, Pro- und Kontra-Argumente abwägen und zu einem eigenen Urteil kommen sollen (Sport).

Die fachsprachlichen Bedeutungen des Operators variieren im Kern kaum. Argumentieren bedeutet, eine Behauptung oder These darzustellen, sie zu begründen und gegebenenfalls durch Beispiele oder Fakten zu belegen und zu veranschaulichen. Dabei sind zwei Argumentationsschemata voneinander zu unterscheiden. Argumentationen können linear aufgebaut sein. In diesem Fall werden lediglich Argumente einer Argumentationsrichtung in steigernder Anordnung dargestellt. Argumentationen können aber auch dialektisch aufgebaut sein. Dann werden sowohl Pro- als auch Kontra-Argumente aufgeführt und einem Werturteil zugeführt.

Didaktische Funktion und Struktur

Aufgabenbeispiele:
Diskutiert den Einfluss der nationalsozialistischen Ideologie auf das Selbstverständnis rechtsextremistischer Gruppen in Deutschland./Diskutiert Vor- und Nachteile der Migration nach Deutschland./Diskutiert Probleme, die mit der Nutzung neuer Medien verbunden sind./Diskutiert Chancen und Risiken der Atomenergie.

Der didaktische Weg führt vom Einfachen zum Komplexen. Deshalb ist das lineare Argumentationsschema einzuüben und abzusichern, bevor dialektische Pro- und Kontra-Diskussionen strukturiert geführt werden. Planspiele, Fishbowl-Diskussionen und Kugellagerübungen geben Diskussionen einen methodischen Rahmen und fordern zum Feedback des Diskussionsverhaltens heraus.

Tipps für die Praxis

Lehrplan Gesellschaftswissenschaften Gemeinschaftsschule Saarland 2014, S. 99
KMK: Operatoren für das Fach Deutsch, Stand 2012
KMK: Operatorenliste Naturwissenschaften (Physik, Biologie, Chemie), Stand 2013
www.schulsport-nrw.de (Zugriff: 10.11.2015)

Operator

Erklären

Lerngruppenpassung

Der Operator *Erklären* findet sich vor allem in halboffenen Aufgabenformaten. Er ermöglicht Schülerinnen und Schülern, Sachverhalte zu erfassen und strukturiert wiederzugeben. Differenzierungsmöglichkeiten ergeben sich, wenn der Komplexitätsgrad des zu erfassenden Sachverhaltes variiert wird oder wenn auf induktive Ableitungen allgemeiner Gesetze oder Aussagen verzichtet wird. Qualitative Differenzierungsmöglichkeiten bestehen zudem darin, Schülerinnen und Schüler in ihrem Lese- und Analyseprozess durch vorgegebene grafische Strukturen, Leitfragen oder Leitbegriffe zu unterstützen.
Verwandte Operatoren sind *Analysieren, Darstellen* und *Erläutern*.

Bildungsrelevanz

Der Operator wird in der Regel dem Anforderungsbereich II der nationalen Bildungsstandards zugeordnet. Aufgabenstellungen, die induktive Schlussfolgerungen verlangen, können die Anforderungen, die der Operator Schülerinnen und Schülern abverlangt, jedoch auch auf ein höheres Reflexions- und Beurteilungsniveau heben. Der Operator bezieht sich auf die Erschließung von Sachkompetenz. Er verlangt neben gesichertem deklarativem Wissen auch prozedurale Kenntnisse darüber, wie der Sache zugrunde liegende allgemeine Strukturen erkannt und dargestellt werden können. Die Einordnung von Sachverhalten in übergeordnete Muster setzt fachspezifische Beurteilungskompetenz voraus. Etwas erklären zu können bedeutet auch, es verstanden zu haben. Die lebensweltliche Bedeutung des Operators weist weit über schulische Lern- und Leistungssituationen hinaus. Er ist relevant für die alltägliche Akzeptanz in Beruf und Privatem.

Didaktische Funktion und Struktur

Der Operator wird verwendet, wenn Schülerinnen und Schüler …
- Sachverhalte in ihren Strukturen, Prozessen oder Zusammenhängen erfassen und auf allgemeine Aussagen oder Gesetze zurückführen sollen (Naturwissenschaften, Sport).
- einen Sachverhalt gegebenenfalls mit Beispielen und zusätzlichen Informationen verständlich in Zusammenhängen darstellen und begründen sollen (Mathematik, Deutsch, Gesellschaftswissenschaften, Musik).
- einen Sachverhalt gegebenenfalls mit Beispielen und zusätzlichen Informationen veranschaulichen und verständlich darstellen sollen (Bildende Kunst).

Die fachsprachlichen Bedeutungen des Operators variieren in ihrem Anspruchsniveau. Der Operator dient der Darstellung von Sachverhalten. Dabei geht es jedoch nicht allein um die Reproduktion der Sache. Vielmehr zielt der Operator auf eine abstrahierende Darstellung der Sache, die sich nicht in der Darstellung von Einzelphänomenen erschöpft, sondern diese zu allgemeingültigen Aussagen über die Struktur der Sache zusammenfasst.

Aufgabenbeispiele:
Erkläre osmotische Prozesse bei der Aufnahme von Wasser durch die Wurzeln einer Pflanze./Erkläre die Lösung der Aufgabe./Erkläre die abweichende Großschreibung von Personalpronomen in Briefen./Erkläre die Entstehung der Bluesmusik./Erkläre die Ursachen des anthropogen verursachten Klimawandels./Erkläre den Bildaufbau eines typischen Renaissancebildes.

Tipps für die Praxis

Der Operator stellt hohe Anforderungen an die Abstraktionsfähigkeit von Schülerinnen und Schülern. Deshalb muss die Erschließung der Sache gesichert sein, bevor allgemeingültige Schlüsse gezogen werden können. Die induktiven Verfahren, die dabei angewendet werden, müssen den Schülerinnen und Schülern bekannt sein. Sie müssen über einen längeren Zeitraum regelmäßig trainiert werden und im Anspruchsniveau der geistigen Entwicklung der Schülerinnen und Schüler folgen. Erst dann sind die Voraussetzungen für einen weiten Transfer gegeben.

KMK: Operatorenliste Naturwissenschaften (Physik, Biologie, Chemie), Stand 2013
www.schulsport-nrw.de (Zugriff: 10.11.2015)
KMK: Operatoren für das Fach Mathematik, Stand Oktober 2012
KMK: Operatoren für das Fach Deutsch, Stand 2012
Lehrplan Gesellschaftswissenschaften Gemeinschaftsschule Saarland 2014, S. 99
Ausgewählte Operatoren im Fach Musik. www.schule-bw.de (Zugriff: 23.11.2015)
Niedersächsischer Bildungsserver: Operatorenliste Kunst. www.nibis.de (Zugriff: 2.12.2014)

Operator

Erläutern

Der Operator *Erläutern* findet sich vor allem in geschlossenen und halboffenen Aufgabenformaten. Er ermöglicht Schülerinnen und Schülern, Sachverhalte zu erfassen und anschaulich darzustellen. Quantitative Differenzierungsmöglichkeiten ergeben sich, wenn der Komplexitätsgrad des zu veranschaulichenden Sachverhaltes variiert wird. Qualitative Differenzierungsmöglichkeiten bestehen darin, Sachverhalte strukturiert vorzugeben und Beispiele und Belege zur Veranschaulichung finden zu lassen oder Beispiele und Belege vorzugeben und entsprechende Aspekte eines Sachverhaltes finden zu lassen. Eine weitere Differenzierungsmöglichkeit besteht darin, sowohl Beispiel und Belege als auch Aspekte eines Sachverhalts vorzugeben, die dann einander zuzuordnen sind.
Verwandte Operatoren sind *Darstellen* und *Erläutern*. Im Fach Deutsch werden die Operatoren *Erklären* und *Erläutern* synonym verwendet.

Lerngruppenpassung

Der Operator wird in der Regel dem Anforderungsbereich II der nationalen Bildungsstandards zugeordnet. Aufgabenstellungen mit dem Operator *Erläutern* verlangen von Schülerinnen und Schüler, bereits bekannte Sachverhalte zu reorganisieren und sie dabei durch Beispiele zu veranschaulichen. Diese Anforderung setzt analytische Lesekompetenz voraus. Die Veranschaulichung von Kernaussagen eines Sachverhalts schult sowohl sachlogisches Denken als auch die Argumentationskompetenz. Zugleich impliziert diese anspruchsvolle Form von Sachkompetenz auch Beurteilungskompetenz, denn immer muss überlegt werden, ob Sache und Beleg auch schlüssig zueinander passen.

Bildungsrelevanz

Der Operator wird verwendet, wenn Schülerinnen und Schüler …
▶ Sachverhalte nachvollziehbar, auch anhand von Belegen und Beispielen, und verständlich veranschaulichen sollen (Musik, Bildende Kunst, Sport, Mathematik, Deutsch).
▶ Sachverhalte im kausalgenetischen Zusammenhang differenziert und ausführlich darstellen und gegebenenfalls mit zusätzlichen Informationen veranschaulichen sollen (Gesellschaftswissenschaften).
▶ wesentliche Seiten eines Sachverhalts, Gegenstands oder Vorgangs an Beispielen oder durch zusätzliche Informationen darstellen sollen (Naturwissenschaften).

Die fachsprachlichen Bedeutungen des Operators variieren in ihrem Anspruchsniveau. Die Aufforderung, einen Sachverhalt mit Beispielen und Belegen zu veranschaulichen, setzt als erste kognitive Leistung eine fundierte Erschließung der Sache auf unterschiedlichen Anforderungsebenen voraus. Die zweite kognitive Leistung, die der Operator Schülerinnen und Schülern abverlangt, besteht darin, die erkannte Sachstruktur zu veranschaulichen. Dabei greifen Schülerinnen und Schüler entweder auf fachspezifisches Vorwissen, zum Beispiel auf Text- und Sachquellen, auf Versuchs- und Untersuchungsergebnisse oder auf lebensweltliche Kenntnisse zurück.

Didaktische Funktion und Struktur

Aufgabenbeispiele:
Erläutere den Begriff „Holzblasinstrumente"./Erläutere den Satz des Pythagoras an einem Beispiel./ Erläutere den Spannungsaufbau in Theodor Fontanes Ballade „John Maynard"./Erläutere wesentliche Merkmale der nationalsozialistischen Ideologie./Erläutere den Zusammenhang von Treibhausgasen und Erderwärmung.

Der Operator ist in seiner Zweischrittigkeit komplex. Zuerst muss die Erschließung der Sache gesichert sein, bevor über Veranschaulichungsprozesse nachgedacht werden kann. Veranschaulichungen müssen im Unterricht eingeübt werden. Dabei ist der Erwartungshorizont der Aufgabenstellung den Erfahrungen und dem Weltwissen der Schülerinnen und Schüler anzupassen.

Tipps für die Praxis

Ausgewählte Operatoren im Fach Musik. www.schule-bw.de (Zugriff: 23.11.2015)
Niedersächsischer Bildungsserver: Operatorenliste Kunst. www.nibis.de (Zugriff: 2.12.2014)
www.schulsport-nrw.de (Zugriff: 10.11.2015)
KMK: Operatoren für das Fach Mathematik, Stand Oktober 2012
KMK: Operatoren für das Fach Deutsch, Stand 2012
Lehrplan Gesellschaftswissenschaften Gemeinschaftsschule Saarland 2014, S. 99
KMK: Operatorenliste Naturwissenschaften (Physik, Biologie, Chemie), Stand 2013

Operator

Herausarbeiten

Lerngruppenpassung

Der Operator *Herausarbeiten* findet sich vor allem in geschlossenen und halboffenen Aufgabenformaten. Er ermöglicht Schülerinnen und Schülern, Strukturen von Sachverhalten zu erschließen und darzustellen.

Quantitative Differenzierungsmöglichkeiten ergeben sich, wenn der Komplexitätsgrad des zu erschließenden Sachverhalts variiert wird. Qualitative Differenzierungswege eröffnen sich, wenn die fachlichen Kriterien, die der Analyse zugrunde liegen, vorgegeben werden. Eine weitere Differenzierungsmöglichkeit besteht darin, die zu erwartenden Untersuchungsergebnisse der Aufgabenstellung mitzugeben, sie Aspekten des Sachverhalts zuordnen zu lassen und die Zuordnung begründen zu lassen.

Verwandte Operatoren sind *Analysieren* und *Interpretieren*. In naturwissenschaftlichen Fächern und im Fach Mathematik wird der Operator *Untersuchen*, im Fach Deutsch wird der Operator *Erschließen* synonym verwendet.

Bildungsrelevanz

Der Operator wird in den nationalen Bildungsstandards dem Anforderungsbereich II zugeordnet. Auf der Basis einer abgesicherten Lesekompetenz wird Sachkompetenz erschlossen. Dieser Prozess gelingt, wenn fachliche Urteile über relevante Merkmale oder Zusammenhänge von Einzelphänomenen einer Sache abgegeben werden können. Deshalb schult der Operator *Herausarbeiten* implizit immer auch die Urteilskompetenz von Schülerinnen und Schülern.

Didaktische Funktion und Struktur

Der Operator wird verwendet, wenn Schülerinnen und Schüler …

▶ aus Materialien bestimmte Sachverhalte, die nicht explizit genannt sind, herleiten und zusammenhängend darstellen sollen (Deutsch, Sport Gesellschaftswissenschaften).

▶ Merkmale und Zusammenhänge von Sachverhalten und Objekten mithilfe fachlicher Kriterien herausarbeiten sollen (Naturwissenschaften, Mathematik).

▶ anhand von Kriterien einen Bildbestand mit der Zielsetzung einer nachfolgenden Interpretation analysieren sollen (Bildende Kunst).

Die kognitiven Prozesse, die der Operator fordert, lassen sich in zwei Schritten zusammenfassen: In einer ersten Phase erfolgt die Auseinandersetzung mit der Sache. Dies geschieht lesend oder beobachtend. Erst wenn die Sache gedanklich erfasst wurde, können Strukturen und Merkmale erkannt, Zusammenhänge erschlossen werden. In einer zweiten Phase erfolgt dann die Entscheidung für die Relevanz bestimmter Aspekte. Sie kann begründet und argumentativ dargestellt werden.

Aufgabenbeispiele:
Erschließe wesentliche Charakterzüge des Protagonisten der Handlung./Untersuche die Quelle und arbeite gemeinsame Merkmale von Zivil- und Strafprozess heraus./Untersuche den Säurewert der vorliegenden Wasserprobe./Untersuche die Merkmalsverteilung in deiner Klasse und stelle sie in einem Diagramm dar.

Tipps für die Praxis

Bevor der Operator in Aufgabenstellungen verwendet wird, ist zu prüfen, wozu die Schülerinnen und Schüler aufgrund ihrer allgemeinen und fachspezifischen Lesekompetenz in der Lage sind. Fachspezifische Kategorien, die das Lesen eines komplexen Objekts oder Sachverhalts leiten, müssen in jedem Fall gesichert und transparent sein.

KMK: Operatoren für das Fach Deutsch, Stand 2012
www.schulsport-nrw.de (Zugriff: 10.11.2015)
Lehrplan Gesellschaftswissenschaften Gemeinschaftsschule Saarland 2014, S. 99
KMK: Operatorenliste Naturwissenschaften (Physik, Biologie, Chemie), Stand 2013
KMK: Operatoren für das Fach Mathematik, Stand Oktober 2012
Niedersächsischer Bildungsserver: Operatorenliste Kunst. www.nibis.de (Zugriff: 2.12.2014)

Operator

Interpretieren

Der Operator *Interpretieren* findet sich vor allem in halboffenen Aufgabenformaten. Er ermöglicht Schülerinnen und Schülern individuelle beurteilende wie auch wertende Aussagen zu einem Sachverhalt.
Quantitative Differenzierungsmöglichkeiten bestehen darin, den zu interpretierenden Sachverhalt in seiner Komplexität, aber auch mögliche Interpretationsaspekte zu variieren. Qualitative Differenzierungsmöglichkeiten ergeben sich, wenn der zu interpretierende Sachverhalt vorstrukturiert wird, eine Interpretation an bekanntem Inhalt lediglich reproduziert werden soll oder eine Interpretationsstruktur der Aufgabenstellung mitgegeben wird, um so das Aufgabenformat weniger offen zu gestalten und seine Deutung zu steuern.
Verwandte Operatoren sind *Analysieren* und *Beurteilen*. In naturwissenschaftlichen Fächern und im Fach Mathematik wird der Operator *Deuten* synonym verwendet.

Lerngruppenpassung

Der Operator wird in den nationalen Bildungsstandards den Anforderungsbereichen II und III zugeordnet. *Interpretieren* setzt fundierte Sachkenntnis voraus, die in der Regel durch vorgeschaltete Analyseprozesse erworben wird. Neben prozessualem Wissen, das für die Analyse vonnöten ist, muss auch der Deutungsprozess selbst methodisch strukturiert sein, damit Sach- und Werturteil nicht beliebig bleiben und nachvollziehbar sind. Den Dingen eine Bedeutung zuzumessen, sie in ihrer tieferen Struktur und in Zusammenhängen zu verstehen, ist fundamental für ein sinnerfülltes Leben.

Bildungsrelevanz

Der Operator wird verwendet, wenn Schülerinnen und Schüler …
- auf der Grundlage einer Analyse Sinnzusammenhänge aufzeigen sollen (Musik).
- Erklärungsmöglichkeiten für Sachverhalte und Zusammenhänge herausarbeiten (Naturwissenschaften) und diese unter Bezug auf eine gegebene Fragestellung abwägen sollen (Mathematik).
- auf der Grundlage einer Analyse Sinnzusammenhänge aus Materialien methodisch reflektiert erschließen sollen, um zu einer schlüssigen Gesamtauslegung zu gelangen (Deutsch).

Die fachsprachlichen Bedeutungen des Operators variieren in ihrem Anforderungsschwerpunkt. Auf der Basis einer Sachanalyse wird in naturwissenschaftlichen Fächern und im Fach Mathematik ein erklärendes Sachurteil erwartet. In anderen Fächern soll die Analyse die tiefere Sinnstruktur herausarbeiten und diese in einem umfassenden Sach- und Lebenskontext bewerten.

Didaktische Funktion und Struktur

Interpretieren setzt also immer Analysieren voraus und impliziert im Erkennen von Sinnstrukturen und Zusammenhängen den Operator *Beurteilen*.

Aufgabenbeispiele:
Interpretiere das Lied im Hinblick auf die musikalisch dargestellten Stimmungen./Interpretiere das Diagramm zur Reizleitung./Bestimme das Integral und interpretiere den Zahlenwert geometrisch./Interpretiere den Aphorismus im Hinblick auf seine Bedeutung für dein Leben./

Interpretieren bedeutet, Schülerinnen und Schülern vernetzte kognitive Operationen abzuverlangen. Interpretationen brauchen überschaubare Strukturen, die den Deutungsprozess staffeln, transparent machen und kategorisieren. Anderenfalls besteht durchaus die Gefahr, sich in der Interpretation zu verlieren, oder Schülerinnen und Schüler beim Interpretieren zu verlieren.

Tipps für die Praxis

Ausgewählte Operatoren im Fach Musik. www.schule-bw.de (Zugriff: 23.11.2015)
KMK: Operatorenliste Naturwissenschaften (Physik, Biologie, Chemie), Stand 2013
KMK: Operatoren für das Fach Mathematik, Stand Oktober 2012
KMK: Operatoren für das Fach Deutsch, Stand 2012

Operator

Ordnen

Lerngruppenpassung

Der Operator *Ordnen, Zuordnen, Einordnen* findet sich vor allem in geschlossenen Aufgabenformaten mit eindeutigen Lösungen. Er ermöglicht Schülerinnen und Schülern eine Überprüfung ihrer fachspezifischen Kenntnisse.

Quantitative Differenzierungsmöglichkeiten ergeben sich, wenn die Anzahl der zu ordnenden Begriffe variiert wird. Qualitative Differenzierungsmöglichkeiten ergeben sich, wenn Kriterien oder Oberbegriffe, denen Merkmale oder Unterbegriffe zuzuordnen sind, in der Aufgabenstellung vorgegeben werden oder Zuordnungsstrukturen, zum Beispiel eine Tabelle oder ein Ablaufdiagramm, der Aufgabenstellung beigefügt sind. Ein weiterer Differenzierungsweg besteht darin, die zuzuordnenden Begriffe durch Bilder oder Symbole zu veranschaulichen.

Verwandte Operatoren sind *Darstellen* und *Strukturieren*. Die Operatoren *Zuordnen* und *Einordnen* werden synonym verwendet.

Bildungsrelevanz

Der Operator wird in den nationalen Bildungsstandards den Anforderungsbereichen I oder II zugeordnet. Ordnungsaufgaben beziehen sich immer auf eine klar abgegrenzte Sachkompetenz, die durch *Ordnen, Zuordnen* oder *Einordnen* dargestellt werden soll. Dabei wird erworbenes Wissen reproduziert oder im nahen Transfer auf neue Sachverhalte bezogen und reorganisiert. Ziel von Ordnungsaufgaben ist der Aufbau von Orientierungskompetenz innerhalb des jeweiligen fachlichen Teilgebiets.

Didaktische Funktion und Struktur

Der Operator wird verwendet, wenn Schülerinnen und Schüler …

▶ Begriffe oder Gegenstände auf der Grundlage bestimmter Merkmale systematisch einteilen sollen (Naturwissenschaften).
▶ Sachverhalte unter Verwendung von Vorwissen in einen Zusammenhang stellen, kategorisieren oder hierarchisieren sollen (Deutsch, Bildende Kunst, Gesellschaftswissenschaften).
▶ Sachverhalte oder Begriffe mit erläuternden Hinweisen in einen genannten Zusammenhang einfügen sollen (Sport).

Der Operator bezieht sich auf vorgegebene Sachverhalte, wobei die zu strukturierenden Begriffe bereits bekannt sein müssen. Ordnungsaufgaben haben in vielen Fällen den Charakter von Übungsaufgaben zur Verfestigung und Absicherung von Fachbegriffen und stoffbezogenen Strukturen. Wenn Ordnungsaufgaben jedoch dem Einstieg in ein neues Thema dienen sollen, dann haben sie das Potenzial, Vorwissen zu aktivieren, an bereits bekannte fachspezifische Phänomene anzuknüpfen und diese kreativ-entfaltend darzustellen. In allen Fällen muss eine vorgeschaltete didaktische Analyse die Begriffsstruktur klären und gegebenenfalls auch Ordnungsbegriffe vorgeben.

Aufgabenbeispiele:
Ordne die folgenden Begriffe in ein Ablaufschema ein./Ordne das Gedicht einer literarischen Epoche zu./Ordne Elemente des Bildes dem Bildhintergrund zu./Ordne die Begriffe „Kaiserreich", „Demokratie" und „Diktatur" in den Zeitstrahl der deutschen Geschichte des 20. Jahrhunderts ein.

Tipps für die Praxis

Erwartungshaltungen an repräsentierende Strukturen spielen bei Ordnungsaufgaben eine wichtige Rolle. Sie sollten bedacht und in der Aufgabenstellung transparent gemacht werden. Ordnungsaufgaben fördern, wenn sie zu konkretem Handeln auffordern, mehrkanaliges Lernen, was kognitive Prozesse nicht nur bei leistungsschwächeren Schülerinnen und Schülern anregen kann.

KMK: Operatorenliste Naturwissenschaften (Physik, Biologie, Chemie), Stand 2013
KMK: Operatoren für das Fach Deutsch, Stand 2012
Niedersächsischer Bildungsserver: Operatorenliste Kunst. www.nibis.de (Zugriff: 2.12.2014)
Lehrplan Gesellschaftswissenschaften Gemeinschaftsschule Saarland 2014, S. 99
www.schulsport-nrw.de (Zugriff: 10.11.2015)

Operator

Prüfen

Der Operator *Prüfen, Überprüfen* wird vor allem in halboffenen Aufgabenformaten verwendet, wenn Schülerinnen und Schüler Überprüfungsstrategien an bereits bekannten Inhalten anwenden oder Überprüfungsstrategien auf neue Inhalte übertragen sollen.
Differenzierungsmöglichkeiten ergeben sich, wenn der Komplexitätsgrad des zu prüfenden Sachverhaltes variiert wird, wenn Überprüfungsaspekte reduziert oder erweitert werden oder Prüfungsparameter vorgegeben werden und Teilaspekten des zu prüfenden Sachverhaltes zuzuordnen sind. Verwandte Operatoren sind *Analysieren* und *Beurteilen*. Der Operator *Überprüfen* wird synonym verwendet.

Lerngruppen-passung

Der Operator wird in den nationalen Bildungsstandards den Anforderungsbereichen II oder III zugeordnet. Prüfungen beziehen sich immer auf eine fachspezifische Sache, die zu verifizieren ist. Deshalb setzt eine erfolgreiche Prüfung Sachkompetenz und fachspezifisches Methodenwissen voraus. Ergebnis einer Prüfung ist immer ein begründetes Urteil über die Sache. Neben Reorganisationsanforderungen stellt der Operator also auch Transferanforderungen an Schülerinnen und Schüler.

Bildungsrelevanz

Der Operator wird verwendet, wenn Schülerinnen und Schüler …
- Sachverhalte oder Aussagen an Fakten oder innerer Logik messen und gegebenenfalls Widersprüche aufdecken sollen (Naturwissenschaften).
- eine Meinung, Aussage, These oder einen Sachverhalt nachvollziehen und auf der Grundlage eigener Beobachtungen, Kenntnisse oder fachlicher Kriterien beurteilen sollen (Mathematik, Deutsch, Sport).
- Aussagen kriteriengeleitet anhand von Bild- oder Textmaterial untersuchen und eventuelle Widersprüche oder Lücken aufdecken sollen (Bildende Kunst).

Die fachsprachlichen Bedeutungen des Operators beinhalten im Kern eine Handlungsaufforderung zur Verifizierung oder Falsifizierung einer Sache. Dazu werden fachliche Kriterien benötigt, deren systematische Anwendung zuerst im Unterricht angeleitet werden muss, bevor ein Transfer auf neue Inhalte verlangt werden kann.

Didaktische Funktion und Struktur

Aufgabenbeispiele:
Überprüfe die Funktionalität des Versuchsaufbaus./Prüfe, ob das Diagramm die Prozentwerte korrekt darstellt./Überprüfe die Rechtschreibung der Anredepronomen im Brief./Überprüfe die zentralperspektivische Anlage der Zeichnung.

Trotz der komplexen Anforderungsstruktur des Operators sollten Prüfungen der Richtigkeit einer Sache auf einfachem Niveau früh angeleitet werden, damit Prozessroutine entsteht. Dabei ist die Komplexität der zu überprüfenden Sache stark zu reduzieren, damit auch für leistungsschwächere Schülerinnen und Schüler die Chance besteht, den Sachverhalt zu erfassen, zu analysieren und im Hinblick auf seine Gültigkeit zu beurteilen.

Tipps für die Praxis

KMK: Operatorenliste Naturwissenschaften (Physik, Biologie, Chemie), Stand 2013
KMK: Operatoren für das Fach Mathematik, Stand Oktober 2012
KMK: Operatoren für das Fach Deutsch, Stand 2012
www.schulsport-nrw.de (Zugriff: 10.11.2015)
Niedersächsischer Bildungsserver: Operatorenliste Kunst. www.nibis.de (Zugriff: 2.12.2014)

Operator

Skizzieren

Lerngruppenpassung

Der Operator *Skizzieren, eine Skizze anfertigen* wird in halboffenen Aufgabenformaten verwendet. Die zu skizzierenden Elemente sind zwar durch die Sache vorgegeben, die Art, wie die Inhalte grafisch oder sprachlich wiedergegeben werden, lässt jedoch individuelle Lösungswege zu. Differenzierungsmöglichkeiten ergeben sich, wenn die Komplexität der zu skizzierenden Sache variiert wird oder wenn nur ausgewählte Aspekte einer Sache zu skizzieren sind.
Verwandte Operatoren sind *Zeichnen, grafisch Darstellen, Wiedergeben, Entwerfen, Gestalten*.

Bildungsrelevanz

Der Operator wird in der Regel dem Anforderungsbereich II der nationalen Bildungsstandards zugeordnet. Der Operator wird verwendet, um bereits bekannte Inhalte zu reorganisieren oder Transferleistungen anzuregen. Um eine Skizze relevanter Merkmale einer Sache anzufertigen, ist Sachkompetenz vonnöten. Außerdem impliziert die Analyse der Sache Beurteilungskompetenz, da lediglich wichtige Aspekte dargestellt werden sollen.

Didaktische Funktion und Struktur

Der Operator wird verwendet, wenn Schülerinnen und Schüler …
- einen Eindruck oder eine Gestaltungsidee sprachlich oder bildsprachlich festhalten sollen (Bildende Kunst).
- Eigenschaften eines Objektes, eines Sachverhaltes oder einer Struktur (auch als Freihandskizze, Faustskizze …) darstellen sollen (Naturwissenschaften, Gesellschaftswissenschaften, Mathematik).
- Zusammenhänge, Probleme, Inhalte konzentriert und sprachlich strukturiert darstellen sollen (Deutsch).

Skizzieren wird unabhängig vom Kontext in drei Bedeutungen als Operator in Aufgabenformen verwendet: Entweder wird ein sprachliches, ein bildsprachliches oder ein Crossover-Produkt erwartet. Der Operator verlangt immer, dass eine Reduktion auf das Wesentliche vorgenommen werden muss und dass die wesentlichen Merkmale einer Sache reorganisiert werden. Dies setzt sowohl fachspezifische Lesekompetenz voraus, um Wichtiges von weniger Wichtigem zu unterscheiden, als auch ein gewisses Maß an sprachlicher und gestalterischer Kreativität. Klar sein muss in allen Fällen, was skizziert werden soll, und ebenso, welchen formalen Ansprüchen die sprachliche oder zeichnerische Skizze genügen muss.

Aufgabenbeispiele:
Skizziere den Klassenraum zentralperspektivisch. Benutze dazu deinen Block und einen weichen Bleistift./Skizziert euren selbstgebauten Schaltkreis. Benutzt dazu die eingeführten Symbole und Begriffe./Skizziere ein rechtwinkliges Dreieck. Benutze dazu ein Lineal./Skizziere die wesentlichen Handlungsschritte der Erzählung. Gestalte dazu ein Ablaufdiagramm.

Tipps für die Praxis

Fachsprachlich wird mit dem Operator *Skizzieren* nicht immer ein zeichnerischer Vorgang verbunden. Deshalb muss das Reproduktionsformat (Sprache, Bild, Crossover) bereits in der Aufgabenstellung geklärt werden. Zudem sollte es den Schülerinnen und Schülern bekannt sein.

Niedersächsischer Bildungsserver: Operatorenliste Kunst. www.nibis.de (Zugriff: 2.12.2014)
KMK: Operatorenliste Naturwissenschaften (Physik, Biologie, Chemie), Stand 2013
Lehrplan Gesellschaftswissenschaften Gemeinschaftsschule Saarland 2014, S. 99
KMK: Operatoren für das Fach Mathematik, Stand Oktober 2012
KMK: Operatoren für das Fach Deutsch, Stand 2012

Operator

Vergleichen

Der Operator *Vergleichen* findet sich vor allem in geschlossenen Aufgabenformaten. Er ermöglicht Schülerinnen und Schülern die Anwendung bereits erworbener Sachkompetenz in der Gegenüberstellung zweier oder mehrerer Sachverhalte.
Quantitative Differenzierungsmöglichkeiten ergeben sich, wenn die Anzahl der Vergleichskriterien variiert wird. Zudem kann der Komplexitätsgrad des zu vergleichenden Materials dem Leistungsstand und der Leistungsfähigkeit der Schülerinnen und Schüler angepasst werden. Qualitative Differenzierungsmöglichkeiten bestehen darin, Kriterien, auf die sich der Vergleich beziehen soll, vorzugeben, was bei gleicher Materiallage ein niedrigeres Anspruchsniveau zur Folge hat. Außerdem können Hypothesen, im Sinn von Vergleichsaussagen vorgegeben werden, die dann materialbezogen begründet werden müssen. Dabei können schwächere Schülerinnen und Schüler mit materialgestützten Hilfesystemen, zum Beispiel Hilfekärtchen oder Markierungen relevanter Textstellen, unterstützt werden.
Verwandte Operatoren sind *Analysieren* und *Gegenüberstellen*.

Lerngruppenpassung

Der Operator wird in den nationalen Bildungsstandards dem Anforderungsbereich II zugeordnet. Bereits bekannte Inhalte werden im nahen Transfer reorganisiert. Dazu wird eine zweifache Materialanalyse durchgeführt und im Vergleich gegenübergestellt, so dass wesentliche Vergleichsaspekte einander zugeordnet sind. Dies setzt in besonderem Maße prozedurales Wissen voraus und fördert ein vertieftes Verständnis der Struktur einer Sache. Eine gesicherte Lesekompetenz ist Voraussetzung für den gelingenden Vergleich.

Bildungsrelevanz

Der Operator wird verwendet, wenn Schülerinnen und Schüler …
▶ Sachverhalte unter bestimmten Gesichtspunkten miteinander vergleichen sollen und Ähnlichkeiten, Gegensätzlichkeiten, Unterschiede oder Analogien darstellen sollen (Naturwissenschaften, Mathematik, Deutsch, Gesellschaftswissenschaften, Musik, Bildende Kunst, Sport).
Unterschiedliche Materialien, das können je nach Fach Texte, Bilder, Grafiken, Rechenoperationen, aber auch Beobachtungen oder Versuche sein, müssen lesend erschlossen und danach kriterienorientiert analysiert werden. Erst dann können Arbeitsergebnisse in einem dritten Schritt in kontrastierender Zusammenfassung miteinander verglichen werden. Dabei können Ähnlichkeiten oder Analogien, Unterschiede oder Gegensätze erkannt und dargestellt werden.

Didaktische Funktion und Struktur

Aufgabenbeispiele:
Vergleiche die beiden Messverfahren im Hinblick auf ihre Messgenauigkeit./Vergleiche die beiden Lösungswege./Vergleiche die Naturschilderungen in den beiden Gedichten./Vergleiche die musikalischen Stilrichtungen Blues und House.

Vergleichen ist ein komplexer Operator, der hohe Anforderungen an das prozedurale Wissen stellt. Deshalb sollten in Aufgabenstellungen kategoriale Merkmale, die den Lese- und Analyseprozess leiten, genannt sein, um so, zumindest in der Einübungsphase, Transferleistungen zu steuern und einzugrenzen. Ebenso sollten fachspezifische Darstellungsformen transparent sein. Auch sie müssen eingeübt werden.

Tipps für die Praxis

KMK: Operatorenliste Naturwissenschaften (Physik, Biologie, Chemie), Stand 2013
KMK: Operatoren für das Fach Mathematik, Stand Oktober 2012
KMK: Operatoren für das Fach Deutsch, Stand 2012
Lehrplan Gesellschaftswissenschaften Gemeinschaftsschule Saarland 2014, S. 99
Niedersächsischer Bildungsserver: Operatorenliste Kunst. www.nibis.de (Zugriff: 2.12.2014)
Ausgewählte Operatoren im Fach Musik. www.schule-bw.de (Zugriff: 23.11.2015)
www.schulsport-nrw.de (Zugriff: 10.11.2015)

Operator

Zeichnen

Lerngruppenpassung

Der Operator *Zeichnen* wird in den naturwissenschaftlichen Fächern hauptsächlich in geschlossenen Aufgabenformaten mit eindeutigen Lösungen eingesetzt. In anderen Fächern, besonders im Fach Kunst, erlaubt der Operator individuelle Konstruktionen in offenen Aufgabenformaten. Differenzierungsmöglichkeiten bestehen darin, Abstraktionsgrad und Komplexität der Modellbildung zu variieren. Schülerinnen und Schülern mit eingeschränkten analytischen oder motorischen Fähigkeiten können über Schablonen Teillösungen angeboten werden, die von ihnen fertigzustellen sind.
Verwandte Operatoren sind *Skizzieren, grafisch Darstellen, Entwerfen, Gestalten*.

Bildungsrelevanz

Der Operator wird in der Regel dem Anforderungsbereich I der nationalen Bildungsstandards zugeordnet. Eine Zeichnung ist immer als Modell einer Wirklichkeit zu verstehen. *Zeichnen* ist also eine spezielle Form der Modellbildung. Aufgabenstellungen, die den Operator *Zeichnen* verwenden, sind deshalb abweichend von den Bildungsstandards in der Praxis sehr oft dem Anforderungsbereich Reorganisation zuzuordnen. Sie haben einen eindeutigen fachlichen Bezug, setzen sowohl Sachkompetenz wie auch die Kenntnis der in der Aufgabenstellung verwendeten Fachbegriffe und schließlich klare Kriterien zur Beurteilung der zeichnerischen Umsetzung voraus. Der Operator *Zeichnen* impliziert zudem kreative und feinmotorische Kompetenzen, die vorausgesetzt und zugleich trainiert werden müssen.

Didaktische Funktion und Struktur

Der Operator wird verwendet, wenn Schülerinnen und Schüler …
- eine maßstäblich hinreichend exakte Darstellung von Objekten oder Daten anfertigen sollen (Mathematik).
- beobachtbare Strukturen exakt darstellen sollen (Naturwissenschaften).
- eine Gestaltabsicht mit unterschiedlichen Mitteln realisieren sollen (Bildende Kunst).
- sprachliche Bilder kreativ und interpretierend visualisieren sollen (Deutsch).

Der Operator *Zeichnen* verlangt auf der Ebene einfacher Reproduktion die Anwendung eines bereits bekannten Zeichenschemas auf einen seinerseits bekannten Inhalt. Auf der erweiterten Reorganisationsebene müssen entweder neue Inhalte erschlossen und mithilfe bekannter Zeichenschemata dargestellt werden oder neue zeichnerische Darstellungsformen für bereits bekannte Inhalte gefunden werden. Sind Inhalte wie Zeichenschemata gleichermaßen unbekannt und zu konstruieren, dann verlangt der Operator von Schülerinnen und Schülern kreative Transferleistungen.

Aufgabenbeispiele:
Zeichne einen Graphen in ein Koordinatensystem./Zeichne zur Veranschaulichung deiner Messwerte ein Diagramm./Zeichne das Schema einer Zelle./Zeichne mithilfe eines Bleistifts die einzelnen Bauteile deines Füllers./Zeichne zu Bertolt Brechts Gedicht „Der Rauch" ein passendes Bild.

Tipps für die Praxis

Unabhängig vom fachlichen Kontext muss die abzubildende Wirklichkeit gedanklich durchdrungen sein, um als Modell zeichnerisch dargestellt werden zu können. Deshalb sollten anfangs Erschließungsphase und Darstellungsphase voneinander getrennt werden. Wichtig ist dabei, die darzustellende Sache im Unterricht abzusichern, bevor die zeichnerische Darstellung von Schülerinnen und Schülern in Angriff genommen wird.

KMK: Operatoren für das Fach Mathematik, Stand Oktober 2012
KMK: Operatorenliste Naturwissenschaften (Physik, Biologie, Chemie), Stand 2013
Niedersächsischer Bildungsserver: Operatorenliste Kunst. www.nibis.de (Zugriff: 2.12.2014)
KMK: Operatoren für das Fach Deutsch, Stand 2012

Operator

Zusammenfassen

Der Operator *Zusammenfassen* findet sich vor allem in geschlossenen und halboffenen Aufgabenformaten. Er ermöglicht Schülerinnen und Schülern einen materialgestützten Erwerb wesentlicher Sachkompetenz. Quantitative Differenzierungsmöglichkeiten ergeben sich, wenn der Komplexitätsgrad eines Textes oder anderen Materials, dessen Kernaussagen zusammengefasst werden sollen, variiert wird oder wenn nur ein bestimmter Aspekt der Sache zusammengefasst werden soll. Qualitative Differenzierungsmöglichkeiten bestehen darin, Oberbegriffe vorzugeben oder in Texten zu markieren, so dass die Arbeit des Zusammenfassens darin besteht, passende Erläuterungen im Text zu finden, sie zu zitieren, zu paraphrasieren oder in eigenen Worten wiederzugeben. Außerdem können bei komplexeren Zusammenfassungen grafische Reproduktionsstrukturen, zum Beispiel Tabellen, Mindmaps, Diagramme, den Leseprozess steuern und erleichtern. Verwandte Operatoren sind *Vergleichen, Charakterisieren, Skizzieren* und *Herausarbeiten*.	**Lerngruppen-passung**
Der Operator wird in den nationalen Bildungsstandards den Anforderungsbereichen I bis III zugeordnet. Wesentliche Aussagen eines Textes oder anderen Materials können reproduziert, reorganisiert oder im weiten Transfer beurteilend erschlossen werden. In allen genannten Fällen bezieht sich der Operator immer auf Sachverhalte, die in einem ersten Schritt erschlossen werden müssen. *Zusammenfassen* bedeutet, sich ein Urteil über die Relevanz von Aussagen zu einer Sache zu bilden. Dies setzt eine gesicherte Kenntnis über die Sache selbst voraus. Deklaratives und prozedurales Wissen gehen hier Hand in Hand und werden in einer durch den Operator repräsentierten Lesekompetenz zusammengeführt. Deren lebensweltliche Bedeutung für beruflichen Erfolg und private Zufriedenheit ist offensichtlich.	**Bildungsrelevanz**
Der Operator wird verwendet, wenn Schülerinnen und Schüler … ▶ den inhaltlichen Kern unter Vernachlässigung unwesentlicher Details wiedergeben sollen (Mathematik). ▶ wesentliche Aussagen komprimiert und strukturiert mit eigenen Worten wiedergeben sollen (Naturwissenschaften, Deutsch, Sport). Die fachsprachlichen Bedeutungen des Operators variieren. Im Fach Mathematik wird der Operator dem Anforderungsbereich III der nationalen Bildungsstandards zugeordnet. In den anderen Fächern wird er zur Reproduktion und Reorganisation bereits bekannter Inhalte eingesetzt. Er setzt die Fähigkeit sinnverstehenden Lesens voraus wie auch die Fähigkeit, erfasste Inhalte in ihren relevanten Aspekten und in einer sachlogischen Struktur wiederzugeben. *Aufgabenbeispiele:* *Fasse die Eigenschaften der abgebildeten Dreiecke zusammen./Fasse die wesentlichen Folgen des Klimawandels in einem Strukturmodell zusammen./Fasse die Kernaussagen des Zeitungsartikels in eigenen Worten zusammen./Fasse die wichtigsten Regeln des Volleyballspiels verständlich zusammen.*	**Didaktische Funktion und Struktur**
Wichtiges von weniger Wichtigem unterscheiden und komprimiert darstellen zu können, stellt komplexe Kompetenzanforderungen an Schülerinnen und Schüler. Sinnvoll ist es, diesen Kompetenzerwerb, zum Beispiel über einfache Zuordnungsaufgaben, möglichst früh anzubahnen und spiraldidaktisch über die Jahre weiterzuverfolgen.	**Tipps für die Praxis**

KMK: Operatoren für das Fach Mathematik, Stand: Oktober 2012
KMK: Operatorenliste Naturwissenschaften (Physik, Biologie, Chemie), Stand 2013
KMK: Operatoren für das Fach Deutsch, Stand 2012
www.schulsport-nrw.de (Zugriff: 10.11.2015)

2. Fächerübergreifend relevante Aufgabentypen

Die Bedeutung von Aufgabentypen

Aufgaben begegnen uns in den verschiedensten Typologien. Sie prägen und tragen neben dem organisierenden Lehrerverhalten und den Medien, auf die sie sich in der Regel beziehen, unterrichtliche Lernsituationen.

Im Folgenden werden 50 Aufgabentypen vorgestellt. Ihre Darstellung folgt den in Teil I dargestellten Merkmalsausprägungen. Jedem Aufgabentyp ist eine Beispielaufgabe zu seiner Veranschaulichung vorangestellt. Als durchgängiger Sachbereich, auf den die Aufgabenbeispiele sich immer beziehen, wurde das Thema „Umweltschutz und Wasser" gewählt. Dies hat verschiedene Gründe. Zum einen kann dieses Thema in allen Fächern Lerngegenstand sein. Zum anderen eignet sich dieses Thema in besonderem Maße für exemplarisches Lernen und ist relevant für eine vernetzte und nachhaltige kategoriale Bildung. Am Beispiel dieses Themas können zudem alle Anforderungsbereiche des Lernens abgebildet werden. Schließlich ist festzustellen, dass das Thema alltagsrelevant situiert ist. Sowohl Lehrerinnen und Lehrer als auch Schülerinnen und Schüler finden, ohne explizites Vorwissen mitzubringen, einen Zugang zum Thema.

Mit der Übersichtstabelle auf der kommenden Seite soll die Orientierung in der nachfolgenden, alphabetisch geordneten Sammlung relevanter fächerübergreifender Aufgabentypen erleichtert werden. In der ersten Spalte der Übersichtstabelle finden Sie den gebräuchlichen Begriff für den jeweiligen Aufgabentyp zusammen mit den in der einschlägigen Fachliteratur alternativ verwendeten Begriffen. In der letzten Spalte der Tabelle finden Sie zum einfacheren Nachschlagen die entsprechenden Seitenangaben und für einige wenige Aufgabentypen einen Hinweis auf eine praxistaugliche Kopiervorlage. In den mittleren Spalten finden Sie erste Hinweise zur didaktischen Funktion des jeweiligen Aufgabentyps. Das zugrunde liegende Modell orientiert sich an den Lernhandlungen der Schülerinnen und Schüler. Nach diesem Modell haben Aufgabentypen fünf Hauptfunktionen im Unterricht. In ihrer Brainstormingfunktion dienen sie in erster Linie der Aktivierung von Vorwissen oder der Ideenfindung. Da im Unterricht Medien unterschiedlichster Art Lerngegenstand sind, bedarf es Aufgabentypen, mit deren Hilfe Informationen von Schülerinnen und Schülern erschlossen werden können. Andere Aufgabentypen dienen dazu, mit den so gewonnenen Informationen weiterzuarbeiten oder sie einem Sach- oder Werturteil zuzuführen. Schließlich braucht Unterricht und Lernen von Zeit zu Zeit auch das Gespräch über seine Wirkung und Wahrnehmung. Dazu eignen sich die in der Tabelle ausgewiesenen Feedbackaufgaben*. Für etliche der in diesem Band vorgestellten Aufgabentypen gilt, dass sie je nach konkreter Ausarbeitung unterschiedliche Funktionen im Lernprozess wahrnehmen können.

Abschließend sei angemerkt, dass alle Aufgabentypen, die Sie in der nachfolgenden Sammlung nachschlagen können, Lernaufgaben sind. Mit Ausnahme der ausgewiesenen Brainstorming-Aufgaben können aber prinzipiell alle Lernaufgaben auch zu Leistungsaufgaben werden. Dies setzt jedoch voraus, dass der entsprechende Aufgabentyp den Schülerinnen und Schülern bekannt ist und zuvor im Fachunterricht eingeübt wurde, damit Vertrautheit und Sicherheit im Umgang besteht. Nur dann ist gesichert, dass fachliche Kompetenz nicht durch Methodenunsicherheit beeinträchtigt wird und sich in Leistungssituationen zeigen kann.

---

*Weitere Feedbackinstrumente finden Sie in Teil III dieses Bandes.

Übersicht – fächerübergreifend relevante Aufgabentypen

Aufgabentyp *alternative Begriffe*	Didaktische Funktion				
	Brainstorming	Informationen erschließen	Informationen verarbeiten	Informationen beurteilen	Feedback, Leistungsmessung
1. ABC-Aufgabe	x				x
2. Assoziationsstern, *Ideenstern*	x				
3. Beschriftungsaufgabe			x		x
4. Blitzlicht-Aufgabe	x				
5. Brainstorming-Aufgabe	x				
6. Brainwriting-Aufgabe	x				
7. Buchstabenschlange, Wortschlange		x			x
8. Cluster-Aufgabe *Spinnweb-Aufgabe*	x				
9. Deduktionsaufgabe			x	x	x
10. Diagramm		x	x		
11. Diskussion-66-Aufgabe	x			x	
12. Fehlersuche, Korrekturaufgabe			x	x	x
13. Fishbone-Aufgabe			x	x	x
14. Flussdiagramm *Ablaufdiagramm*			x		x
15. Frage-Antwort-Puzzle		x			x
16. Fragelandschaft	x	x	x		x
17. Fragen		x			x
18. Freitextaufgabe			x	x	x
19. Gitterrätsel, Kreuzworträtsel		x			x
20. Hotspot-Aufgabe *Positionierungsaufgabe*			x		x
21. Induktionsaufgabe			x	x	x
22. Kammrätsel, Akrostichon		x			x
23. Key-Feature-Aufgabe	x		x	x	x
24. Kofferpacken		x			
25. Kopfstandaufgabe *Umkehraufgabe, -technik*			x	x	

Übersicht – fächerübergreifende Aufgabentypen

Aufgabentyp *alternative Begriffe*	Didaktische Funktion				
	Brainstorming	Informationen erschließen	Informationen verarbeiten	Informationen beurteilen	Feedback, Leistungsmessung
26. Korrespondenzaufgabe			x	x	x
27. Kuckuckseirätsel		x			x
28. Likert-Skala				x	x
29. Lückentext		x	x		x
30. Matching *Zuordnungsaufgabe*		x	x		x
31. Memory		x	x		
32. Mindmap-Aufgabe			x		x
33. Morphologischer Kasten	x	x		x	
34. Multiple-Choice-Aufgabe, Single-Choice-Aufgabe		x	x		x
35. Post-it-Aufgabe	x	x	x	x	
36. Prioritätenliste				x	
37. Quiz-Aufgabe		x	x		x
38. Rezensionsaufgabe			x	x	x
39. Richtig-Falsch-Aufgabe		x			x
40. Schütteltext *Textpuzzle*		x	x		x
41. Silbenrätsel *Suchsel, Rösselsprung*			x		
42. Sortieraufgabe			x		x
43. Strukturbaum-Aufgabe			x		x
44. Strukturlege-Aufgabe *Mystery, Conceptmap*		x	x		
45. Textaufgabe			x	x	x
46. Text-Teilmengen-Aufgabe *Text-Box-Aufgabe*		x	x		x
47. Vier-Ecken-Aufgabe	x	x		x	
48. Walt-Disney-Aufgabe	x	x		x	
49. Wortsuchrätsel *Buchstabenwirrwarr, -salat*		x			x
50. 635-Aufgabe	x	x		x	

Aufgabentyp

ABC-Aufgabe

Notiere auf der Linie jeweils einen Begriff, der dir zum Thema „Wasser" einfällt.

A _____ *(zum Beispiel: Abwasser)*

B _____ *(zum Beispiel: Bodensee)*

C _____ *(zum Beispiel: Chlor)*

…

verwandte Aufgabentypen
→ Assoziationsstern
→ Post-it-Aufgabe
→ Vier-Ecken-Aufgabe

Lerngruppenpassung

Die *ABC-Aufgabe* zählt zu den offenen Aufgabenformaten. Sie wird eingesetzt, wenn Schülerinnen und Schüler zu einem Thema Begriffe assoziieren sollen. Das Individualisierungspotenzial dieses Aufgabentyps ist sehr hoch, da lediglich ein zentraler Themenbegriff vorgegeben wird, zu dem in Verbindung stehende Unterbegriffe gefunden werden sollen. Eine Differenzierungsmöglichkeit besteht darin, einen Begriffsspeicher anzubieten, auf den bei Bedarf zugegriffen werden darf, um so der ins Stocken geratenen Kreativität neue Impulse zu geben.

Bildungsrelevanz

ABC-Aufgaben machen Sachkompetenz sichtbar, da Begriffe zu einem Thema assoziiert und notiert werden. Die Präsentation des ABCs fördert kommunikative und personale Kompetenzen: Die Schülerinnen und Schüler stellen ihre Begriffe im Plenum vor und hören zugleich diszipliniert und ruhig anderen bei deren Vorstellung zu. *ABC-Aufgaben* vermitteln zudem Beurteilungskompetenz, wenn nach der Präsentationsphase im Plenum aus den vorgestellten Begriffen eine Struktur generiert wird.

Didaktische Funktion und Struktur

ABC-Aufgaben können im Unterricht eingesetzt werden, …
▶ um in ein neues Thema einzusteigen.
▶ um Vorwissen zu aktivieren.
▶ um am Ende einer Unterrichtsreihe Fachwissen zu wiederholen und den Lernerfolg zu evaluieren.

ABC-Aufgaben werden in vier Schritten durchgeführt. Das Ablaufschema für diesen Aufgabentyp sieht folgendermaßen aus:

1. Schritt: Der Lehrer/Die Lehrerin stellt als Moderator die ABC-Aufgabe vor. Er/Sie erläutert kurz den thematischen Leitbegriff und achtet darauf, dabei keine Elemente der Assoziationskette vorwegzunehmen. Er/Sie stellt das Arbeitsblatt vor, auf dem das ABC vertikal mit je einer Leerstelle zum Beschriften vorgegeben ist. Er/Sie erklärt den Schülerinnen und Schülern, dass zu jedem Buchstaben des ABCs je ein Begriff zu notieren ist, den sie mit dem Leitbegriff in Verbindung bringen.
2. Schritt: Jede Schülerin/Jeder Schüler notiert seine/ihre Begriffe auf dem Arbeitsblatt. Während der Besinnungsphase ist es ruhig in der Klasse. Um eine kreative Atmosphäre zu schaffen, kann meditative Musik eingesetzt werden.
3. Schritt: Schülerinnen und Schüler präsentieren ihre Begriffe vor dem Plenum und erläutern, warum sie den Begriff mit dem Thema verbinden. Der Lehrer kann parallel ein Tafelprotokoll führen.
4. Schritt: Fakultativ kann jetzt an der Strukturierung der Assoziationsbegriffe weitergearbeitet werden.

Tipps für die Praxis

Um eine *ABC-Aufgabe* im Unterricht einzusetzen, benötigt man lediglich ein standardisiertes Arbeitsblatt mit dem ABC. Sinnvoll ist es, sich in der Vorbereitung Impulse zu überlegen, mit denen stockende Kreativprozesse angestoßen werden können. Ebenso wichtig ist ein klares Zeitmanagement, das der Klassengröße Rechnung trägt (Einführungs- und Besinnungsphase ca. 10 bis 15 Minuten, Präsentationsphase ca. 20 bis 30 Minuten, Strukturierungsphase nach Bedarf).

http://www.methodenpool.uni-koeln.de (Zugriff: 28.12.2016)

Kopiervorlage

ABC-Aufgabe

Dein Thema:

Deine Aufgabe:

1. Notiere für jeden Buchstaben des Alphabets einen passenden Begriff, der dir zum Thema einfällt.
2. Hast du einen Begriff gefunden, überlege dir, was ihn mit dem Thema verbindet.

Tipp: Fällt dir zu einem Buchstaben des Alphabets kein Begriff ein, dann halte dich nicht zu lange damit auf, sondern mache mit dem nächsten Buchstaben weiter.

Dein Alphabet:

A		N	
B		O	
C		P	
D		Q	
E		R	
F		S	
G		T	
H		U	
I		V	
J		W	
K		X	
L		Y	
M		Z	

© Westermann Gruppe

Aufgabentyp

Assoziationsstern

Nimm ein DIN-A4-Blatt quer und notiere in der Mitte den Begriff „Wasser". Schreibe weitere, dazu passende Begriffe in Sternform um den Oberbegriff herum. Verbinde jeden neuen Begriff durch eine Linie mit dem Oberbegriff.

verwandte Aufgabentypen
→ ABC-Aufgabe
→ Brainwriting-Aufgabe
→ Post-it-Aufgabe

Der *Assoziationsstern* ist eine Brainstorming-Aufgabe und zählt zu den offenen Aufgabenformaten. Er wird eingesetzt, wenn Schülerinnen und Schüler eigene Ideen zu einem Thema entwickeln und darstellen sollen. Das Individualisierungspotenzial dieses Aufgabentyps ist sehr hoch, da lediglich ein thematischer Leitbegriff vorgegeben wird, um individuelle kreative Prozesse zu initiieren.

Lerngruppenpassung

Assoziationssterne vermitteln Sach- und Beurteilungskompetenz. Begriffe müssen assoziiert werden und im Hinblick auf ihre themenbezogene Aussagekraft beurteilt werden. Die gefundenen Begriffe können zudem im Hinblick auf ihre individuelle lebensweltliche Bedeutung bewertet werden. Die unterrichtlichen Prozesse, die mit diesem Moderationsverfahren verbunden sind, fördern kommunikative und personale Kompetenzen, da Schülerinnen und Schüler ihre eigenen Ideen präsentieren und zugleich diszipliniert und ruhig anderen bei deren Vorstellung zuhören müssen. Assoziationsaufgaben fördern im Austausch mit anderen assoziatives Denken, lassen Schülerinnen und Schüler die Vielfalt eines Themas wahrnehmen und geben Ideen eine vorläufige Struktur.

Bildungsrelevanz

Assoziationssterne können im Unterricht eingesetzt werden, …
- um in ein neues Thema einzusteigen.
- um vielfältige Ideen zu einem Thema zu entwickeln und die Schülerinnen und Schüler in die Unterrichtsplanung miteinzubeziehen.
- um Vorwissen zu aktivieren.
- um Stoff zu wiederholen.

Didaktische Funktion und Struktur

Das Ablaufschema für diesen Aufgabentyp sieht folgendermaßen aus:
1. Schritt: Jede Schülerin/Jeder Schüler erarbeitet einen eigenen Argumentationsstern. Dazu notieren sie in der Mitte den thematischen Leitbegriff und in die Sternstruktur Aspekte des Themas. Dazu verwenden sie kurze Formulierungen.
2. Schritt: Sie unterstreichen jenen Aspekt, der ihnen am wichtigsten ist und den sie gerne im Unterricht behandelt haben möchten.
3. Schritt: Jeder stellt seinen Aspekt im Plenum vor und begründet, warum dieser ihm wichtig ist. Die vorgestellten Begriffe werden an der Tafel gesammelt. Das Tafelprotokoll ist Grundlage und Fahrplan für die weitere Arbeit. Lehrplanrelevante Begriffe können gegebenenfalls vom Lehrer ergänzt werden.

Dieser Aufgabentyp kommt mit wenig Moderationsmaterial aus: Stifte, ein DIN-A4-Blatt, im Querformat zu beschriften, und eine Tafel reichen aus, um Ideen individuell zu notieren und im Plenum zu sammeln. Der Lehrer/Die Lehrerin steuert den Moderationsprozess und achtet darauf, dass auch ruhigere Schülerinnen und Schüler ihre Ideen darstellen können. Das Tafelprotokoll sollte vom Lehrer/von der Lehrerin selbst oder von schreibstarken Schülerinnen/Schülern übernommen werden.

Tipps für die Praxis

Wulf Schmidt-Wulfen: Zukunftsfähiger Erdkundeunterricht. Kommunikation – Schülerorientierung – Nachhaltiges Lernen. In: Geographische Rundschau 2, 2004, S. 7 ff.

Aufgabentyp

verwandte Aufgabentypen
→ Hotspot-Aufgabe

Beschriftungsaufgabe

Erkläre den Wasserkreislauf. Beschrifte dazu die vier weißen Pfeile des Schaubilds.

Umkehraufgabe: Erkläre den Wasserkreislauf. Zeichne dazu ein einfaches Schaubild und beschrifte die vier Hauptfunktionen Verdunstung, Wolkenbildung, Niederschlag, Versickerung.

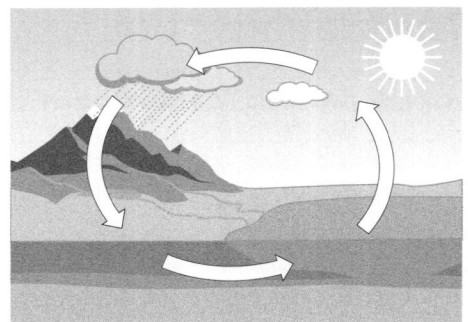

Lerngruppen-passung

Beschriftungsaufgaben zählen zu den geschlossenen Aufgabenformaten mit eindeutigen Lösungen. Sie werden eingesetzt, wenn Wort-Bild-Relationen dargestellt werden sollen. Eine quantitative Differenzierung ergibt sich durch die Komplexität des Bildes und die Anzahl der Beschriftungen. Je mehr Begriffe zugeordnet werden müssen, desto anspruchsvoller wird die Aufgabe. Wort- oder Silbenspeicher helfen Schülerinnen und Schülern, die Aufgabe zu bewältigen, und können zur qualitativen Differenzierung der Aufgabenstellung beigegeben werden.

Bildungsrelevanz

Beschriftungsaufgaben fördern basale Sachkompetenz, indem, ausgehend vom Bild, Begriffe identifiziert werden müssen. Sie ordnen den Stoff und schaffen Orientierung im Fach. Sie differenzieren die Wahrnehmung des Fachlichen und vernetzen zugleich Einzelbegriffe zu einem fachlichen Ganzen. *Beschriftungsaufgaben* können auf unterschiedlichen Niveaustufen eingesetzt werden. Mit ihnen können bereits eingeführte Begriffe reproduziert, aber auch Transferaufgaben gestaltet werden. Entsprechende Umkehraufgaben stellen weniger das aktive Begriffswissen in den Mittelpunkt des Lernens der Schülerinnen und Schüler als viel mehr deren visuelle und konzeptionelle Vorstellungskraft.

Didaktische Funktion und Struktur

Beschriftungsaufgaben können im Unterricht eingesetzt werden, …
▸ um in Einstiegsphasen Vorwissen gezielt zu erarbeiten.
▸ um grundlegende Fachbegriffe eines Themenfelds auf einem einfachen Niveau abzusichern.
▸ um Übungsphasen handlungsorientiert zu gestalten.
▸ um am Ende einer Unterrichtseinheit Fachkenntnisse zu überprüfen.

Das Ablaufschema für diesen Aufgabentyp sieht folgendermaßen aus:
1. Schritt: Der Lehrer/Die Lehrerin stellt die Aufgabenstellung vor und schafft eine thematische Anbindung der Beschriftungsaufgabe.
2. Schritt: Die Schülerinnen und Schüler arbeiten einzeln an ihren Aufgaben und präsentieren Ergebnisse kooperativ oder im Plenum.

Tipps für die Praxis

Alles, was ich mir bildlich vorstelle, kann prinzipiell auch beschriftet werden. Dies kann im Deutschunterricht ein Briefkuvert sein, im Biologieunterricht der Aufbau einer Zelle oder im Erdkundeunterricht die Gestaltung einer Legende als Grundlage für die Beschriftung einer stummen Karte. Wichtig dabei ist, in einer ersten Phase immer zuerst die Basisbegriffe durch *Beschriftungsaufgaben* abzusichern. Bei Umkehraufgaben gilt hingegen zu bedenken: Nicht alle Begriffe, die bildlich vorstellbar sind, können von Schülerinnen und Schülern auch zeichnerisch umgesetzt werden.

Heinz Klippert 1996: Methodentraining. Übungsbausteine für den Unterricht, S. 211

Aufgabentyp

Blitzlicht-Aufgabe

Unsere Schule will umweltfreundlicher werden. Was kannst du dazu beitragen? Jeder nennt immer nur eine Idee. Ideen anderer werden nicht kritisiert.

Die *Blitzlicht-Aufgabe* zählt zu den offenen Aufgabenformaten. Sie wird eingesetzt, wenn Schülerinnen und Schüler möglichst spontan eigene Assoziationen oder Meinungen zu einem Thema oder einem Prozess entwickeln und darstellen sollen. Das Individualisierungspotenzial dieses Aufgabentyps ist sehr hoch, da lediglich ein verbaler Impuls vorgegeben wird, zu dem unterschiedliche Gedanken geäußert werden sollen.

Blitzlicht-Aufgaben machen Sachkompetenz und Beurteilungskompetenz bewusst. Sie fördern Sachkompetenz, wenn die *Blitzlicht-Aufgabe* zu einem Thema Vorwissen sichtbar macht. Sie fördern Beurteilungskompetenz, wenn die Blitzlicht-Aufgabe themengebundene Unterrichts- oder Lernprozesse bewusst macht. Das mit der *Blitzlicht-Aufgabe* verbundene Moderationsverfahren fördert kommunikative und personale Kompetenzen, da Schülerinnen und Schüler ihre eigenen Ideen vor anderen präsentieren und zugleich diszipliniert und ruhig anderen bei deren Vorstellung zuhören müssen.

Blitzlicht-Aufgaben können im Unterricht eingesetzt werden, …
- um Vorwissen und Voreinstellungen abzufragen.
- um Ideen und Assoziationen zu einem neuen Thema zu generieren.
- um Inhalte und Unterrichtsprozesse zu reflektieren und Meinungen zu sammeln.

Blitzlicht-Aufgaben können am Anfang, während oder am Ende eines Unterrichtsprozesses ihren Platz finden. Dabei variiert jedoch deren didaktische Funktion: Am Anfang eingesetzt, dient eine *Blitzlicht-Aufgabe* dazu, Erwartungen an das Thema oder Vorwissen zu offenbaren. Während und am Ende des Unterrichtsprozesses eingesetzt, dient eine *Blitzlicht-Aufgabe* dazu, Lernprozesse zu evaluieren. Gerade bei Störungen im Ablauf können die so gewonnenen Informationen helfen, nachfolgende Unterrichtsprozesse zu optimieren.

Das Ablaufschema für diesen Aufgabentyp sieht folgendermaßen aus:

1. Schritt: Der Lehrer/Die Lehrerin stellt die *Blitzlicht-Aufgabe* vor und erläutert sie. Sein/Ihr zentraler Impuls kann zum Beispiel eine Leitfrage sein, zu der Schülerinnen und Schüler sich äußern sollen.
2. Schritt: Jede Schülerin/Jeder Schüler äußert sich zu der Leitfrage. Im Prinzip sollte jetzt jede/jeder an die Reihe kommen. Im Sitzkreis beginnt man mit freiwilligen Meldungen und lässt dann die Reihenfolge im Uhrzeigersinn weiterlaufen. Äußerungen werden als Ich-Botschaften formuliert. Sie werden von anderen weder kommentiert noch bewertet.
3. Schritt: Abschließend können die Äußerungen im Plenum diskutiert und relevante Ergebnisse als Planungsgrundlage für die weitere Arbeit am Thema festgehalten werden.

Wichtig ist, dass jede *Blitzlicht-Aufgabe* sich nur auf ein Thema konzentriert. Will man mehrere Themenaspekte im Blitzlicht beleuchten, dann sollte für jeden Aspekt eine eigene *Blitzlicht-Aufgabe* vorbereitet und durchgeführt werden. *Blitzlicht-Aufgaben* müssen dynamisch und in kleinen Zeitfenstern umgesetzt werden. Dann können sie auch mehrfach innerhalb einer Unterrichtseinheit zur Reflexion und Optimierung von Prozessen eingesetzt werden.

---

verwandte Aufgabentypen
→ Brainstorming-Aufgabe

Lerngruppenpassung

Bildungsrelevanz

Didaktische Funktion und Struktur

Tipps für die Praxis

Wilhelm H. Peterßen 1999: Kleines Methoden-Lexikon. München, S. 47 ff.

Aufgabentyp

Brainstorming-Aufgabe

Unsere Schule will umweltfreundlicher werden. Was könnt ihr dazu beitragen? Denkt darüber nach und sammelt eure Ideen. Jede/Jeder nennt immer nur eine Idee. Ideen anderer werden nicht kritisiert.

verwandte Aufgabentypen
→ Blitzlicht-Aufgabe

Lerngruppenpassung

Brainstorming-Aufgaben zählen zu den offenen Aufgabenformaten. Sie werden eingesetzt, wenn Schülerinnen und Schüler einen Unterrichtsgegenstand, ein Thema oder eine komplexe Fragestellung möglichst weit gedanklich erfassen und dabei möglichst viele Facetten einer Sache beleuchten sollen. Das Individualisierungspotenzial dieses Aufgabentyps ist sehr hoch, da lediglich das vorgegebene Thema die eigene Assoziationsreichweite begrenzt. Eine Differenzierungsmöglichkeit besteht darin, in der Durchführungsphase leistungsschwächere Schülerinnen und Schüler relativ früh anzusprechen und sie mit individuell passenden Impulsen zur Meinungsäußerung hinzuführen.

Bildungsrelevanz

Brainstorming-Aufgaben machen Sachkompetenz und Beurteilungskompetenz bewusst. Sie fördern Sachkompetenz, indem eigene Ideen entwickelt und mündlich dargestellt werden. Sie fördern Beurteilungskompetenz, wenn der entstandene Ideenpool in einer zweiten Arbeitsphase strukturiert wird und einzelne Ideen beurteilt werden. Außerdem lernen Schülerinnen und Schüler, die Ideen anderer wahrzunehmen, diese zuzulassen und kommentarlos zu akzeptieren.

Didaktische Funktion und Struktur

Brainstorming-Aufgaben können im Unterricht eingesetzt werden, …

- um in ein neues Thema einzusteigen.
- um Vorwissen und Voreinstellungen abzufragen.
- um Ideen und Assoziationen zu einem neuen Thema oder Hypothesen zu einem Problem zu generieren.
- um Fragen zu einem neuen Thema zu sammeln, die Grundlage für die Planung kommender Unterrichtsprozesse sein können.

Brainstorming-Aufgaben laufen in zwei Phasen ab. Das Ablaufschema für diesen Aufgabentyp sieht folgendermaßen aus:

Brainstormingphase:

1. Schritt: Der Lehrer/Die Lehrerin stellt als Moderator/Moderatorin die Brainstorming-Aufgabe vor und erläutert sie. Sein/Ihr zentraler Impuls kann zum Beispiel eine Leitfrage, eine Problemstellung, ein Zitat, ein Bild oder Sachgegenstand sein.
2. Schritt: Jede Schülerin/Jeder Schüler lässt nach einer kurzen Besinnungsphase ihren/seinen Gedanken freien Lauf und äußert sich zum Thema.

Strukturierungsphase:

3. Schritt: Im Plenum werden die vom Lehrer/von der Lehrerin protokollierten Äußerungen diskutiert, beurteilt und geordnet. Die Ergebnisse bilden die Basis für Schwerpunktsetzungen im nachfolgenden Unterricht.

Tipps für die Praxis

Brainstorming-Aufgaben sichern einen konstruktivistischen Zugang zum Thema. Sie wirken in hohem Maß motivierend, weil Schülerinnen und Schüler sich als selbstwirksam erfahren. *Brainstorming-Aufgaben* muss man Raum und Zeit geben, damit sie ihre Wirksamkeit entfalten können. Dabei gelten immer drei Regeln.

Regel 1: Jede Idee ist eine gute Idee.
Regel 2: Kritik an und Kommentare zu anderen Ideen sind strikt verboten.
Regel 3: Es wird immer nur eine Idee vorgestellt.

Ritualisiertes Inventar (Sitzkreis, Redestein, Klangschale etc.) vereinfacht die Durchführung und sorgt für Routine.

Wolfgang Mattes 2011: Methoden für den Unterricht. Paderborn, S. 102

Aufgabentyp

Brainwriting-Aufgabe

Unsere Schule will umweltfreundlicher werden. Was könnt ihr dazu beitragen? Denkt darüber nach und notiert eure Idee auf einem Blatt. Jede weitere Idee wird auf einem neuen Blatt notiert, so dass immer nur eine Idee auf einem Blatt steht.

Brainwriting-Aufgaben zählen zu den offenen Aufgabenformaten. Sie werden eingesetzt, wenn Schülerinnen und Schüler konzentriert und in ruhiger Arbeitsatmosphäre Ideen entwickeln und kritisch bewerten sollen. Das Individualisierungspotenzial dieses Aufgabentyps ist sehr hoch, da lediglich das vorgegebene Thema die eigene Assoziationsreichweite begrenzt.

Brainwriting-Aufgaben machen Sachkompetenz und Beurteilungskompetenz bewusst. Sie fördern Sachkompetenz, da eigene Ideen entwickelt und schriftlich festgehalten werden. Sie fördern Beurteilungskompetenz, wenn die Ideen der anderen Schülerinnen und Schüler einer Tischgruppe ergänzt oder kritisch kommentiert werden.

Brainwriting-Aufgaben können im Unterricht eingesetzt werden, …
- um in ein neues Thema einzusteigen.
- um Vorwissen und Voreinstellungen abzufragen.
- um Ideen und Assoziationen zu einem neuen Thema zu generieren.
- um Inhalte zu reflektieren und Meinungen zu sammeln.
- um Problemlösungen für komplexe Fragestellungen zu erarbeiten.

Brainwriting-Aufgaben laufen in zwei Phasen ab. Das Ablaufschema für diesen Aufgabentyp sieht folgendermaßen aus:

Brainstormingphase/Tischgruppenvariante:
1. Schritt: Der Lehrer/Die Lehrerin stellt die Brainwriting-Aufgabe vor und erläutert sie. Sein/Ihr zentraler Impuls kann zum Beispiel eine Leitfrage sein, zu der Schülerinnen und Schüler sich schriftlich äußern sollen.
2. Schritt: Jede Schülerin/Jeder Schüler notiert je einen Gedanken auf einer Karteikarte (alternativ: DIN-A4-Blatt im Querformat) und gibt das Kärtchen innerhalb seiner Tischgruppe im Uhrzeigersinn weiter. Jede neue Idee kann jetzt kommentiert oder ergänzt werden. Sobald das entsprechende Kärtchen wieder bei seinem Urheber/seiner Urheberin angekommen ist, sichtet dieser/diese die Notationen und legt es in die Mitte des Tisches, wo in mehreren Runden ein wachsender Ideen-Pool entsteht. Weitere Ideen können auf einem neuen Kärtchen notiert und in die Runde gereicht werden.

Brainstormingphase/Plenumsvariante:
1. Schritt: Der Lehrer/Die Lehrerin stellt als Moderator/Moderatorin die *Brainwriting-Aufgabe* vor und erläutert sie.
2. Schritt: Jede Schülerin/Jeder Schüler notiert je einen Gedanken auf einem Blatt und reicht es in festgelegter Reihenfolge an andere Schülerinnen und Schüler weiter. Jede/Jeder ergänzt und kommentiert die ihm/ihr zugetragenen Ideen.

Weiterverarbeitungsphase/Tischgruppen- und Plenumsvariante:
3. Schritt: Die Schülerinnen und Schüler strukturieren ihre Ideen und präsentieren sie. Dazu können die Ideen-Kärtchen an der Tafel geordnet werden. In der Plenumsvariante kann die Präsentation als Galeriegang erfolgen.

Klare und transparente Zeitfenster sind besonders bei der Plenunmsvariante unumgänglich, wenn man innerhalb einer Unterrichtsstunde zu brauchbaren Ergebnissen gelangen möchte. *Brainwriting-Aufgaben* bieten besonders stillen Schülerinnen und Schülern eine Chance, sich zu äußern, und fördern durch die entpersonalisierte Wahrnehmung die kritische Sichtung und Kommentierung von Ideen.

---

verwandte Aufgabentypen
→ ABC-Aufgabe
→ Fragelandschaft
→ Post-it-Aufgabe

Lerngruppen-passung

Bildungsrelevanz

Didaktische Funktion und Struktur

Tipps für die Praxis

Helmut Schlicksupp 2004: Ideenfindung. Würzburg

Aufgabentyp

Buchstabenschlange, Wortschlange

verwandte Aufgabentypen
→ Gitterrätsel
→ Kammrätsel
→ Silbenrätsel
→ Wortsuchrätsel

Durch dieses Buchstabenwirrwarr schlängelt sich ein Wort zum Thema „Wasser". Finde es und verbinde die Buchstaben mit einer Linie.

In der Wortschlange kannst du sechs Begriffe zum Thema „Wasser" finden. Markiere sie und schreibe sie heraus.

E I S O Z E A N D A M P F B A C H S C H N E E N E B E L

W	U	R	K
U	E	I	W
T	L	G	R
S	E	H	G
T	Z	N	U

Lerngruppenpassung

Buchstabenschlangen und *Wortschlangen* zählen zu den geschlossenen Aufgabenformaten mit eindeutigen Lösungen. Sie werden eingesetzt, wenn es verborgene Worte zu entdecken gilt. Eine quantitative Differenzierung ergibt sich durch die Komplexität des Buchstaben- oder Worträtsels: Je mehr Buchstaben oder Wörter im Raster oder in der Schlange verborgen sind, desto anspruchsvoller wird das Rätsel. Leseschwache Schülerinnen und Schüler können mit einem Wortspeicher auf die Suche nach den verborgenen Wörtern gehen und so in die Arbeit integriert werden. Lernstärkere Schülerinnen und Schüler können eigenständig mit den Begriffen weiterarbeiten, indem sie zum Beispiel deren Bedeutung erläutern.

Bildungsrelevanz

Buchstabenschlangen und *Wortschlangen* fördern basale Sachkompetenz, indem Begriffe identifiziert werden müssen, die den Stoff ordnen und Orientierung im Fach schaffen. Diese Begriffe sind unverzichtbar für nachfolgendes Regellernen und problemlösendes Lernen. Sie motivieren durch ihren Spielcharakter für die Weiterarbeit mit den identifizierten Begriffen. Darüber hinaus dienen solche Rätsel der Wahrnehmungsschulung, da Wortgrenzen wahrgenommen und Wörter erkannt werden und der passive Fachwortschatz aktiviert wird. Außerdem schulen sie die Konzentration.

Didaktische Funktion und Struktur

Buchstabenschlangen und *Wortschlangen* sind Lernspiele. Sie können im Unterricht eingesetzt werden, ...
▶ um Vorwissen in Einstiegsphasen zu erarbeiten.
▶ um grundlegende Fachbegriffe eines Themenfelds auf einem einfachen rezeptiven Niveau abzusichern.
▶ um Schlüsselbegriffe beim Lesen von Fachtexten zu reproduzieren und um das fachspezifische sinnverstehende Lesen zu überprüfen.
▶ um Übungsphasen spielerisch aufzulockern.
▶ um am Ende einer Unterrichtseinheit einfache Fachkenntnisse zu überprüfen und zu bewerten.

Das Ablaufschema für diesen Aufgabentyp sieht folgendermaßen aus:
1. Schritt: Der Lehrer/Die Lehrerin stellt die Aufgabenstellung vor und schafft eine Anbindung der *Buchstaben-* oder *Wortschlange* an das Thema.
2. Schritt: Die Schülerinnen und Schüler arbeiten einzeln an ihren Schlangen.
3. Schritt: Im Plenum werden die Begriffe präsentiert und gegebenenfalls wird mit ihnen weitergearbeitet.

Tipps für die Praxis

Lernspiele motivieren noch stärker, wenn Schülerinnen und Schüler selbst die Gelegenheit bekommen, kreativ und aktiv *Buchstaben-* und *Wortschlangen* zu gestalten.

---

http://www.lerntippsammlung.de/lerntipps/lernspiel-3.htm (Zugriff: 28.12.2106)

Aufgabentyp

Cluster-Aufgabe

„Wasser" ist der Baustein des Lebens. Wasser bedeckt zwei Drittel der Erdoberfläche. Es ist unverzichtbar für alles Leben auf der Erde. Was fällt dir dazu ein? Halte deine Ideen in einem Cluster fest. Und so gehst du dabei vor:
1. *Notiere den Schlüsselbegriff „Wasser – Baustein des Lebens" in der Mitte eines DIN-A4-Blattes und umkreise ihn. Schreibe weitere Begriffe, die dir dazu einfallen, um den Schlüsselbegriff herum. Verbinde die neuen Begriffe mit dem Schlüsselbegriff.*
2. *Verfahre mit den neuen Begriffen genauso, indem du zu jedem Begriff notierst, was dir noch einfällt.*
3. *Verbinde zusammengehörende Begriffe durch Pfeile oder Linien.*

verwandte Aufgabentypen
→ Assoziationsstern
→ Mindmap-Aufgabe

Die *Cluster-Aufgabe* zählt zu den offenen Aufgabenformaten. Sie wird eingesetzt, wenn Schülerinnen und Schüler für sich alleine, konzentriert und in ruhiger Arbeitsatmosphäre ihre Gedanken zu einem Thema visualisieren sollen. Das Individualisierungspotenzial dieses Aufgabentyps ist sehr hoch, da lediglich das vorgegebene Thema die eigene Assoziationsreichweite begrenzt. Eine quantitative Differenzierung ergibt sich in der Praxis durch die Komplexität der erarbeiteten Cluster. Ausgestaltete Cluster sind zudem wertvolle Differenzierungshilfen: Sie unterstützen schwächere Schülerinnen und Schüler bei der Versprachlichung von Themen.

Lerngruppenpassung

Cluster-Aufgaben sind eine Kreativtechnik zur Ideenfindung. Sie fördern Sachkompetenz und logisches Denken, wenn zu einem vorgegebenen Schlüsselbegriff verwandte Begriffe assoziiert, notiert und durch Signaturen, wie zum Beispiel Linien, Pfeile, Farben oder Kartuschen, in Beziehung gesetzt werden sollen.

Bildungsrelevanz

Cluster-Aufgaben können im Unterricht eingesetzt werden, ...
- um in ein neues Thema einzusteigen und für ein neues Thema zu motivieren.
- um Vorwissen und Voreinstellungen abzufragen und bewusst zu machen.
- um Schreib- und Planungsideen zu generieren.

Das Ablaufschema für diesen Aufgabentyp sieht folgendermaßen aus:

1. Schritt: Der Lehrer/Die Lehrerin stellt die *Cluster-Aufgabe* vor und erläutert den Schlüsselbegriff.
2. Schritt: Die Schülerinnen und Schüler notieren im Zentrum eines DIN-A4-Blattes den Schlüsselbegriff und umkreisen ihn. Um das Schlüsselwort herum notiert jede/jeder weitere Begriffe, die ihr/ihm einfallen, und verbindet diese durch Linien mit dem Schlüsselbegriff. Die assoziierten Begriffe sind Ausgangspunkt für weitere Ideen, die ebenfalls notiert werden. Schließlich entsteht so eine Assoziationskette mit einer bildlichen, netzartigen Struktur.
3. Schritt: In kooperativen Verfahren können individuell erstellte Cluster verglichen, ergänzt und im Plenum präsentiert werden. Ein an der Tafel gemeinsam konstruiertes Cluster sichert Ergebnisse für assoziationsschwache Schülerinnen und Schüler ab und ist für sie zugleich Ausgangspunkt der weiteren Arbeit.

Didaktische Funktion und Struktur

Cluster-Aufgaben werden in der Regel in stiller Einzelarbeit erledigt, wobei darauf zu achten ist, dass die Kreativphase nicht länger als 10 Minuten dauern sollte. Die Themen sollten dem Erfahrungshorizont der Schülerinnen und Schüler entsprechen, damit das Assoziationsnetz sich entfalten kann, die Anschlussfähigkeit aller Schülerinnen und Schüler gegeben und kein Lerner/keine Lernerin von Ergebnissen ausgeschlossen ist.

Tipps für die Praxis

http://www.methodenpool.uni-koeln.de (Zugriff: 28.12.2016)

Aufgabentyp

Deduktionsaufgabe

verwandte Aufgabentypen
→ Induktionsaufgabe

Stell dir Folgendes vor: Ihr möchtet als besonders umweltfreundliche Schule ausgezeichnet werden. Eine Schule, die sich um diese Auszeichnung bewirbt, muss sich in besonderem Maße um den Umweltschutz kümmern. Dazu muss jedoch der Umgang mit eurem Müll verbessert werden, denn viel zu viel Verpackungsmaterial wird in den Pausen einfach weggeworfen und landet im Müll. Was kann getan werden, um die Müllsituation an eurer Schule zu verbessern? Dazu hat eure Schülervertretung einen Wettbewerb ausgerufen. Sammelt Ideen und prämiert die drei besten.

Lerngruppenpassung

Deduktionsaufgaben zählen in der Regel zu den offeneren Aufgabenformaten. Meist sind mehrere Beispiele oder Einzelfälle denkbar, die auf eine gemeinsame Regel, ein grundlegendes Prinzip oder eine These zurückgeführt werden können. *Deduktionsaufgaben* werden eingesetzt, wenn Schülerinnen und Schüler sich in Beispielen oder konkreten Fällen mit allgemeingültigen Regelmäßigkeiten oder Gesetzmäßigkeiten auseinandersetzen sollen.

Differenzierungsmöglichkeiten bestehen darin, Beispiele vorzugeben und sie den Regeln zuordnen zu lassen oder Zuordnungen von Einzelfällen zu Regeln oder allgemeinen Prinzipien begründen zu lassen.

Bildungsrelevanz

Deduktionsaufgaben verfügen über eine große kognitive Reichweite. Sie trainieren die Zuordnung von passenden Fällen, Beispielen oder Einzelphänomenen zu allgemeingültigen Strukturen. Deshalb wirken sie ordnungsbildend. Die Zuordnung von Einzelphänomenen zu übergeordneten Strukturen setzt jedoch voraus, dass die übergeordnete Struktur, also die Regel oder das zugrunde liegende Prinzip, hinreichend erfasst worden ist.

Didaktische Funktion und Struktur

Deduktionsaufgaben können im Unterricht eingesetzt werden, …
- ► um Einzelfälle an einer Regel oder einem Prinzip zu messen und zu verifizieren.
- ► um einen Transfer von allgemeinen Gestaltungs- und Denkmustern auf konkrete Fälle zu initiieren,
- ► um komplexe Regeln schnell und eindeutig einzuführen,
- ► um Regeln einzuüben und zu wiederholen.

Das Ablaufschema für diesen Aufgabentyp sieht folgendermaßen aus:

1. Schritt: Die Schülerinnen und Schüler lesen die Aufgabenstellung und identifizieren die Regel, These oder allgemeine Aussage. Sie notieren die Regel oder die allgemeine Aussage.
(Aufgabenbeispiel: Es gibt immer Möglichkeiten, den Müll an unserer Schule zu verringern.)

2. Schritt: Die Schülerinnen und Schüler setzen Beispiele oder Einzelfälle mit entsprechenden Regeln, Thesen oder allgemeinen Aussagen in Bezug. Sie ordnen zum Beispiel vorgegebene Einzelfälle der Regel, These oder allgemeinen Aussage zu.
(Aufgabenbeispiel: Müll kann durch Mülltrennung reduziert werden.)

Tipps für die Praxis

Kreativität und Offenheit sind Voraussetzung dafür, passende Beispiele zu einem übergeordneten Prinzip zu finden. Lernsituation und Lernklima müssen deshalb so gestaltet werden, dass Ideen sich entfalten können. Je offener die Aufgabenstellung ist, desto eher sollten Schülerinnen und Schüler die Möglichkeit haben, sich in kooperativen Prozessen zu unterstützen.

Michael Kerres 2013: Mediendidaktik. Konzeption und Entwicklung mediengestützter Lernangebote. Berlin

Aufgabentyp

Diagramm

Menschen in Deutschland verbrauchen pro Tag durchschnittlich 122 Liter Wasser. 40 Liter benötigt jeder für die Toilette, 37 Liter zum Baden und Duschen, 17 Liter, um die Wäsche zu waschen, je 7 Liter für Körperpflege und Geschirrspüler, 6 fürs Putzen, 5, um den Garten zu sprengen, und nur 3 Liter fürs Trinken und Kochen. Stelle die Werte in einem Diagramm dar und überlege, wo am ehesten Wasser eingespart werden kann. Erläutere, warum dies sinnvoll ist.

verwandte Aufgabentypen
→ Flussdiagramm

Diagramme zählen zu den geschlossenen oder halboffenen Aufgabenformaten. Sie werden eingesetzt, wenn Schülerinnen und Schüler wichtige Zahlen aus Diagrammen erlesen sollen oder selbst Zahlen in Diagrammen übersichtlich visualisieren sollen. Dabei können Schülerinnen und Schüler dann selbst unterschiedliche Diagrammtypen handelnd erproben. Differenzierungsmöglichkeiten ergeben sich über die Komplexität der zu analysierenden oder zu gestaltenden Diagramme. Zudem spielt die Art des Diagramms eine Rolle: Bei der Gestaltung von Scheiben- oder Kuchendiagrammen sind zum Beispiel oft mehrere Rechenwege – absolute Zahlenwerte müssen zuerst in Prozentwerte und diese wiederum in 360-Grad-Anteile umgerechnet werden – durchzuführen. Deshalb sollten solche Aufgaben frühestens im siebten Schuljahr gestellt werden. Generell gilt: Soll auf die angemessene zeichnerische Darstellung besonderen Wert gelegt werden, dann empfiehlt es sich, die darzustellenden Zahlen vorzugeben. Soll auf die Ermittlung darstellbarer Zahlen besonderen Wert gelegt werden, dann empfiehlt es sich, gegebenenfalls die grafischen Elemente vorzugeben.

Lerngruppenpassung

Diagramme zu lesen und zu analysieren erfordert eine spezielle Lesekompetenz. Dies gilt besonders dann, wenn Diagramme gemeinsam mit anderen Elementen zu einem Schaubild zusammengefügt werden. Diagramme selbst zu gestalten, macht hingegen Sachkompetenz sichtbar und verknüpft diese mit prozeduralem Wissen.

Bildungsrelevanz

Diagramme können im Unterricht eingesetzt werden, …
- um Sachkompetenz zu erarbeiten.
- um Untersuchungsergebnisse grafisch darzustellen.
- um im Rahmen einer Präsentationsaufgabe Informationen zu visualisieren.

Didaktische Funktion und Struktur

Das Ablaufschema für das Lesen von Diagrammen sieht für Schülerinnen und Schüler folgendermaßen aus:
1. Schritt: Die Schülerinnen und Schüler überfliegen das Diagramm und formulieren dessen Thema. Sie benennen die Darstellungseinheiten.
2. Schritt: Sie notieren besonders aussagekräftige Werte mitsamt der Mengen- oder Größenangaben.
3. Schritt: Sie beurteilen die Werte in Bezug auf eine Problemstellung.

Das Ablaufschema für das Gestalten von Diagrammen sieht für Schülerinnen und Schüler folgendermaßen aus:
1. Schritt: Die Schülerinnen und Schüler analysieren die Aufgabenstellung, legen die Darstellungseinheit fest und formulieren eine Überschrift.
2. Schritt: Sie entscheiden sich für einen passenden Diagrammtyp, zeichnen das Diagramm und beschriften es eindeutig.

Sowohl beim Lesen als auch beim Gestalten von Diagrammen müssen Schülerinnen und Schüler an eine systematische Vorgehensweise herangeführt werden. Nur so entstehen transferfähige prozedurale Kompetenzen.

Tipps für die Praxis

Andreas Müller 2009: Sachtexte besser verstehen. Paderborn, S. 62 ff.

Aufgabentyp

Diskussion-66-Aufgabe

verwandte Aufgabentypen
→ Blitzlicht
→ Brainstorming-Aufgabe

Mit dem Umweltschutz ist es an eurer Schule nicht zum Besten bestellt. Der Schulhof sieht nach der Pause wie eine Müllhalde aus, in den Klassen brennt auch am hellen Tag Licht, Verpackungen lassen euren Mülleimer überquellen. Im Klassenrat habt ihr deshalb beschlossen, etwas für den Umweltschutz an eurer Schule zu tun. Bildet Sechsergruppen und sammelt 6 Minuten lang Ideen. Einigt euch auf die besten und stellt sie der Klasse vor.

Lerngruppenpassung

Die *Diskussion 66* zählt zu den offenen Aufgabenformaten. Sie wird eingesetzt, wenn Schülerinnen und Schüler möglichst vielfältige Ideen oder Problemlösungsvorschläge erarbeiten und mündlich darstellen sollen. Das Individualisierungspotenzial dieses Aufgabentyps ist sehr hoch, da lediglich das vorgegebene Thema die eigene Assoziationsreichweite begrenzt.

Bildungsrelevanz

Dieser Aufgabentyp macht Sachkompetenz und Beurteilungskompetenz bewusst. Er fördert Sachkompetenz, wenn zur Aufgabenstellung eigene Ideen entwickelt und mündlich dargestellt werden sollen. Er fördert Beurteilungskompetenz, wenn der entstandene Ideenpool in der Kleingruppe strukturiert wird und einzelne Ideen im Hinblick auf ihre Bedeutsamkeit beurteilt werden. Außerdem lernen Schülerinnen und Schüler, die Ideen anderer wahrzunehmen, diese zuzulassen und kommentarlos zu akzeptieren.

Didaktische Funktion und Struktur

Diskussion-66-Aufgaben variieren die klassische Brainstorming-Aufgabe: 6 Schülerinnen oder Schüler bilden eine Teilgruppe und sprechen 6 Minuten über ein Thema oder Problem. Dieser Aufgabentyp kann mit seiner rigiden Struktur deshalb besonders in großen Klassen, wenn nur begrenzt Unterrichtszeit zur Verfügung steht, sinnvoll und zielführend eingesetzt werden, ...

- um in ein neues Thema einzusteigen.
- um Problemlösungsansätze zu generieren.
- um Vorwissen und Voreinstellungen abzufragen.
- um Fragen zu einem neuen Thema zu sammeln, die Grundlage für die Planung kommender Unterrichtsprozesse sein können.

Diskussion-66-Aufgaben laufen in drei Phasen ab. Das Ablaufschema für diesen Aufgabentyp sieht folgendermaßen aus:

1. Schritt: (*Vorbereitungsphase*): Der Lehrer/Die Lehrerin bildet Teilgruppen, stellt die Aufgabenstellung vor und erläutert die Vorgehensweise. Sein/Ihr zentraler Impuls kann zum Beispiel eine Leitfrage, eine Problemstellung, ein Zitat, ein Bild oder Sachgegenstand sein.
2. Schritt: (*Brainstormingphase*): Jede Teilgruppe denkt über dasselbe Thema nach. Jeder/Jede in der Gruppe lässt nach einer kurzen Besinnungsphase seinen/ihren Gedanken freien Lauf und äußert sich zum Thema.
3. Schritt: (*Beurteilungs- und Präsentationsphase*): Nach 6 Minuten einigt sich die Teilgruppe auf ihre besten Ideen, die sie dem Plenum vorstellen will.

Tipps für die Praxis

Diskussion-66-Aufgaben wirken motivierend, weil Schülerinnen und Schüler sich als selbstwirksam erfahren. Sie sind in hohem Maß schüleraktivierend, da Sprechbarrieren in Kleingruppen weniger wahrgenommen werden und auch ruhigere Schülerinnen und Schüler eher bereit sein werden, sich mündlich zu beteiligen. Dies gilt besonders, wenn drei Regeln vorweg geklärt werden:

Regel 1: Jede Idee ist eine gute Idee.
Regel 2: Kritik an und Kommentare zu anderen Ideen sind in der Brainstormingphase strikt verboten.
Regel 3: Es wird immer nur eine Idee vorgestellt.

Michael Knieß 2006: Kreativitätstechniken. Methoden und Übungen. München

Aufgabentyp

Fehlersuche, Korrekturaufgabe

Lies das Schaubild und unterstreiche zwei Fehler im Informationstext. Korrigiere sie und schreibe den Text richtig in dein Heft.
Das meiste Wasser wird in Badezimmern verbraucht, wobei die Toilette im Verbrauch an erster Stelle steht. Platz drei mit 14 Litern nimmt die Waschmaschine ein. Für das Putzen werden 8 Liter Wasser benötigt. Das ist genauso viel, wie wir fürs Geschirrspülen benötigen.

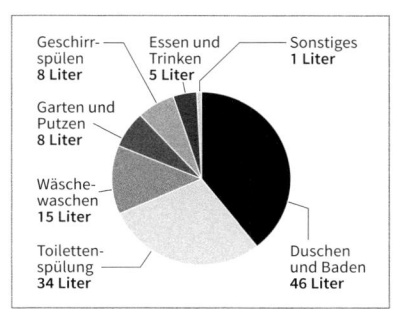

verwandte Aufgabentypen
→ Multiple-Choice
→ Single-Choice
→ Richtig-Falsch-Aufgabe
→ Stolpersätze
→ Kuckuckseirätsel
→ Blitzlicht
→ Brainstorming-Aufgabe

Lerngruppenpassung

Aufgaben, in denen Fehler entdeckt werden müssen, zählen zu den geschlossenen Aufgabenformaten, da die Anzahl der zu entdeckenden Fehler genau bestimmt ist. Differenzierungsmöglichkeiten ergeben sich über die Anzahl, aber auch über die Offensichtlichkeit der zu entdeckenden Fehler. Dabei gilt: Je inhaltsnäher der Fehler dem richtigen Sachverhalt kommt, desto schwerer wird er zu entdecken sein. Da dieser Aufgabentyp keine oder wenig aktive Spracharbeit voraussetzt, ist er in besonderem Maße für den Unterricht in heterogenen Lerngruppen geeignet.

Bildungsrelevanz

Um Fehler zu entdecken, bedarf es in der Regel einer fundierten Sachkenntnis, denn es müssen bedeutungsähnliche Sachverhalte voneinander abgegrenzt und unter fachlichen Gesichtspunkten beurteilt werden. Deshalb schulen *Fehleraufgaben* sowohl Sach- als auch Urteilskompetenz. Das Anspruchsniveau solcher Aufgaben kann über die beiden oben genannten Differenzierungswege variiert werden. *Fehleraufgaben* können abwechslungsreich gestaltet werden, denn Fehler können in grafischen, auditiven oder schriftlichen Medien versteckt und von Schülerinnen und Schülern entdeckt werden.

Didaktische Funktion und Struktur

Fehleraufgaben können im Unterricht eingesetzt werden, …
▶ um Vorwissen zu einem Thema sichtbar zu machen.
▶ um einen Leseprozess zu strukturieren und das Textverständnis zu überprüfen.
▶ um das Verständnis eines Sachverhaltes zu sichern, zu überprüfen und gegebenenfalls zu bewerten.
▶ um lern- und ausdrucksschwache Schüler ins fachliche Lernen zu integrieren.

Das Ablaufschema für diesen Aufgabentyp sieht folgendermaßen aus:
1. Schritt: Der Lehrer/Die Lehrerin stellt die Aufgabe im fachlichen Kontext vor.
2. Schritt: Die Schülerinnen und Schüler bearbeiten die Aufgabe und präsentieren kooperativ, zum Beispiel in einem Lerntempoduett, oder im Plenum ihre Arbeitsergebnisse.

Tipps für die Praxis

Die Lösung der Aufgabe fällt Schülerinnen und Schülern leichter, wenn in der Aufgabenstellung die Anzahl der Fehler angegeben wird.
Nicht jeder Fehler, der in die Aufgabe eingebaut wird, ist für Schülerinnen und Schüler so leicht zu entdecken, wie Lehrerinnen oder Lehrer sich dies bei ihrer Planung vorstellen. Deshalb sollten *Fehleraufgaben* auf einfachem Anspruchsniveau mit hinreichender Trennschärfe formuliert sein.
Einfache *Fehleraufgaben* können von Schülerinnen und Schülern selbst formuliert werden.

Gabriele Kießling: Kompetenzorientierung in der Klassenstufe 5/6 der Mittelschule. http://www.schulamt.neu-ulm.de/fileadmin/Schulamt/Unterrichtsentwicklung/Kompetenzorientierung/FOB_Kompetenz_Mathe.pdf. (Zugriff: 28.12.2016)

Aufgabentyp

Fishbone-Aufgabe

verwandte Aufgabentypen
→ Mindmap-Aufgabe
→ Rezensionsaufgabe
→ Strukturbaum

„Wasser" bedeckt zwei Drittel unseres blauen Planeten und ist der Baustein des Lebens. Sammle Gründe, warum Wasser besonders geschützt werden muss. Halte deine Argumente in einem Fishbone-Diagramm fest.

Lerngruppenpassung

Die *Fishbone-Aufgabe* zählt zu den halboffenen Aufgabenformaten. Sie wird eingesetzt, wenn Schülerinnen und Schüler für sich alleine oder in Gruppen Argumente zu einer These strukturiert visualisieren sollen. Das Individualisierungspotenzial dieses Aufgabentyps ist hoch, da unterschiedliche Bearbeitungstiefen möglich sind. Eine quantitative Differenzierung ergibt sich in der Praxis durch die Komplexität des Fishbone-Diagramms. So kann in der Aufgabenstellung zum Beispiel festgehalten werden, nur einen Teilaspekt des Themas argumentativ zu durchdringen.

Bildungsrelevanz

Fishbone-Aufgaben dienen der Strukturierung von Argumentationen. Sie fördern auf der Basis von Sachkompetenz Beurteilungskompetenz, da jede Argumentation adressatenbezogen überzeugen will. Dazu werden Argumente einer These oder Behauptung zugeordnet, damit ein Sach- oder Werturteil logisch und transparent nachvollzogen werden kann. *Fishbone-Aufgaben* können eingesetzt werden, um Argumente zu assoziieren oder um Argumentationen textbasiert zu erschließen. In diesem Fall wird mit diesem Aufgabentyp Lesekompetenz von Schülerinnen und Schülerinnen gefördert.

Didaktische Funktion und Struktur

Fishbone-Aufgaben können im Unterricht eingesetzt werden, ...
- ▶ um Ursachen und deren Wirkung im Zusammenhang grafisch darzustellen.
- ▶ um Behauptungen zu begründen, Problemstellungen zu erörtern und Grundlagen für Diskussionen zu erarbeiten.
- ▶ um Argumentationen zu visualisieren und sie sich besser zu merken.

Das Ablaufschema für diesen Aufgabentyp sieht folgendermaßen aus:
1. Schritt: Der Lehrer/Die Lehrerin stellt die Grundidee vor und erläutert die Behauptung oder These.
2. Schritt: Die Schülerinnen und Schüler notieren die These rechts der Zentrallinie. Nachdem die Argumentationslinie so vorgegeben ist, werden an den Seitenlinien die einzelnen Argumente in Stichworten notiert, so dass ein nachvollziehbarer Argumentationsstrang entsteht.
3. Schritt: In kooperativen Verfahren können individuell erstellte Fishbone-Diagramme verglichen, ergänzt und im Plenum präsentiert werden. Ein an der Tafel gemeinsam konstruierter Argumentationsstrang sichert Ergebnisse für assoziations- oder leseschwächere Schülerinnen und Schüler ab und ist für sie zugleich Ausgangspunkt der weiteren Arbeit. In dieser Phase können die erarbeiteten Argumente zugleich geordnet werden.

Tipps für die Praxis

Fishbone-Aufgaben werden in der Regel in stiller Einzelarbeit erledigt.
Wird dieser Aufgabentyp neu eingeführt, dann sollte die grafische Struktur vorgegeben werden. So wird die inhaltliche Auseinandersetzung mit den Argumenten entlastet.
Eine unterrichtlich eingeführte und abgesicherte Lesemethode erleichtert Schülerinnen und Schülern ihren Leseprozess. Die Absprache mit dem Fach Deutsch ist deshalb zu empfehlen.

Andreas Müller 2014: Kooperatives Lernen im gesellschaftswissenschaftlichen Unterricht. Paderborn, S. 109

Kopiervorlage

Fishbone-Aufgabe

Dein Thema:

Deine Aufgabe:

1. Notiere im Kopf des Fishbone- oder Fischgrätendiagramms deine Behauptung.
2. Halte deine Argumente in der Grätenstruktur fest. Notiere aber nur ein einziges Argument pro Gräte. Die zweite waagerechte Linie der Gräte ist für ein Beispiel zur Veranschaulichung vorgesehen.

Tipp: Bei einer kontroversen Argumentation kannst du die Pro-Argumente zum Beispiel oberhalb der Mittelgräte und die Kontra-Argumente unterhalb der Mittelgräte notieren. Du kannst deine Argumente aber auch ordnen, indem du die stärkeren Argumente näher am Kopf notierst.

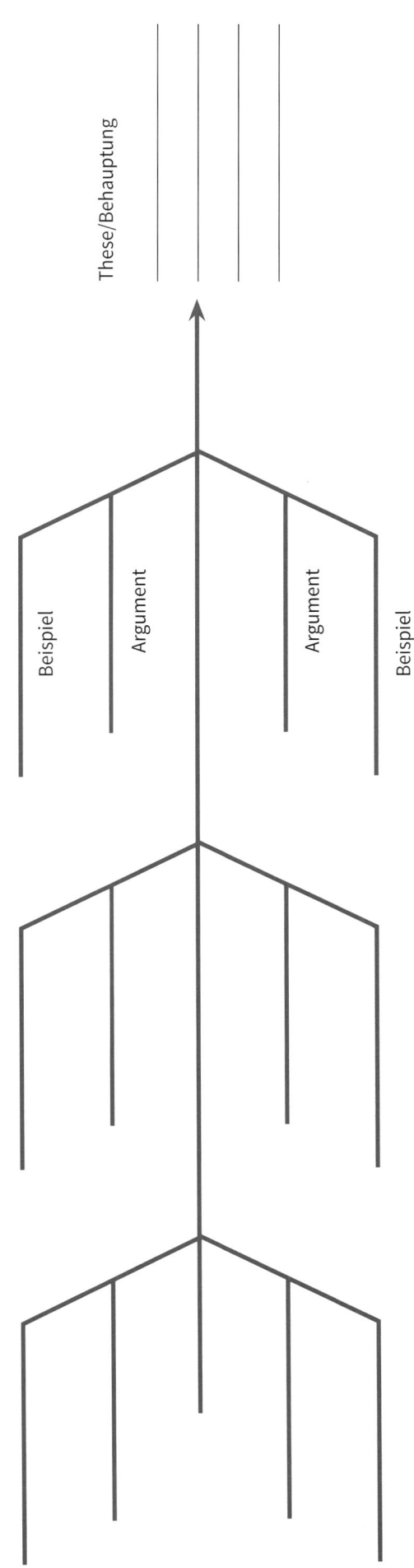

© Westermann Gruppe

Aufgabentyp

Flussdiagramm

verwandte Aufgabentypen
→ Diagramm
→ Fishbone-Aufgabe

Schmutzwasser entsteht vor allem in der Industrie. Aber auch bei uns zu Hause verschwindet jeden Tag eine Menge schmutziges Wasser in Abwasserkanälen. Bevor es die Flüsse erreicht, die es zum Meer transportieren, muss es in Kläranlagen gereinigt werden. Wie geht man dabei vor? Stelle die einzelnen Schritte der Abwasserbehandlung in der Kläranlage in einem Flussdiagramm dar.

Lerngruppenpassung

Flussdiagramme zählen zu den geschlossenen Aufgabenformaten. Sie werden eingesetzt, wenn Schülerinnen und Schüler Abläufe in eine richtige Reihenfolge bringen und Prozesse ordnen sollen. Differenzierungsmöglichkeiten ergeben sich über die Anpassung des Umfangs und des Anspruchsniveaus der Ausgangsmedien. Zudem können für leistungsschwächere Schülerinnen und Schüler Struktur und Elemente des Flussdiagramms, zum Beispiel in Form eines Begriffsspeichers, ganz oder teilweise vorgegeben werden. Die Aufgabe bestünde dann darin, diese in eine sinnvolle Reihenfolge zu bringen.

Bildungsrelevanz

Flussdiagramme sind Ordnungsaufgaben. Sie dienen dazu, Informationen in einer übersichtlichen Struktur darzustellen und so Zusammenhänge auf einen Blick sichtbar zu machen. Sie erleichtern damit nicht nur das Verständnis, sondern helfen dem Gedächtnis auch, sich Informationen besser zu merken. In einem Flussdiagramm wird Sachkompetenz sichtbar reorganisiert. Dazu werden Wissensbausteine in eine sachlogische Reihenfolge gebracht. Zuvor muss in der Regel ein Ausgangsmedium, zum Beispiel ein Text, analysiert werden. Dies erfordert sachbezogene Urteilskompetenz, denn wichtige Informationen müssen im Leseprozess von weniger wichtigen unterschieden werden.

Didaktische Funktion und Struktur

Flussdiagramme können im Unterricht eingesetzt werden, …
- um das fachspezifische Leseverständnis zu überprüfen.
- um wesentliche Strukturen und spezifische Prozesse zu visualisieren und übersichtlich darzustellen.
- um Vorträge durch eine Visualisierung zu unterstützen.
- um eine Lern- und Merkgrundlage zu schaffen.
- um in Leistungssituationen Wissen abzufragen.

Flussdiagramme werden in zwei Phasen erarbeitet. Das Ablaufschema für Schülerinnen und Schüler sieht folgendermaßen aus:

Erschließungsphase: Die Schülerinnen und Schüler denken über die Aufgabenstellung nach und klären, welcher Sachverhalt dargestellt werden soll. Anschließend analysieren sie einen Informationstext oder ein Schaubild zur Aufgabenstellung, markieren Informationen und notieren Stichworte.

Gestaltungsphase: Die Schülerinnen und Schüler ordnen ihre Informationen in sachlogischer Reihenfolge. Dabei beginnen sie mit dem Ausgangsfeld und dem Ergebnisfeld. Dann beschreiben sie in jeweils eigenen Handlungsfeldern Schritt für Schritt den Prozess, der zwischen Ausgangsfeld und Ergebnisfeld liegt. Zum Abschluss wird die sachlogische Reihenfolge nochmals überprüft.

Tipps für die Praxis

Greifen Sie auf eine im Fach Deutsch bereits eingeführte Lesemethode für Sachtexte zurück und beginnen Sie mit einfachen Texten.

Achten Sie auf eine sorgfältige grafische Gestaltung des Flussdiagramms.

Benutzen Sie Moderationskarten unterschiedlicher Farbe. So können Ausgangs-, Handlungs- und Ergebnisfelder im Plenum visualisiert und diskutiert werden.

Waltraud Boes, Andreas Müller 2013: Einsteigen und Durchstarten. Lernen lernen 6. Paderborn, S. 34 f.

Kopiervorlage

Flussdiagramm

Dein Thema:

Deine Aufgabe:

1. Erstelle zu folgendem Text ein Flussdiagramm.
Wenn du ein Flussdiagramm zu einem Text erstellen willst, gehst du folgendermaßen vor: Zuerst liest du den Text von Anfang bis Ende aufmerksam durch. Beim zweiten Lesen markierst du die Schlüsselwörter zu den einzelnen Handlungsschritten. Formuliere zu den Schlüsselwörtern Stichworte. Schreibe jetzt die Stichworte in der richtigen Reihenfolge untereinander auf deinen Block. Zeichne mit Bleistift die entsprechenden Rahmen um die Stichworte und verbinde sie mit Pfeilen. Überprüfe dein Flussdiagramm. Vergleiche dazu Schritt für Schritt Flussdiagramm und Textvorlage. Berichtige eventuelle Fehler. Übertrage nun dein Flussdiagramm in dein Heft und gestalte es sorgfältig. Jetzt ist dein Flussdiagramm fertig.
Tipp: Fehlende Handlungsfelder kannst du einfach selbst zeichnen.

Dein Flussdiagramm:

Elemente

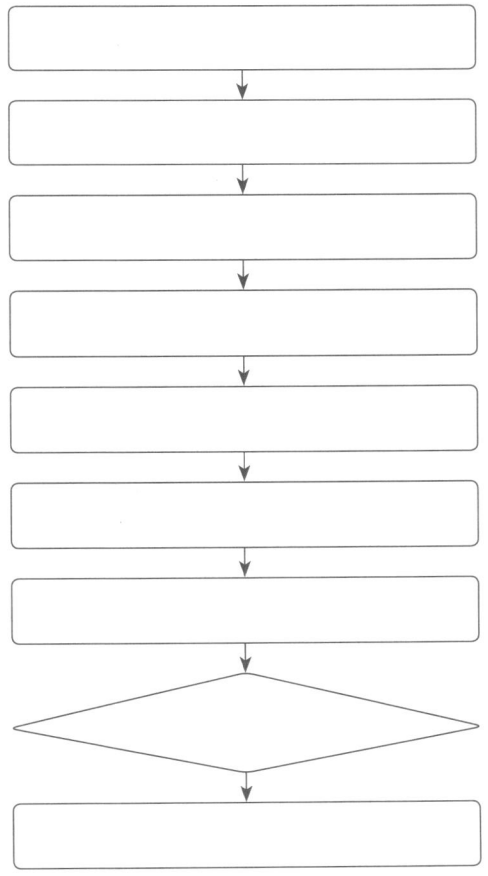

© Westermann Gruppe

69

Aufgabentyp

verwandte Aufgabentypen
→ Fragen
→ Fragelandschaften

Frage-Antwort-Puzzle

Ordne passende Fragen und Antworten einander zu. Markiere jedes Paar mit dem gleichen Buchstaben.

- Welcher große See grenzt an drei Länder?
- Ist Usedom eine Meeres- oder Seeinsel?
- Wo findest du in Deutschland Meere?
- Usedom liegt in der Ostsee. Sie ist also eine Meeresinsel.
- Die meisten Waren werden über den Rhein transportiert. Er ist unsere wichtigste Wasserstraße.
- Ostsee und Nordsee liegen im Norden Deutschlands.
- Welcher Strom ist unsere wichtigste Wasserstraße?
- Der Bodensee grenzt an die Schweiz, an Österreich und an Deutschland.

Lerngruppenpassung

Frage-Antwort-Puzzles zählen zu den geschlossenen Aufgabenformaten. Sie sind so konzipiert, dass zu jeder Frage die genau passende Antwort gelegt werden kann. Differenzierungsmöglichkeiten bestehen darin, den Umfang des Puzzles zu variieren oder das sprachliche Anspruchsniveau von Fragestellung und Antwort zu verändern. Ein *Frage-Antwort-Puzzle* kann in leistungsheterogener Partnerarbeit gelöst werden, was leseschwächere Schülerinnen und Schüler motivieren wird, weil sie beim Leseprozess von ihrem Partner individuell begleitet werden und Hilfe bekommen.

Bildungsrelevanz

Während eines Leseprozesses werden bewusst oder unbewusst, von Schüler- oder von Lehrerseite Fragen an den Text gestellt. Fragen an einen Text zu stellen, ist auch Teil jeder etablierten Lesemethode. *Frage-Antwort-Puzzles* helfen, auf eine systematische und methodenbasierte Rezeption von Fachtexten vorzubereiten. Sie vermitteln einerseits Sachkompetenz, schulen aber auch das detaillierte Lesen und bieten zugleich ein anschauliches Muster, nach dem von Schülerinnen und Schülern eigene Fragen an einen Text gestellt werden können.

Didaktische Funktion und Struktur

Frage-Antwort-Puzzles können im Unterricht eingesetzt werden, …
▶ um Teilthemen zu erschließen und in ein neues Thema einzusteigen.
▶ um den Leseprozess aktiv zu gestalten und ein erstes Textverständnis anzubahnen.
▶ um eine Vorentlastung für die Lektüre eines umfangreicheren Sachtextes anzubieten.

Das Ablaufschema für diesen Aufgabentyp sieht folgendermaßen aus:
1. Schritt: Der Lehrer/Die Lehrerin stellt das Puzzle vor und bettet es gegebenenfalls in einen komplexen Leseprozess ein.
2. Schritt: Die Schülerinnen und Schüler puzzeln die passenden Zuordnungen und präsentieren sie im Plenum oder Lerntempoduett.

Tipps für die Praxis

Frage-Antwort-Puzzles motivieren über ihren Spielcharakter und können in allen Klassenstufen eingesetzt werden.
Zur Anbahnung systematischer Lesekompetenz sind sie jedoch besonders in der Orientierungsstufe unverzichtbar.
Um mehrkanaliges Lernen zu fördern und haptischen Lernern und Lernerinnen ein Angebot zu machen, ist es sinnvoll, die Puzzleteile ausschneiden und in richtiger Zuordnung aufkleben zu lassen.

Heinz Klippert 1996: Methodentraining. Bausteine für den Unterricht. Weinheim und Basel, S. 133

Aufgabentyp

Fragelandschaft

Die Schülerzeitung plant einen Artikel zum Thema „Wasser". Du sollst als Redakteur oder Redakteurin einen Bericht dazu schreiben. Mit den anderen Redakteuren hast du abgesprochen, für die nächste Redaktionssitzung W-Fragen zu formulieren, auf die dein Zeitungsbericht eine Antwort geben soll.

Fragelandschaften zählen zu den offenen Aufgabenformaten. Sie werden eingesetzt, wenn Schülerinnen und Schüler Fragen zu einem vorgegebenen Thema assoziieren und darstellen sollen. Das Individualisierungspotenzial dieses Aufgabentyps ist sehr hoch, da lediglich ein realistisches Frageszenario vorgegeben wird, von dem ausgehend Fragen entwickelt werden. Eine Differenzierungsmöglichkeit besteht darin, Fragepronomen in einem Begriffsspeicher bereitzuhalten und sie bei Bedarf einzelnen Schülerinnen und Schülern anzubieten.

Fragelandschaften machen Sachkompetenz und Beurteilungskompetenz bewusst. Sie fördern Sachkompetenz, da bei der Formulierung der Fragen über die Struktur des Themas nachgedacht wird. Sie fördern Beurteilungskompetenz, da jede Frage zugleich auf ihre thematische Sinnhaftigkeit hin überprüft wird. Die Präsentation der *Fragelandschaften* fördert kommunikative und personale Kompetenzen, da Schülerinnen und Schüler sowohl ihre eigenen Ideen anderen vorstellen und zugleich diszipliniert und ruhig anderen bei deren Vorstellung zuhören müssen.

Fragelandschaften können im Unterricht eingesetzt werden, ...
- um ein Thema fragend zu erschließen und ausgehend von individuellen Fragekonstruktionen in ein neues Thema einzusteigen.
- um Vorwissen und Voreinstellungen zu einem Thema sichtbar zu machen.
- um ein Thema vorläufig zu strukturieren und eine erste Orientierung im Thema zu schaffen.
- um Interessen und Assoziationen zu einem neuen Thema darzustellen.

Fragelandschaften dienen als assoziativer Einstieg in ein neues Thema. Die Aufgabenstellung wird in drei Schritten unterrichtlich realisiert. Das Ablaufschema für diesen Aufgabentyp sieht folgendermaßen aus:

1. Schritt: Der Lehrer/Die Lehrerin stellt ein wirklichkeitsnahes Frageszenario vor und verteilt gegebenenfalls ein Arbeitsblatt mit Fragepronomen, die den kreativen Prozess anregen sollen.
2. Schritt: Jede Schülerin/Jeder Schüler notiert mithilfe der Fragepronomen sinnvolle Fragen zum Thema.
3. Schritt: Die *Fragelandschaften* werden im Plenum präsentiert und zu einer vorläufigen Themenstruktur weiterentwickelt, die zugleich ein Orientierungsrahmen für den weiteren Unterricht sein kann.

Wichtig ist, dass das Thema der Aufgabenstellung nicht völlig unbekannt ist. Sinnvolle Fragen können nämlich nur gestellt werden, wenn wenigstens ein grundlegendes Vorwissen vorliegt.
Fragelandschaften öffnen den Unterricht hin zum Schüler/zur Schülerin und geben ihm/ihr Gelegenheit, eigene Interessen darzustellen. Auf die ist allerdings bei der weiteren Unterrichtsplanung dann auch einzugehen. Ansonsten verlieren Aufgabenstellungen, die zur Entwicklung von *Fragelandschaften* auffordern, schnell ihre Akzeptanz und Glaubhaftigkeit.

---

verwandte Aufgabentypen
→ Frage-Antwort-Puzzle
→ Fragelandschaften

Lerngruppenpassung

Bildungsrelevanz

Didaktische Funktion und Struktur

Tipps für die Praxis

Heinz Klippert 1996: Methodentraining: Übungsbausteine für den Unterricht. Weinheim und Basel

Kopiervorlage

Fragelandschaft

Dein Thema und deine Aufgabe:

Stell dir vor, du wärest Reporter oder Reporterin einer Zeitung. Für einen Artikel über das Thema

„_____"

hat dein Chefredakteur dich gebeten, Fragen vorzubereiten, von denen du glaubst, dass sie interessant sind und zum Thema passen. Auf der nächsten Redaktionssitzung musst du deine Fragen vorstellen und die Auswahl begründen. Bereite dich darauf vor, indem du mithilfe der Fragepronomen passende Fragen formulierst.

Deine Fragelandschaft:

Wer	
Was	
Wann	
Wo	
Mit wem	
Wie	
Warum	
Weshalb	
Wozu	
Wieviel	
Womit	
Woher	
Wohin	
*	
*	
*	

* Die freien Zeilen benutzt du, wenn du ein Fragepronomen mehrfach verwenden möchtest.

Aufgabentyp

Fragen

Geschlossenes Format: Was ist der wesentliche Unterschied zwischen Wasser in einem See und Wasser in einem Meer?

Halboffenes Format: Welche Gewässerformen findet man in unserem Bundesland? Nenne mindestens drei Gewässerformen und ergänze jede mit einem Beispiel.

Offenes Format: Welche Bedeutung hat Wasser für das Leben auf der Erde?

verwandte Aufgabentypen
→ Frage-Antwort-Puzzle
→ Fragelandschaften

Lerngruppenpassung

Fragen zählen in der Unterrichtspraxis meist zu den geschlossenen Aufgabenformaten. Als Problemfragen werden sie jedoch offen formuliert, damit sich eine Argumentationsstruktur entwickeln kann. Sie werden eingesetzt, wenn Schülerinnen und Schüler in Lern- oder Leistungssituationen Sachverhalte unterschiedlichster Komplexität darstellen oder beurteilen sollen. Differenzierungsmöglichkeiten bestehen darin, Hilfekärtchen, zum Beispiel mit thematischen Leitbegriffen, bereitzustellen oder die sprachliche Komplexität der Antwort durch Ankreuzen oder Zuordnen zu reduzieren.

Bildungsrelevanz

Fragen machen Sachkompetenz und Beurteilungskompetenz bewusst. Sie fördern Sachkompetenz, da die Antwort auf die Frage in der Regel eine in der Fragestellung näher bestimmte Darstellung eines Sachverhaltes verlangt, über den zudem ein Urteil durch die Frage eingefordert werden kann.

Didaktische Funktion und Struktur

Fragen können im Unterricht eingesetzt werden, …
- um ein Thema zu erschließen und in ein neues Thema einzusteigen.
- um Vorwissen und Voreinstellungen zu einem Thema sichtbar zu machen.
- um ein fragengeleitetes Unterrichtsgespräch zu führen.
- um einen Leseprozess zu strukturieren und das Textverständnis anzubahnen.
- um ein diskursives Problemverständnis zu entwickeln.

Auch die Beantwortung vermeintlich einfacher Fragen sollte systematisch erfolgen. Das Ablaufschema für diesen Aufgabentyp sieht folgendermaßen aus:

1. Schritt: Der Lehrer/Die Lehrerin stellt die Frage vor und bettet sie gegebenenfalls thematisch ein.
2. Schritt: Die Schülerinnen und Schüler analysieren die Fragestellung. Dazu denken sie über die Fragestellung unter zwei Aspekten nach:
   – Thematischer Aspekt: Worum geht es in der Fragestellung?
   – Handlungsaspekt: Was soll ich tun?
   Beide Aspekte, Oberbegriffe und Operatoren, sollten deshalb unterschiedlich markiert werden.
3. Schritt: Der Schüler/Die Schülerin erarbeitet sich Informationen, um die Frage zu beantworten.

Tipps für die Praxis

Die Reichweite von *Fragen* kann stark differieren: Fragen können der einfachen Reproduktion von Kenntnissen dienen, sie können aber ebenso einen weiten Transfer einfordern. Wichtig ist es, sich das Anforderungsniveau der Frage bewusst zu machen und einen mittleren Anforderungshorizont zu beschreiben. Beides ist über die Handlungsanalyse den Schülern und Schülerinnen transparent zu machen.

Bei der Beantwortung der Frage sollten Schülerinnen und Schüler das Wortmaterial der Fragestellung benutzen. Dies erleichtert ihnen die Formulierung und fokussiert die Antwort inhaltlich.

Waltraud Boes, Andreas Müller 2013: Einsteigen und Durchstarten. Lernen lernen 5. Paderborn, S. 50 f.

Aufgabentyp

Freitextaufgabe

verwandte Aufgabentypen
→ Rezensionsaufgaben

Geschlossenes Format: Erkläre die chemische Zusammensetzung von Wasser.
Offenes Format: Welche Bedeutung hat Wasser für das Leben auf der Erde? Erörtere die Fragestellung und bewerte davon ausgehend den zunehmenden Ressourcenverbrauch durch den Menschen.

Lerngruppenpassung

Freitextaufgaben zählen in der Regel zu den offeneren Aufgabenformaten. Sie werden eingesetzt, wenn Schülerinnen und Schüler in Lern- oder Leistungssituationen Sachverhalte unterschiedlichster Komplexität selbstständig strukturieren, darstellen oder beurteilen sollen. Während auf der einen Seite die thematischen Erwartungshorizonte von *Freitextaufgaben* in der Regel klar zu erkennen sind, so bleiben auf der anderen Seite sprachliche Anforderungen, die mit diesem Aufgabentyp verbunden sind, nicht selten ohne Präzisierung. Grundsätzlich gilt, dass zur Lösung von *Freitextaufgaben* Sprachkompetenz in hohem Maß vonnöten ist, über die jedoch nicht alle Schülerinnen und Schüler in hinreichendem Maß verfügen. In solchen Fällen können Zuordnungs- oder Auswahlantworten *Freitextaufgaben* auf einem basalen Niveau ersetzen.

Bildungsrelevanz

Freitextaufgaben sind textbasierte Aufgaben mit unterschiedlicher kognitiver Reichweite. Sie fördern Sachkompetenz und Beurteilungskompetenz auf unterschiedlichen Niveaustufen, die von der einfachen Reproduktion der Definition eines einfachen Fachbegriffs bis zur umfangreichen und anspruchsvollen dialektischen Darstellung eines realsituierten Problems reichen können.

Didaktische Funktion und Struktur

Freitextaufgaben können im Unterricht eingesetzt werden, …
- um Vorwissen und Voreinstellungen zu einem Thema sichtbar zu machen und kreative Prozesse anzustoßen.
- um eigene Gedanken zu Aspekten und Strukturen eines Themas zu generieren.
- um Kontroversen anzustoßen und einer abschließenden Bewertung zuzuführen.

Zur Vorbereitung auf Leistungssituationen sollte eine systematische Herangehensweise an Freitextaufgaben eingeübt werden. Dabei gilt: Je offener die Aufgabenstellung, desto analytischer muss die Bearbeitung erfolgen. Das Ablaufschema für diesen Aufgabentyp sieht folgendermaßen aus:

1. Schritt: Der Lehrer/Die Lehrerin stellt die *Freitextaufgabe* vor und bettet sie gegebenenfalls thematisch ein.
2. Schritt: Der Schüler/Die Schülerin analysiert die Aufgabenstellung. Dazu denkt er/sie über die Fragestellung unter folgenden Aspekten nach:
   - Thematischer Aspekt: Worum geht es in der Fragestellung?
   - Handlungsaspekt: Was soll ich tun?
   - Sprachlicher Aspekt: Wird eine sprachliche Darstellungsform vorgeschrieben oder unausgesprochen erwartet?

   Thematische Oberbegriffe, Operatoren und vorgeschriebene Darstellungsformen sollten unterschiedlich markiert werden.
3. Schritt: Der Schüler/Die Schülerin erarbeitet sich Informationen, um die Aufgabenstellung zu bearbeiten.

Tipps für die Praxis

Freitextaufgaben lassen sprachliche Gestaltungsfreiheit zu, die motiviert und kreative Potenziale entfalten kann. Als Leistungsaufgabe ist sie aber gerade deshalb äußerst anspruchsvoll in ihrer Bewertung. Klare Erwartungshorizonte, fachsprachliche Schlagwörter, transparente inhaltlich-qualitative und inhaltlich-quantitative Anforderungen erleichtern Bearbeitung und Bewertung.

Bernhard Jacobs: Ratschläge zur Konstruktion von Essay-Test-Aufgaben

Aufgabentyp

Gitterrätsel, Kreuzworträtsel

Finde zu den Umschreibungen den passenden Begriff und setze ihn an entsprechender Stelle in das Schreibgitter ein. Beginne mit dem ersten Buchstaben des gesuchten Begriffs im linken Kästchen und schreibe waagerecht in jede Zeile einen Begriff.
1: Der größte Teil des Wassers auf der Erde findet sich in den …
2: Auf diesem Wasser kann man gehen.
3: Wie nennt man Wasser, das vom Himmel fällt?

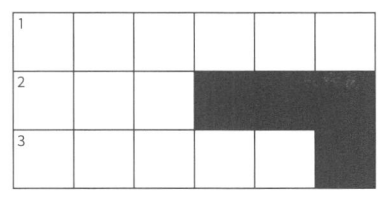

verwandte Aufgabentypen
→ Kammrätsel
→ Morphologischer Kasten
→ Silbenrätsel

Lerngruppenpassung

Gitterrätsel ebenso wie *Kreuzworträtsel* zählen zu den geschlossenen Aufgabenformaten mit eindeutigen Lösungen. Sie werden eingesetzt, um das fachliche Begriffslernen von Schülerinnen und Schülern zu intensivieren.
Eine quantitative Differenzierung ergibt sich durch die Komplexität des Gitter- oder Kreuzworträtsels. *Gitterrätsel* sind die einfache und eindimensionale Variante des Kreuzworträtsels. Sie werden eingesetzt, wenn relativ schnell Ergebnisse präsentiert werden sollen. Beide Varianten sind über das Anspruchsniveau der Begriffsbeschreibungen aber auch qualitativ zu differenzieren. Bei einfachen *Gitterrätseln* ist die Ausarbeitung verschiedener Differenzierungsniveaus mit relativ wenig Aufwand praktizierbar.

Bildungsrelevanz

Gitterrätsel ebenso wie *Kreuzworträtsel* fördern basale Sachkompetenz, indem Begriffe identifiziert werden müssen, die den Stoff ordnen und Orientierung im Fach schaffen. Sie sind unverzichtbar für nachfolgendes Regellernen und problemlösendes Lernen. *Gitterrätsel* und *Kreuzworträtsel* motivieren durch ihren Spielcharakter für wiederholende Übungen zur Verfestigung und Automatisierung von Grundbegriffen.

Didaktische Funktion und Struktur

Gitterrätsel ebenso wie *Kreuzworträtsel* sind Lernspiele. Sie können im Unterricht eingesetzt werden, …
- um in Einstiegsphasen Vorwissen zu aktivieren.
- um zentrale Begriffe von Fachtexten zu reproduzieren und sinnverstehendes Lesen von Fachtexten zu überprüfen.
- um grundlegende Fachbegriffe eines Themenfelds abzusichern, sie vertiefend zu üben und Schülerinnen und Schüler für Wiederholungen zu motivieren.
- um am Ende einer Unterrichtseinheit Fachkenntnisse zu überprüfen.

Das Ablaufschema für diesen Aufgabentyp sieht folgendermaßen aus:
1. Schritt: Der Lehrer/Die Lehrerin stellt die Aufgabenstellung vor und schafft eine Anbindung des *Gitter-* oder *Kreuzworträtsels* an das Thema.
2. Schritt: Die Schülerinnen und Schüler arbeiten an ihrem Rätsel und vergleichen ihre Lösungen.

Tipps für die Praxis

Lernspiele motivieren noch stärker, wenn Schülerinnen und Schüler selbst die Gelegenheit bekommen, kreativ und aktiv *Gitterrätsel* und *Kreuzworträtsel* zu gestalten. Besonders in kooperativen Prozessen entfalten sich dabei vielfältige Lernwege, die zur Intensivierung des Lernens beitragen werden. Der Wechsel von rezeptiver Rätselarbeit hin zur handelnden Gestaltung erhöht sowohl die fachliche Bearbeitungstiefe des Themas als auch Lernmotivationen der Schülerinnen und Schüler. Im Internet finden sich hinreichend fertige *Gitter- und Kreuzworträtsel*, aber auch freie Programme, um eigene Lernspiele auszuarbeiten.

http://www.methodenpool.uni.koeln.de (Zugriff: 28.12.2016)

Aufgabentyp

verwandte Aufgabentypen
→ Beschriftungsaufgabe

Hotspot-Aufgabe

Zeichne die Symbole für die Meere in die stumme Karte.

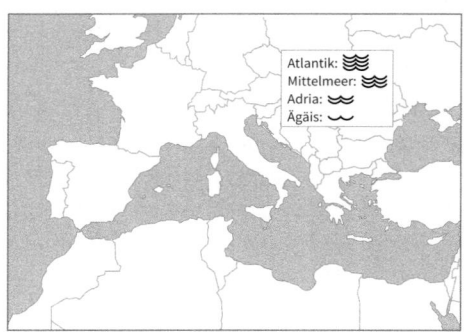

Lerngruppenpassung

Hotspot-Aufgaben zählen zu den geschlossenen Aufgabenformaten mit eindeutigen Lösungen. Sie werden eingesetzt, wenn Bild-Bild-Relationen dargestellt werden sollen. Eine quantitative Differenzierung ergibt sich durch die Komplexität des Bildes und die Anzahl der Symbole, die an richtiger Stelle positioniert werden müssen. Je mehr Begriffe zugeordnet werden müssen, desto anspruchsvoller wird die Aufgabe. *Hotspot-Aufgaben* können mit einer Beschriftungsaufgabe kombiniert werden. Dann erhöht sich ihr Anspruchsniveau. *Hotspot-Aufgaben* visualisieren Antworten und sind deshalb besonders geeignet, um Schülerinnen und Schüler mit sprachlichen Schwierigkeiten in das fachliche Lernen mit einzubeziehen und ihnen eine Möglichkeit anzubieten, ihre Fachkompetenz darzustellen und zu belegen.

Bildungsrelevanz

Hotspot-Aufgaben sind Auswahlaufgaben, die Sachkompetenz auf einem einfachen Anspruchsniveau sichtbar machen. Dazu werden grafische Elemente oder Nummerierungen in ein Bild, ein Schaubild oder eine Karte eingefügt. Sie fördern so das Leseverstehen diskontinuierlicher Texte. *Hotspot-Aufgaben* eignen sich für grafisch darstellbare Inhalte und sind in allen Fächern einsetzbar. Positionierungshandlungen fördern mehrkanaliges Lernen und motivieren für die Arbeit.

Didaktische Funktion und Struktur

Hotspot-Aufgaben können im Unterricht eingesetzt werden, …
- um besonders in Einstiegsphasen Vorwissen zu aktivieren.
- um grundlegende Fachkenntnisse eines Themenfelds auf einem einfachen Niveau abzusichern.
- um Übungsphasen handlungsorientiert zu gestalten.
- um am Ende einer Unterrichtseinheit Fachkenntnisse zu überprüfen.

Das Ablaufschema für diesen Aufgabentyp sieht folgendermaßen aus:
1. Schritt: Der Lehrer/Die Lehrerin stellt die Aufgabenstellung vor und klärt dabei das Verständnis der Symbole.
2. Schritt: Die Schülerinnen und Schüler arbeiten einzeln an ihren Aufgaben und präsentieren Ergebnisse kooperativ oder im Plenum.

Tipps für die Praxis

Alle komplexen Bilder können im Prinzip so fraktioniert werden, dass Teilelemente an richtiger Stelle platziert werden können. Wichtig ist, die Symbole für die fraktionierten Teilelemente so zu gestalten, dass sie von Schülerinnen und Schülern auch gezeichnet werden können, denn es geht bei Positionierungsaufgaben schließlich darum, Fachkompetenz darzustellen. Es geht nicht darum, zeichnerische Fähigkeiten zu belegen. Bei der Arbeit mit komplexen Teilelementen, die zeichnerisch nur schwer zu übertragen sind, besteht die Möglichkeit, diese ausschneiden und aufkleben oder durch Striche positionieren zu lassen.

Heinz Klippert 1996: Methodentraining. Übungsbausteine für den Unterricht. Weinheim und Basel, S. 153

Aufgabentyp

Induktionsaufgabe

Die Klasse 7d führt ein Müllprojekt durch. Eine Umfrage unter Mitschülern und Mitschülerinnen hat ergeben, dass 28 % der Jungen und 35 % der Mädchen angeben, der Müll in der Schule störe sie sehr häufig. 34 % der Jungen und 42 % der Mädchen sagen, der Müll störe sie manchmal und 38 % der Jungen und 23 % der Mädchen geben an, der Müll störe sie eigentlich nie. Wie sehen die Umwelteinstellungen von Jungen und Mädchen im Vergleich aus? Ziehe aus den Umfragewerten die entsprechenden Schlussfolgerungen und begründe sie.

verwandte Aufgabentypen
→ Deduktionsaufgabe

Induktionsaufgaben zählen in der Regel zu den geschlossenen Aufgabenformaten. Nur selten sind mehrere Lösungen möglich, denn in der Regel sind die zu ziehenden Schlussfolgerungen eindeutig. *Induktionsaufgaben* werden eingesetzt, wenn Schülerinnen und Schüler in Beispielen oder konkreten Fällen Strukturen erkennen und von diesen auf allgemeingültige Regelmäßigkeiten oder Gesetzmäßigkeiten schließen sollen.
Differenzierungsmöglichkeiten bestehen darin, die Beispiele eindeutig und einfach zu modellieren, so dass Regelmäßigkeiten auch von schwächeren Schülerinnen und Schülern erkannt werden können und sich ihnen die Chance eröffnet, formal logische Schüsse zu ziehen.

Lerngruppen-passung

Induktionsaufgaben verfügen über eine große kognitive Reichweite. Sie trainieren an realistisch und real situierten Fällen logisches Schlussfolgern. Die Ableitung allgemeiner Gesetzmäßigkeiten setzt jedoch voraus, dass der konkrete Fall zuvor analytisch strukturiert wurde. *Induktionsaufgaben* bringen Schülerinnen und Schülern die Grundlagen logischen Schließens bei und legen den Grundstein für ein erstes Verständnis wissenschaftlichen Arbeitens.

Bildungsrelevanz

Induktionsaufgaben können im Unterricht eingesetzt werden, ...
▸ um Fälle auf ihre typischen Merkmale und Strukturen hin zu untersuchen.
▸ um ausgehend von Fällen, Regelmäßigkeiten oder allgemeingültige Aussagen oder Gesetze zu erarbeiten.
▸ um durch Veranschaulichung mittels vorgeschalteter Fälle und Beispiele das Verständnis von abstrakten Regeln und Gesetzmäßigkeiten zu erleichtern.

Das Ablaufschema für diesen Aufgabentyp sieht folgendermaßen aus:
Problemanalyse: Die Schülerinnen und Schüler notieren Thema oder Problem, das dem Fall zugrunde liegt und beantworten folgende Fragen zur systematischen Analyse der Ausgangssituation:
Wovon handelt der Fall?
Um welches Problem geht es?
Welche Ursachen, welche Folgen werden genannt?
Gibt es Gemeinsamkeiten, gibt es Unterschiede zu Vergleichsfällen?
Worauf sind Gemeinsamkeiten zurückzuführen?
Wodurch sind Unterschiede begründet?
Verallgemeinernde Schlussfolgerung: Die Schülerinnen und Schüler notieren Regelmäßigkeiten, Ursachen und Folgen in einer „Wenn-dann-Struktur" oder begründen Schlussfolgerungen und Verallgemeinerungen mit Beispielen, Aussagen oder Zahlen.

Didaktische Funktion und Struktur

Logische Schlüsse zu ziehen, also formale Operationen durchführen zu können, setzt, so Piaget, eine kognitive Reife voraus. Deshalb sollten Schülerinnen und Schüler nicht zu früh an *Induktionsaufgaben* herangeführt werden.

Tipps für die Praxis

Michael Kerres 2013: Mediendidaktik. Konzeption und Entwicklung mediengestützter Lernangebote. Berlin, S. 328

Aufgabentyp

Kammrätsel, Akrostichon

verwandte Aufgabentypen
→ Gitterrätsel, Kreuzworträtsel
→ Silbenrätsel

Vier Begriffe rund um den Oberbegriff „Wasser" sind gesucht. Lies die Umschreibung und trage den gesuchten Begriff in die entsprechenden Kästchen ein.

					1		E		
2							E		
			3				E		
4							E		

Waagerecht:
1. Hier münden die meisten Flüsse
2. Braucht der Mensch zum Überleben
3. Hier wird Wasser gestaut
4. Reinigt Schmutzwasser

Lerngruppenpassung

Kammrätsel sind eine besondere Form des Gitterrätsels. Sie zählen zu den geschlossenen Aufgabenformaten mit eindeutigen Lösungen. Häufig werden sie mit einem Akrostichon kombiniert. Sie werden eingesetzt, um das fachliche Begriffslernen von Schülerinnen und Schülern zu intensivieren. Eine quantitative Differenzierung ergibt sich durch die Komplexität der *Kammrätsel*. Über das Anspruchsniveau der Begriffsbeschreibungen besteht zudem die Möglichkeit, mit *Kammrätseln* qualitativ zu differenzieren. *Kammrätsel* helfen schreibschwachen Schülerinnen und Schülern bei der Semantisierung von Fachbegriffen.

Bildungsrelevanz

Kammrätsel fördern in der inhaltlichen und sprachlichen Auseinandersetzung mit Fachbegriffen eine basale Sachkompetenz, die den Stoff ordnet und Orientierung im Fach schafft. Sie sind unverzichtbar für nachfolgendes Regellernen und problemlösendes Lernen. *Kammrätsel* motivieren durch ihren Spielcharakter für wiederholende Übungen zur Verfestigung und Automatisierung von Grundbegriffen.

Didaktische Funktion und Struktur

Kammrätsel können im Unterricht eingesetzt werden, …
- um besonders in Einstiegsphasen Vorwissen zu aktivieren.
- um zentrale Begriffe aus Fachtexten zu reproduzieren und das sinnverstehende Lesen zu überprüfen.
- um grundlegende Fachbegriffe eines Themenfelds abzusichern, sie vertiefend zu üben und Schülerinnen und Schüler für Wiederholungen zu motivieren.
- um am Ende einer Unterrichtseinheit Fachkenntnisse zu überprüfen.

Das Ablaufschema für diesen Aufgabentyp sieht folgendermaßen aus:
1. Schritt: Der Lehrer/Die Lehrerin stellt als Moderator die Aufgabenstellung vor und schafft eine Anbindung des *Kammrätsels* an das Thema.
2. Schritt: Die Schülerinnen und Schüler arbeiten an ihren Rätseln und vergleichen ihre Lösungen.

Tipps für die Praxis

Rätsel motivieren noch stärker, wenn Schülerinnen und Schüler selbst die Gelegenheit bekommen, kreativ und aktiv solche zu gestalten. Besonders in kooperativen Prozessen entfalten sich dabei vielfältige Lernwege, die zur Intensivierung des Lernens beitragen werden. Der Wechsel von rezeptiver Rätselarbeit hin zur handelnden Gestaltung erhöht die Lernmotivationen der Schülerinnen und Schüler.

Heinz Klippert 1994: Methodentraining: Übungsbausteine für den Unterricht. Weinheim und Basel, S. 156

Aufgabentyp

Key-Feature-Aufgabe

Stell dir folgende Situation vor: Du bist in der Umwelt-AG eurer Schule aktiv. Ihr habt festgestellt, dass der Wasserverbrauch an der Schule zu hoch ist. Der Wasserverbrauch soll in Zukunft gesenkt werden. Mit dem eingesparten Geld kann die Schule weitere umweltfreundliche Veränderungen auf den Weg bringen.

1. *Mit welchem Problem befasst sich die Umwelt-AG?*
2. *Warum soll der Wasserverbrauch gesenkt werden?*
3. *Welche Maßnahmen führen zum Ziel?*
4. *Wie kann man mit dem eingesparten Geld die Schule zukünftig noch umweltfreundlicher machen?*

verwandte Aufgabentypen
→ Fragelandschaft
→ Fragen
→ Rezensionsaufgaben

Key-Feature-Aufgaben zählen meist zu den halboffenen Aufgabenformaten, da in der Regel unterschiedliche Antworten und Lösungsvorschläge möglich und auch plausibel sind. Sie werden im Unterricht eingesetzt, wenn Schülerinnen und Schüler mithilfe von drei bis fünf Fragen stufenweise und eigenständig Problemlösungen erarbeiten sollen. Leistungsschwächeren Schülerinnen und Schülern können Hilfekärtchen mit unterschiedlichen Problemlösungsvorschlägen zur Auswahl vorgelegt werden. Sie entscheiden sich dann für die ihrer Meinung nach passenden Lösungen und erläutern ihre Entscheidung.

Lerngruppenpassung

Key-Feature-Aufgaben vermitteln prozedurales Wissen. In einem möglichst real situierten Fallkontext sollen Schülerinnen und Schüler fragengeleitet das Problem analysieren und Lösungen darstellen. Dazu ist fachspezifische Sach- und Beurteilungskompetenz nötig. Das Anspruchsniveau dieses Aufgabentyps ist hoch. *Key-Feature-Aufgaben* sind klassische Reorganisations- und Transferaufgaben. Individuelle Lösungsansätze müssen in einer nachfolgenden Arbeitsphase in der Regel mit Kokonstruktionen anderer Schülerinnen und Schüler abgeglichen werden. Dieser Prozess fördert kommunikative, argumentative und soziale Kompetenzen.

Bildungsrelevanz

Key-Feature-Aufgaben können im Unterricht eingesetzt werden, ...
- um einen Leseprozess zu strukturieren und das Textverständnis zu überprüfen.
- um realistische oder real situierte Situationen zu analysieren und Problemlösungen zu erarbeiten.
- um das Verständnis komplexer Prozesse anzuleiten oder zu überprüfen.

Das Ablaufschema für diesen Aufgabentyp sieht folgendermaßen aus:
1. Schritt: Der Lehrer/Die Lehrerin stellt die Aufgabe im fachlichen Kontext vor.
2. Schritt: Die Schülerinnen und Schüler bearbeiten die Fragen zur Fall- oder Problemanalyse und präsentieren Lösungsschritte, die im Plenum diskutiert werden.

Didaktische Funktion und Struktur

Key-Feature-Aufgaben sind Problemlösungsaufgaben. Ihre komplexe Struktur erfordert, dass sie im Unterricht mehrfach geübt werden, damit der Umgang mit ihnen den Schülerinnen und Schülern vertraut wird.
Ein Teil der Schülerinnen und Schüler wird bei der Lösung vielschichtiger Analyseaufgaben an ihre intellektuellen Grenzen stoßen. Deshalb empfiehlt sich eine kleinschrittige Vorgehensweise, die durch wiederholtes Üben so verfestigt werden sollte, dass auch für leistungsschwächere Schülerinnen und Schüler Erfolge auf einem reproduzierenden Anspruchsniveau greifbar werden.

Tipps für die Praxis

Aufgabentypen. www.ep.elan-ev.de/wiki/aufgabentypen (Zugriff: 17.07.2016)

Aufgabentyp

Kofferpacken

verwandte Aufgabentypen
→ Brainstorming-Aufgabe

Stell dir einen Koffer vor. Hinein kommt alles, was dir zum Thema „Wasser" einfällt.
1. Schritt: Bildet Lernpartnerschaften mit euren Banknachbarn. Jeder/Jede sucht für sich möglichst viele Begriffe, die ihm/ihr zum Thema „Wasser" einfallen und merkt sie sich.
2. Schritt: Jeder/Jede legt abwechselnd einen Begriff in den Koffer und begründet dabei, warum ihm/ihr dieser Begriff wichtig ist. Dabei muss er/sie aber zuvor alle Begriffe wiederholen, die bereits im Koffer liegen.
3. Schritt: Wenn einer nicht mehr weiter weiß, ist die Spielrunde vorüber. Jetzt könnt ihr entweder mit anderen Partnern oder Partnerinnen weiterspielen oder noch mal gemeinsam alle Begriffe für eine Präsentation sammeln.

Lerngruppenpassung

Kofferpacken zählt zu den halboffenen Aufgabenformaten. Diese Spielaufgabe wird eingesetzt, um das fachliche Begriffslernen von Schülerinnen und Schüler zu intensivieren. Das Spiel kann inhaltlich stark variieren, je nachdem, welche didaktische Funktion mit dem Spiel intendiert wird. Es folgt jedoch immer der Grundidee, dass gemeinsam etwas in einen Koffer gelegt wird und dabei immer wieder aufgezählt werden muss, was bereits im Koffer liegt.

Bildungsrelevanz

Die Spielaufgabe *Kofferpacken* fördert basale Sachkompetenz, indem Begriffe identifiziert werden müssen, die den Stoff ordnen und Orientierung im Fach schaffen. Diese Begriffe sind unverzichtbar für nachfolgendes Regellernen und problemlösendes Lernen. *Kofferpacken* motiviert durch seinen Spielcharakter für wiederholende Übungen zur Verfestigung und Automatisierung von Grundbegriffen. Dabei werden Gedächtnisleistung, Konzentration und bildliche Vorstellungskraft von Schülerinnen und Schülern abverlangt.

Didaktische Funktion und Struktur

Kofferpacken ist ein Lernspiel. Es kann im Unterricht eingesetzt werden, …
- um besonders in Einstiegsphasen Vorwissen zu aktivieren.
- um sinnverstehendes Lesen zu überprüfen.
- um grundlegende Fachbegriffe eines Themenfelds abzusichern, sie vertiefend zu üben und Schülerinnen und Schüler für Wiederholungen zu motivieren.
- um grundlegende Fachbegriffe eines Themenfelds abzusichern und um am Ende einer Unterrichtseinheit vertiefend Fachkenntnisse zu überprüfen.

Das Ablaufschema für diesen Aufgabentyp sieht folgendermaßen aus:
1. Schritt: Der Lehrer/Die Lehrerin stellt die Aufgabenstellung vor und schafft eine Anbindung der Spielaufgabe an das Thema.
2. Schritt: Die Schülerinnen und Schüler bilden Partnergruppen und sammeln abwechselnd themenrelevante Begriffe, die sie in den Koffer legen wollen. Dabei müssen immer, wenn ein neuer Begriff in den Koffer gelegt wird, alle Begriffe, die bereits im Koffer liegen, wiederholt werden.
3. Schritt: Die „Kofferinhalte" werden präsentiert. Mit der vorliegenden Begriffssammlung kann dann gegebenenfalls weitergearbeitet werden.

Tipps für die Praxis

Die Spielaufgabe kann durchaus Wettbewerbscharakter haben. Dabei können sowohl wechselnde Lernpartner miteinander konkurrieren als auch Gruppen gegeneinander antreten. In solchen Situationen eingesetzt, fördert *Kofferpacken* den Leistungsgedanken und eignet sich besonders zur Vorbereitung von Klassenarbeiten und Tests.

Darüber hinaus kann mit modifizierter Aufgabenstellung *(Der Koffer wird jetzt gepackt. Das ist die letzte Möglichkeit, etwas hineinzulegen und es jemandem mit auf den Weg zu geben.)* *Kofferpacken* zur Feedback-Aufgabe werden.

Katrin Reinisch 2013: Wortschatzarbeit im Englischunterricht. In: Sprachsensibler Fachunterricht
Karlheinz A. Geißler 2005: Schlusssituationen. Die Suche nach dem guten Ende. Weinheim

Aufgabentyp

Kopfstandaufgabe

Ausgangsproblem: Mit dem Umweltschutz an eurer Schule ist es schlecht bestellt.
Provokationsphase: Die Mehrheit der Schülerinnen und Schüler an eurer Schule interessiert sich nicht für Umweltschutz. Wie können wir dafür sorgen, dass dies auch in Zukunft so bleibt? Sammelt eure Ideen.
Umkehr- und Lösungsphase: Was muss geschehen, damit das Interesse am Umweltschutz an eurer Schule zunimmt? Sammelt eure Ideen und entwerft einen Aktionsplan für mehr Umweltschutz an eurer Schule.

verwandte Aufgabentypen
→ Brainstorming-Aufgabe

Die *Kopfstandaufgabe* zählt zu den offenen Aufgabenformaten. Es kann sich jeder/jede mit seinen/ihren Vorstellungen in die Arbeit einbringen. Bei Themen, die ein problemspezifisches fachliches Vorwissen voraussetzen, können Hilfekärtchen besonders lernschwächeren Schülerinnen und Schülern Impulse und Denkanstöße liefern.

Lerngruppen-passung

Kopfstandaufgaben vermitteln Sachkompetenz und Beurteilungskompetenz. Als Kreativtechnik können sie immer dann eingesetzt werden, wenn neue Ideen oder Problemlösungsstrategien entwickelt werden sollen, wenn also eingefahrene Betrachtungsweisen durch neue Perspektiven ergänzt oder gar ersetzt werden sollen. *Kopfstandaufgaben* sind in hohem Maße authentisch, da ihre Ausgangsprobleme realistisch oder real situiert sind. Sie schulen kommunikative, argumentative und soziale Kompetenzen.

Bildungsrelevanz

Um die oben skizzierten Bildungsprozesse zu initiieren, arbeiten *Kopfstandaufgaben* mit einer Umkehrtechnik. Dabei wird in einem ersten Schritt von einer Problemfrage ausgegangen, die in der konkreten Aufgabenstellung umgekehrt wird. Die Lösungen werden gesammelt und dienen als Impuls, wenn im nächsten Schritt die Aufgabenstellung wieder auf die Füße gestellt wird und ausgehend von den Negativvorschlägen Lösungen zur eigentlichen Problemfrage gesucht werden. Stockt das Verfahren an dieser Stelle, dann können die in Schritt 2 gesammelten Antworten nacheinander negiert werden, um positive Antworten zu finden.
Zum Abschluss des Verfahrens sollte mithilfe transparenter Kriterien (zum Beispiel: *Recht, Praktikabilität*) festgelegt werden, wie konkrete Lösungsansätze aussehen können. Davon ausgehend können dann Umsetzungsstrategien entwickelt werden.
Das Ablaufschema für diesen Aufgabentyp sieht folgendermaßen aus:
Ausgangsproblem: Der Lehrer/Die Lehrerin präsentiert eine klare Problemstellung. Provokationsphase: Das Problem wird auf den Kopf gestellt und Schülerinnen und Schüler sammeln Negativlösungen.
Umkehr- und Lösungsphase: Die Fragestellung wird wieder auf die Füße gestellt (= positive Problemfrage). Die Negativlösungen werden jetzt von den Schülerinnen und Schülern umgekehrt, um so positive Problemlösungsansätze zu finden, die in einem systematischen Lösungskonzept zusammengeführt werden sollten.

Didaktische Funktion und Struktur

Die Problemlösungsvorschläge können ins Leere zielen, wenn nur bereits existierende Denkmuster wiedergefunden werden und das kreative Potenzial nichts Neues generiert. Mithilfe der bereits erwähnten Hilfekärtchen können dann korrigierende Impulse gesetzt werden.

Tipps für die Praxis

Edward de Bono 1996: Serious Creativity. Die Entwicklung neuer Ideen durch die Kraft lateralen Denkens. Stuttgart

Aufgabentyp

Korrespondenzaufgabe

verwandte Aufgabentypen
→ Freitextaufgabe
→ Rezensionsaufgabe

Trinkwasser steht nicht unbegrenzt zur Verfügung und es ist teuer. Bevor es aus dem Wasserhahn fließt, muss es von den Wasserwerken aufwändig aufbereitet werden. Auch die nachfolgende Reinigung in Kläranlagen kostet viel Geld. Deshalb ist es sinnvoll, sparsam mit Wasser umzugehen. Erkläre einem Freund oder einer Freundin in einem Brief, was er/sie tun kann, um Wasser im Alltag sparsam zu verwenden.

Lerngruppenpassung

Korrespondenzaufgaben zählen zu den offeneren Aufgabenformaten. Sie werden als Arbeitsaufforderung, einen Brief, eine E-Mail oder einen Blogbeitrag zu verfassen, formuliert. Eine zusätzliche Leitfrage kann den Arbeitsauftrag inhaltlich fokussieren. Sie werden eingesetzt, wenn Schülerinnen und Schüler in Lern- oder Leistungssituationen Sachverhalte in einem größeren inhaltlichen Zusammenhang darstellen oder beurteilen sollen. Differenzierungsmöglichkeiten bestehen darin, Hilfekärtchen oder Wortspeicher mit thematischen Leitbegriffen bereitzustellen. Lese- und schreibschwachen Schülerinnen und Schülern können Satzbausteine oder ganze Sätze zum Zusammenfügen angeboten werden.

Bildungsrelevanz

Korrespondenzaufgaben machen Sachkompetenz und Beurteilungskompetenz bewusst. Mit diesem Aufgabentyp werden komplexe Zusammenhänge als Ganzes in einer Argumentationsstruktur reorganisiert. Dabei stellt der Korrespondenzrahmen eine lebensnahe Aufgabensituierung her und fördert die Motivation, sich mit der Sache auseinanderzusetzen.

Didaktische Funktion und Struktur

Korrespondenzaufgaben können im Unterricht eingesetzt werden, …
▶ um Teilaspekte eines Themas zusammenhängend wiederzugeben und Zusammenhänge sachlogisch darzustellen.
▶ um Sachverhalte mit einer Beurteilung oder Bewertung zusammenzuführen.
▶ um ein diskursives Problemverständnis zu entwickeln und eine Diskussion vorzubereiten.
▶ um die Sachkompetenz zu überprüfen.

Das Ablaufschema für diesen Aufgabentyp sieht folgendermaßen aus:
1. Schritt: Das Thema wird unterrichtlich vorbereitet.
2. Schritt: Der Arbeitsauftrag zur Reorganisation bekannter Inhalte wird gegeben.
3. Schritt: In der Schreibphase werden Briefe verfasst. Die Arbeitsergebnisse werden anschließend vorgestellt und inhaltlich besprochen.

Tipps für die Praxis

Die Schülerinnen und Schüler müssen die Korrespondenzformate bereits kennen. Ansonsten wird der Fachunterricht zur Deutschnachhilfe. Allerdings können diese spätestens ab dem fünften Schuljahr vorausgesetzt werden, da sie dann durch die Curricula im Fach Deutsch abgesichert sind. Beim Bearbeiten von *Korrespondenzaufgaben* steht die inhaltliche Auseinandersetzung mit dem Thema im Vordergrund. Formale Merkmale des Briefes sind außer im Fach Deutsch von eher untergeordneter Bedeutung. Schreibschwächeren Schülerinnen und Schülern sollten alternative Aufgabentypen, zum Beispiel Fragen oder *Text-Teilmengen-Aufgaben* angeboten werden, mit deren Hilfe sie Sachverhalte beschreiben, erklären, erläutern oder darstellen.

---

www.schule-bw.de/unterricht/faecher/deutsch/sprache/betracht/projekt_briefe (Zugriff: 28.12.2016)

Aufgabentyp

Kuckuckseirätsel

Variante 1: Streiche den unpassenden Begriff durch. Begründe deine Entscheidung.
Wasser: Trinkwasser, Brauchwasser, Abwasser, Salzwasser
Variante 2: Streiche den unpassenden Begriff durch. Schreibe die übrigen Begriffe in richtiger Reihenfolge auf.
Wasserversorgung: Grundwasserpumpe, Klärwerk, Wasserspiel, Wasserwerk
Variante 3: Streiche den unpassenden Begriff durch. Notiere zu den übrigen Begriffen den passenden Oberbegriff.
_____: *Mittelmeer, Nordsee, Ostsee, Steinhuder Meer*

verwandte Aufgabentypen
→ Multiple-Choice
→ Single-Choice
→ Richtig-Falsch-Aufgabe
→ Stolpersätze
→ Fehlersuche

In *Kuckuckseirätseln* muss aus einer Reihe von Begriffen mindestens ein unpassender erkannt werden. Sie zählen zu den geschlossenen Aufgabenformaten, da die Anzahl der zu entdeckenden Fehler genau bestimmt ist. Differenzierungsmöglichkeiten ergeben sich über die Anzahl, aber auch über die Offensichtlichkeit der zu entdeckenden Fehler. Dabei gilt: Je inhaltsnäher der Fehler dem richtigen Sachverhalt kommt, desto schwerer wird er zu entdecken sein. Da dieser Aufgabentyp keine oder wenig aktive Spracharbeit voraussetzt, ist er in besonderem Maße für den Unterricht in heterogenen Lerngruppen geeignet.

Lerngruppenpassung

Um Fehler zu entdecken, bedarf es in der Regel einer fundierten Sachkenntnis, denn es müssen bedeutungsähnliche Sachverhalte voneinander abgegrenzt und unter fachlichen Gesichtspunkten beurteilt werden. Deshalb schulen *Kuckuckseirätsel* sowohl Sach- als auch Urteilskompetenz. Darüber hinaus dienen *Kuckuckseirätsel* dem Begriffslernen und fördern über die Zuordnung von Oberbegriffen und Unterbegriffen sachlogisches Denken. Sie helfen so bei der Orientierung im Fachlichen. Das Anspruchsniveau solcher Aufgaben kann über unterschiedliche Varianten verändert werden. *Kuckuckseiaufgaben* motivieren über ihren Rätselcharakter.

Bildungsrelevanz

Kuckuckseirätsel können im Unterricht eingesetzt werden, …
▶ um Vorwissen zu einem Thema sichtbar zu machen.
▶ um einen Leseprozess zu strukturieren und das Textverständnis zu überprüfen.
▶ um das Verständnis eines Sachverhaltes zu sichern, zu überprüfen und gegebenenfalls zu bewerten.
▶ um lern- und ausdrucksschwache Schüler ins fachliche Lernen zu integrieren.
Das Ablaufschema für diesen Aufgabentyp sieht folgendermaßen aus:
1. Schritt: Der Lehrer/Die Lehrerin stellt die Aufgabe im fachlichen Kontext vor.
2. Schritt: Die Schülerinnen und Schüler bearbeiten die Aufgabe und präsentieren kooperativ, zum Beispiel in einem Lerntempoduett, oder im Plenum ihre Arbeitsergebnisse.

Didaktische Funktion und Struktur

Kuckuckseirätsel sollten auf einfachem Anspruchsniveau mit hinreichender Trennschärfe formuliert sein.
Die Lösung der Aufgabe fällt Schülerinnen und Schülern leichter, wenn in der Aufgabenstellung die Anzahl der Fehler angegeben wird.
Einfache *Kuckuckseirätsel* können von Schülerinnen und Schülern selbst formuliert werden.

Tipps für die Praxis

_____
www.schule.at/portale/deutsch (Zugriff: 16.07.2016)

Aufgabentyp

Likert-Skala

verwandte Aufgabentypen
→ Richtig-Falsch-Aufgabe

Mithilfe der nachfolgenden Untersuchung kannst du am Beispiel „Wasser" deine persönlichen Einstellungen zum Umweltschutz überprüfen. Kreuze dazu die für dich zutreffende Aussage an.

1. *Wasser ist ein gefährdetes Lebensmittel.*

| stimme stark zu | stimme zu | teils-teils | lehne ab | lehne stark ab |

2. *Ich bin bereit, Wasser zu sparen.*

| stimme stark zu | stimme zu | teils-teils | lehne ab | lehne stark ab |

3. *Ich achte darauf, den Wasserhahn während des Zähneputzens abzudrehen.*

| stimme stark zu | stimme zu | teils-teils | lehne ab | lehne stark ab |

Lerngruppen-passung

Die *Likert-Skala* ist nach dem amerikanischen Psychologen und Sozialforscher Rensis Likert benannt. Sie zählt zu den offeneren Aufgabenformaten und wird im Unterricht eingesetzt, wenn Schülerinnen und Schüler ihre Zustimmung zu unterschiedlichen Aussagen durch Ankreuzen in einer Rating-Skala ausdrücken sollen. Das Differenzierungspotenzial dieses Aufgabentyps ist hoch, da leseschwache Schülerinnen und Schüler nicht alle Aussagen bewerten müssen. Das Ankreuzen selbst verlangt keine aktive sprachliche Eigenleistung, Probleme sind eher im Verstehen der Aussagen zu erwarten. Diese sollten deshalb sorgfältig formuliert und einzelnen Schülerinnen und Schülern gegebenenfalls wertneutral erläutert werden.

Bildungsrelevanz

Das Ausfüllen einer *Likert-Skala* macht Sachkompetenz und Beurteilungskompetenz bewusst. Komplexe Sachverhalte können in ihren Einzelaspekten wahrgenommen und einem Sach- oder Werturteil zugeführt werden. Auf der Basis der Befragungsergebnisse kann sich in der Klasse eine Diskussion über die befragten Aussagen entwickeln. Deshalb fördern *Likert-Skalen* im Unterricht immer auch kommunikative Kompetenzen.

Didaktische Funktion und Struktur

Likert-Skalen können im Unterricht eingesetzt werden, ...
- um die individuelle Bedeutung eines Themas bewusst zu machen und so in eine Unterrichtssequenz einzusteigen.
- um Einstellungen und Haltungen abzufragen.
- um fachliche Aspekte eines Themas zu beurteilen.
- um ethische Implikationen von Sachurteilen bewusst zu machen und sie einem Werturteil zuzuführen.
- um Feedback am Ende einer Unterrichtssequenz zu erhalten.

Das Ablaufschema für diesen Aufgabentyp sieht folgendermaßen aus:
1. Schritt: Der Lehrer/Die Lehrerin führt in das Thema ein und erläutert das Verfahren.
2. Schritt: Die Schülerinnen und Schüler reflektieren konzentriert und ruhig ihre Einstellungen und markieren in der *Likert-Skala* ihre Meinung.
3. Schritt: Mit den Ergebnissen der Befragung wird weitergearbeitet. Sie können präsentiert und zusammengefasst werden oder Grundlage für eine Diskussion in der Klasse sein.

Tipps für die Praxis

Bei der Konstruktion der Sachaussagen sollten positive Formulierungen und einfache Aussagesätze gewählt werden. Müssen in Einzelfällen Formulierungen erläutert werden, dann ist dabei Objektivität anzustreben, indem auf persönliche Wertungen verzichtet wird. Die Auswertung und Weiterarbeit mit den gewonnenen Daten sollte anonymisiert erfolgen, um die Privatsphäre jedes Schülers und jeder Schülerin zu schützen.

Jürgen Rost 2004: Lehrbuch Testtheorie, Testkonstruktion. Bern

Aufgabentyp

Lückentext

Lies den Text und fülle die Lücken sinnvoll aus. Benutze dazu die Wörter aus dem Wortspeicher und schreibe sie in die passende Lücke.

Schmutzwasser entsteht vor allem in der _____. Aber auch in jedem _____ verschwindet jeden Tag eine Menge schmutziges Wasser in _____. Bevor es die _____ erreicht, die es zum _____ transportieren, muss es in _____ gereinigt werden.

Wortspeicher: Flüsse, Abwasserkanälen, Privathaushalt, Kläranlagen, Industrie, Meer

verwandte Aufgabentypen
→ Text-Teilmengen-Aufgabe

Lückentexte zählen zu den geschlossenen Aufgabenformaten. Sie werden eingesetzt, wenn Schülerinnen und Schüler in Lern- und Leistungssituationen Fachwissen darstellen sollen. Einfache Differenzierungsmöglichkeiten ergeben sich, wenn ein Wortspeicher eingesetzt wird oder wenn die Anzahl der einzusetzenden Begriffe variiert wird. Der Lückentext wird schwieriger, wenn bedeutungsähnliche Begriffe, von denen aber nur einer passt, in einem Wortspeicher zur Auswahl angeboten werden.

Lerngruppenpassung

Lückentexte sind Zuordnungsaufgaben. Sie dienen meist dazu, Sachkompetenz auf einer reproduktiven Anforderungsstufe sichtbar zu machen. Häufig werden sie eingesetzt, um in Lernsituationen das Lesen von Fachtexten zu leiten oder in Leistungssituationen das Verständnis von Fachtexten zu überprüfen. Mithilfe von Lückentexten lassen sich aber auch einfache Sachurteile begründen.

Bildungsrelevanz

Lückentexte können im Unterricht eingesetzt werden, …
- um Leseprozesse zu begleiten und zu überprüfen.
- um im Fremdsprachenunterricht das Vokabellernen zu erleichtern.
- um im Mathematikunterricht Anwendungswissen zu überprüfen.
- um Gedächtnis- oder Verständnisleistungen zu überprüfen.
- um ausdrucksschwachen Schülerinnen und Schülern die Darstellung ihres Fachwissens zu erleichtern.

Didaktische Funktion und Struktur

Das Ablaufschema für diesen Aufgabentyp sieht folgendermaßen aus:
1. Schritt: Der Lehrer/Die Lehrerin stellt die Aufgabe im fachlichen Kontext vor.
2. Schritt: Die Schülerinnen und Schüler lesen den *Lückentext* und überlegen, wovon der Text handelt und was sie über das Thema wissen. Dann füllen sie die Lücken und beginnen dabei mit jenen Begriffen, deren Positionierung ihnen richtig erscheint. Hilfreich ist es, Begriffe, die man bereits sicher eingesetzt hat, im Wortspeicher durchzustreichen.

Bei der Gestaltung von *Lückentexten* sollte man sich bewusst machen, dass Nomen in der Regel einfacher einzusetzen sind als Adjektive oder gar Verben. Versuchen Sie pro Satz nur eine Lücke zu setzen und positionieren Sie diese nicht direkt am Satzanfang. Achten Sie darauf, dass grammatische Strukturen und die Größe der Lücke die richtige Lösung nicht unbeabsichtigt verraten. Überprüfen Sie, zum Schluss, ob die Lücken eindeutig zu füllen sind.

Tipps für die Praxis

Anke Petschenka, Nadine Ojstersek, Michael Kerres: Lernaufgaben gestalten. Lerner aktivieren mit didaktisch sinnvollen Lernaufgaben. In: Andreas Hohenstein (Hg.), Karl Wilbers 2004: Handbuch E-Learning. Köln

Aufgabentyp

Matching

Vollständiges Matching: Ordne folgende Aussagen einander zu. Verbinde sie dazu mit einer Linie.

1. Wasser ist ein Lebensmittel.

2. Mit Wasser sollte man sparsam umgehen.

3. Wasser ist ein Lebensraum.

I. Die Aufbereitung und Reinigung ist aufwändig und teuer.

II. Es steht vielen Menschen nicht in ausreichendem Maße zur Verfügung.

III. Gewässer müssen geschützt werden.

Unvollständiges Matching: Ordne folgende Aussagen einander zu. Notiere dazu die passenden Nummern.

1. Mit Wasser sollten wir sparsam umgehen.

I. Die Aufbereitung und Reinigung ist aufwändig und teuer.

II. Es steht nicht in ausreichendem Maße zur Verfügung.

III. Gewässer müssen geschützt werden.

Lerngruppenpassung

Matching-Aufgaben zählen zu den geschlossenen Aufgabenformaten mit eindeutigen Lösungen. Sie werden eingesetzt, wenn Informationen einander zugeordnet werden sollen. Eine quantitative Differenzierung ergibt sich über den Umfang der einander zuzuordnenden Informationen. Durch die Komplexität der Inhalte, die inhaltliche Ähnlichkeit der Auswahlsätze für die Zuordnung oder durch Mehrfachzuordnungen kann das Anspruchsniveau von *Matching-Aufgaben* variiert werden.

Bildungsrelevanz

Matching-Aufgaben fördern Urteilskompetenz, indem sie von Schülerinnen und Schülern verlangen, Teilaspekte eines Sachverhaltes zu erkennen und sie einander zuzuordnen. Damit dies gelingt, ist eine detaillierte Sachkenntnis Voraussetzung.

Didaktische Funktion und Struktur

Matching-Aufgaben können im Unterricht eingesetzt werden, …
- um besonders in Einstiegsphasen Vorwissen zu aktivieren.
- um das Leseverstehen abzusichern und zu überprüfen.
- um Zusammenhänge innerhalb eines Themas auf einfachem Niveau abzusichern und deren Verständnis gegebenenfalls zu überprüfen.
- um Übungsphasen handlungsorientiert zu gestalten.

Das Ablaufschema für diesen Aufgabentyp sieht folgendermaßen aus:

1. Schritt: Der Lehrer/Die Lehrerin stellt die Aufgabenstellung vor und sichert das Vorgehen ab.
2. Schritt: Die Schülerinnen und Schüler arbeiten einzeln an ihren Aufgaben und präsentieren Ergebnisse kooperativ, zum Beispiel mithilfe eines Lerntempoduetts, oder im Plenum.

Tipps für die Praxis

Bei der Konstruktion von *Matching-Aufgaben* ist darauf zu achten, dass die Ratewahrscheinlichkeit möglichst niedrig bleibt. Bei der Konstruktion von vollständigen *Matching-Aufgaben* ist besonders darauf zu achten, dass die Zuordnungen möglichst eindeutig sind. Bei der Konstruktion von unvollständigen *Matching-Aufgaben* ist darauf zu achten, dass die Wahl eine Auseinandersetzung mit der Sache erfordert und Zuordnungen nicht erraten werden können. Dazu sind Wahlangebote, die von vorneherein auszuschließen sind, möglichst zu vermeiden.

Helmut M. Niegemann u. a. 2008: Kompendium multimediales Lernen. Heidelberg, S. 319 f.

Aufgabentyp

Memory

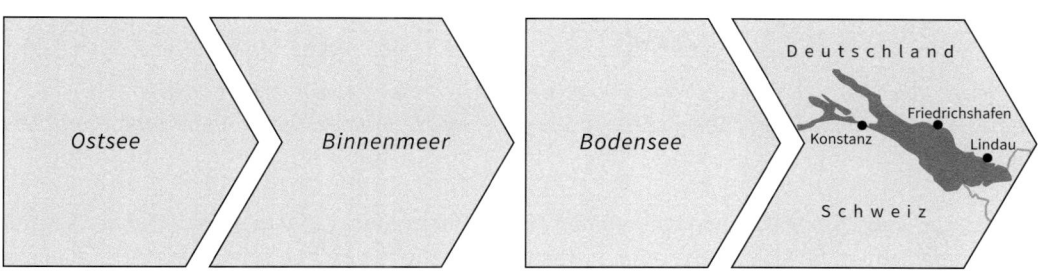

verwandte Aufgabentypen
→ Quiz
→ Multiple-Choice-Aufgabe
→ Single-Choice-Aufgabe
→ Richtig-Falsch-Aufgabe

Memorys zählen zu den geschlossenen Aufgabenformaten mit eindeutigen Zuordnungen von Begriffen, Oberbegriffen oder grafischen Elementen. *Memorys* sind thematisch begrenzt und werden eingesetzt, wenn Schülerinnen und Schüler sich spielerisch mit einem Thema auseinandersetzen sollen. Differenzierungsmöglichkeiten ergeben sich über die Anzahl der Spielkarten im Memory oder über die Komplexität der Memoryinhalte. Eine Text-Bild-Zuordnung fällt den meisten Schülerinnen und Schülern leichter als eine Text-Text-Zuordnung. Memorys eignen sich in besonderem Maße für die Arbeit mit sprachschwachen Schülerinnen und Schülern.

Lerngruppenpassung

Memorys machen Sachkompetenz sichtbar, da während des Spiels über thematisch relevante Aspekte nachgedacht wird. Beim Erarbeiten von Memorys müssen sachlogische Zusammenhänge, zum Beispiel von Oberbegriff und erläuternder Aussage, erkannt und richtig dargestellt werden. Die Arbeit in Partnergruppen fördert dabei kommunikative und personale Kompetenzen, denn Schülerinnen und Schüler müssen sowohl ihre eigenen Ideen anderen vorstellen als auch diszipliniert und ruhig anderen bei deren Vorstellung zuhören. Während der Spielphase muss zudem über die Richtigkeit der Zuordnungen geurteilt werden.

Bildungsrelevanz

Ein *Memory* kann im Unterricht eingesetzt werden, ...
▸ um einen Leseprozess zu begleiten und das Textverständnis zu vertiefen.
▸ um Kenntnisse spielerisch einzuüben und so das Verständnis eines Sachverhaltes zu sichern.
Das Ablaufschema für diesen Aufgabentyp sieht folgendermaßen aus:
Hinführungsphase: Der Lehrer/Die Lehrerin stellt ein Memoryszenario im fachlichen Zusammenhang vor, bildet Gruppen und klärt die Spielregeln.
Erarbeitungsphase: Die Schülerinnen und Schüler formulieren Memoryzuordnungen und präsentieren sie einander oder im Plenum. Diese werden besprochen und dann auf Memorykärtchen übertragen.
Spielphase: Die Schülerinnen und Schüler spielen Memory, bis eine inhaltliche Sicherheit zu erkennen ist.

Didaktische Funktion und Struktur

Sollen *Memorys* selbst hergestellt werden, dann müssen die zu memorierenden Inhalte zuvor im Unterricht erarbeitet worden sein. Um dem Memory Spielqualität zu garantieren, bedarf es einer größeren Anzahl unterschiedlicher Memorykarten. Um diese herzustellen, braucht man mindestens eine Unterrichtsstunde. Erst dann kann gespielt werden.
Memorys sollten in kurzen zeitlichen Abständen in festen Zeitfenstern mehrfach gespielt werden, damit das Gelernte sich nachhaltig verfestigen kann. Memorys sollten in der Klassenbibliothek aufbewahrt werden, damit der Stoff, zum Beispiel vor Leistungsmessungen, spielerisch wiederholt werden kann.

Tipps für die Praxis

http://www.methodenpool.uni-koeln.de (Zugriff: 17.07.2016)

Aufgabentyp

Mindmap-Aufgabe

verwandte Aufgabentypen
→ Cluster
→ Fishbone-Aufgabe
→ Strukturbaum

1. *Lies den Text „Wasser ist der Baustein des Lebens" und markiere wichtige Aussagen zu den Oberbegriffen „Gewässer", „Lebensraum", „Naturgewalt" und „Ernährung". Notiere dir diese Informationen.*
2. *Lege mit den Oberbegriffen eine Mindmap an und ordne diesen deine Informationen zu.*
3. *Gestalte deine Mindmap aus: Benutze dazu Symbole und Zeichnungen, die zu deinen Informationen passen.*

Lerngruppenpassung

Die *Mindmap-Aufgabe* zählt zu den halboffenen Aufgabenformaten. Sie wird eingesetzt, wenn Schülerinnen und Schüler für sich alleine oder im Team Informationen ordnen sollen. Das Individualisierungspotenzial dieses Aufgabentyps ist sehr hoch, da die Anordnung der Informationen in der Mindmap in der Regel nicht vorgegeben wird. Differenzierungsmöglichkeiten ergeben sich, wenn Schülerinnen und Schüler nur einzelne Äste der Mindmap gestalten sollen oder wenn Oberbegriffe, unter denen die Informationen geordnet werden sollen, vorgegeben werden.

Bildungsrelevanz

Mindmap-Aufgaben fördern Sachkompetenz, wenn einem vorgegebenen Oberbegriff passende Informationen zugeordnet werden sollen. Sie fördern Analysekompetenz, wenn Oberbegriffe aus Inhaltselementen abgeleitet werden sollen. Da beides in der Regel auf der Grundlage von Quellen geschieht, die von Schülerinnen und Schülern erschlossen werden müssen, fördern *Mindmap-Aufgaben* immer auch fachspezifische Lesekompetenz.

Didaktische Funktion und Struktur

Mindmap-Aufgaben können im Unterricht eingesetzt werden, ...
▶ um Informationen aus unterschiedlichen Quellen zu erschließen und grafisch zu ordnen.
▶ um Informationen zum besseren Verständnis und zum leichteren Merken grafisch zu visualisieren.
▶ um Präsentationen zu visualisieren.

Das Ablaufschema für diesen Aufgabentyp sieht folgendermaßen aus:

1. Schritt: Die Schülerinnen und Schüler lesen eine Quelle, das kann zum Beispiel ein Bild, ein Schaubild oder ein Text sein, markieren und notieren wichtige Informationen.
2. Schritt: Die Schülerinnen und Schüler legen die Mindmap an, indem sie ...
   – in die Mitte eines querliegenden DIN-A4-Blattes die Zentralkartusche mit dem Thema schreiben.
   – von der Zentralkartusche ausgehend im Uhrzeigersinn für jeden ihrer Oberbegriffe einen Hauptast anlegen und ihn mit dem entsprechenden Oberbegriff beschriften.
   – von den Oberbegriffen ausgehend für jede Information einen Unterast anlegen und diesen beschriften.
   – passende Symbole und Zeichnungen zum besseren Merken der Informationen in die Mindmap einzeichnen.

Tipps für die Praxis

Mindmaps werden auf DIN-A4-Blättern im Querformat oder über eine Doppelseite im Heft angelegt. Dabei wird der zur Verfügung stehende Platz optimal ausgenutzt. Kariertes Papier erleichtert eine leserliche Beschriftung. In einer *Mindmap* stehen nur Stichworte und Begriffe. Auf ganze Sätze wird verzichtet. Farbige Strukturen erleichtern das Verstehen und Merken der Informationen.

Waltraud Boes, Andreas Müller 2013: Einsteigen und durchstarten. Lernen lernen 6. Paderborn, S. 48 ff.

Aufgabentyp

Morphologischer Kasten

Die Klasse 9a plant für das kommende Schuljahr eine mehrtägige Klassenfahrt. Doch darüber, wohin es gehen soll, wie lange die Fahrt dauern soll, und auch über die Frage, was das Ganze kosten darf, gehen die Meinungen weit auseinander.

1. Was möchtest du? Denke über die Kriterien nach und wähle jeweils eine Kategorie aus. Verbinde deine gewählten Kategorien mit einem Strich. Beginne in der zweiten Zeile der Tabelle.

2. Stelle deine Kategorien in der Gruppe vor und begründe deine Auswahl. Einigt euch auf eine Auswahl.

Kriterium/ Merkmal	Kategorie/Ausprägung			
Ort	Meer	Mittelgebirge	Gebirge	Stadt
Schwerpunkt	Sport	Kultur	Natur	Gemeinschaft
Dauer	2 Tage	3 Tage	4 Tage	1 Woche
Preis	bis 100 €	bis 200€	bis 300 €	bis 400 €
Entfernung/ Umweltbelastung	bis 100 Kilometer	bis 250 Kilometer	bis 500 Kilometer	über 500 Kilometer

verwandte Aufgabentypen
→ 635-Aufgabe

Lerngruppenpassung

Ein *Morphologischer Kasten* ist eine strukturierte Brainstormingaufgabe. Sie zählt zu den halboffenen Aufgabenformaten und wird eingesetzt, wenn Schülerinnen und Schüler in Gruppen eigene Ideen zu einem Thema entwickeln, auswählen und mit anderen abgleichen sollen. Das Individualisierungspotenzial dieses Aufgabentyps ist nicht sehr hoch, da die Offenheit dieses Aufgabentyps durch die Dimensionen der Matrix begrenzt wird. Innerhalb des inhaltlichen Rasters der Matrix können und sollen jedoch unterschiedliche Lösungswege oder Lösungsvorschläge gefunden werden. Differenzierungsmöglichkeiten ergeben sich, wenn Kategorien und Kriterien der Matrix quantitativ wie qualitativ variiert werden.

Bildungsrelevanz

Aufgaben, die auf einem *Morphologischen Kasten* basieren, kombinieren individuelle kreative Fähigkeiten mit den Stärken einer Gruppe. Sie machen Sachkompetenz bewusst, wenn jeder für sich Kategorien findet und sie in Zusammenhang mit anderen Kategorien setzt, so dass eine komplexe und realisierbare Problemlösung in der Matrix abgebildet wird. Da die individuell generierte Matrix vor anderen dargestellt und begründet werden muss, schult dieser Aufgabentyp zudem Beurteilungskompetenz.

Didaktische Funktion und Struktur

Ein *Morphologischer Kasten* kann im Unterricht eingesetzt werden, …
- um mithilfe einer Begriffsmatrix in ein neues Thema einzusteigen.
- um Antworten auf eine komplexe Frage- oder Problemstellung zu finden.
- um unterschiedliche Lösungswege zu verdeutlichen.

1. Schritt: Der Lehrer/Die Lehrerin gibt einen Problemlösungsimpuls und erläutert die Kriterien und Kategorien des *Morphologischen Kastens*.
2. Schritt: Die Schülerinnen und Schüler wählen die persönlich wichtigen Kategorien und stellen ihr Ideennetz den anderen in der Gruppe vor. Dabei begründen sie ihre Auswahl.
3. Schritt: Gegebenenfalls einigt sich die Gruppe im Konsens auf ein Problemlösungsmodell, auf dessen Grundlage bei Bedarf weitergearbeitet oder geplant werden kann.

Tipps für die Praxis

Damit Aufgaben auf der Grundlage eines *Morphologischen Kastens* zu kreativen Problemlösungen führen, muss der Lehrer/die Lehrerin bei der Festlegung der Kategorien und Kriterien darauf achten, offen zu sein, um mögliche Lösungsansätze nicht einzuengen. Im Unterricht führen kleinere Gruppengrößen eher zu schlüssigen Ergebnissen, die, gut begründet, auch im Plenum Konsenschancen haben.

http://www.arbeitshilfen.ch/Thema/Arbeitstechnik/364 – Morphologischer Kasten (Zugriff: 27.01.2016)

Aufgabentyp

Multiple-Choice-Aufgabe, Single-Choice-Aufgabe

verwandte Aufgabentypen
→ Richtig-Falsch-Aufgabe

Kreuze die zutreffenden Aussagen an.

Reproduktion	Reorganisation	Transfer
Salzwasser und Süßwasser sind unterschiedliche Lebensräume. Welche Gewässer bestehen in der Regel aus Süßwasser?	Manche Meere erstrecken sich über die Süd- und Nordhalbkugel. Welche Meere werden vom Äquator geteilt?	Durch den Klimawandel schmelzen die Polkappen. Welche Folgen sind zu erwarten? Kreuze die zutreffende Aussage an.
☐ Bodensee	☐ Kaspisches Meer	☐ Der Salzgehalt steigt.
☐ Rhein	☐ Polarmeer	☐ Der Salzgehalt sinkt.
☐ Nordsee	☐ Atlantik	☐ Der Salzgehalt bleibt gleich.
☐ Müritz	☐ Schwarzes Meer	
☐ Ostsee	☐ Mittelmeer	
Multiple-Choice	*Single-Choice*	*Single-Choice mit Ansage*

Lerngruppenpassung

Multiple-Choice-Aufgaben und *Single-Choice-Aufgaben* zählen zu den geschlossenen Aufgabenformaten. Sie werden meist eingesetzt, wenn Schülerinnen und Schüler in Lern- oder Leistungssituationen Sachverhalte auf ihre fachliche Gültigkeit hin überprüfen sollen. Differenzierungsmöglichkeiten bestehen zum einen darin, die inhaltliche Komplexität der zu beurteilenden Sachverhalte zu variieren. Zum anderen ist es für Schülerinnen und Schüler hilfreich zu wissen, wie viele vorgegebene Auswahlantworten richtig sind. Zur Fachleistungsdifferenzierung kann zudem eine Erläuterung oder Begründung der Ankreuzentscheidung verlangt werden.

Bildungsrelevanz

Multiple-Choice-Aufgaben und *Single-Choice-Aufgaben* machen zuerst einmal Sachkompetenz bewusst, da Aussagen über einen fachlichen Sachverhalt oder Zusammenhang auf ihre Richtigkeit hin überprüft werden müssen. Diese Beurteilung ist frei von aktiven Schreibleistungen. Das passive deklarative Fachwissen wird durch Ankreuzen auf einer elementaren Stufe reproduziert. Darüber hinaus können anspruchsvolle *Multiple-Choice-Aufgaben* und *Single-Choice-Aufgaben* aber auch komplexere Kompetenzen der Anforderungsbereiche Reorganisation und Transfer überprüfen.

Didaktische Funktion und Struktur

Multiple-Choice-Aufgaben und *Single-Choice-Aufgaben* können im Unterricht eingesetzt werden, …
- ▶ um Vorwissen und Voreinstellungen zu einem Thema sichtbar zu machen.
- ▶ um einen Leseprozess zu strukturieren und das Textverständnis zu überprüfen.
- ▶ um das Verständnis eines Sachverhaltes zu sichern, zu überprüfen und gegebenenfalls zu bewerten.
- ▶ um lern- und ausdrucksschwache Schülerinnen und Schüler ins fachliche Lernen zu integrieren.

Das Ablaufschema für diesen Aufgabentyp sieht folgendermaßen aus:
1. Schritt: Der Lehrer/Die Lehrerin stellt die Problembeschreibung, Problemfrage und Items vor.
2. Schritt: Die Schülerinnen und Schüler lesen die Aufgabenstellung konzentriert. Erst dann kreuzen sie an! Im Anschluss präsentieren sie ihre Arbeitsergebnisse.

Tipps für die Praxis

Auswahlantworten dürfen nicht augenscheinlich falsch sein. Das würde die Ratewahrscheinlichkeit erhöhen. Aus gleichem Grund sollten sich in der Aufgabenstellung auch keine Lösungshinweise verstecken.

---

https://www.uni-hannover.de/fileadmin/luh/content/elearning/practicalguides2/didaktik/elsa_handreichung_zum_erstellen_und_bewerten_von_mc-fragen_2013.pdf (Zugriff: 04.03.2016)

Aufgabentyp

Post-it-Aufgabe

Unsere Schule will umweltfreundlicher werden. Was kann dazu beitragen? Denkt darüber nach und notiert eure Ideen in leserlicher Schrift auf Post-it-Zettel. Benutzt für jede neue Idee, die euch einfällt, einen neuen Post-it-Zettel. Besprecht und ordnet eure Post-it-Zettel in der Tischgruppe und präsentiert sie dann an der Tafel. Klebt gleiche oder ähnliche Inhalte zueinander.

verwandte Aufgabentypen
→ Brainwriting-Aufgabe
→ Strukturlegeaufgabe

Die *Post-it-Aufgabe* ist eine effektive Brainstormingaufgabe und zählt zu den offenen Aufgabenformaten. Sie wird eingesetzt, wenn Schülerinnen und Schüler eigene Ideen zu einem Thema entwickeln und darstellen sollen. Das Individualisierungspotenzial dieses Aufgabentyps ist sehr hoch, da lediglich eine Problemfrage vorgegeben wird, zu der unterschiedliche Lösungswege oder Lösungsvorschläge gefunden werden sollen. Eine Variante stellen sogenannte Kärtchen-Aufgaben dar. Hier werden Kärtchen mit individuellen Ideen beschriftet, die gesammelt und geordnet das Ausgangsmaterial für eine Concept-Map bilden.

Lerngruppen-passung

Post-it-Aufgaben kombinieren individuelle kreative Fähigkeiten mit den Stärken einer Gruppe. Sie machen Sachkompetenz bewusst, wenn jeder/jede für sich Ideen entwickelt, und sie vermitteln Beurteilungskompetenz, wenn im Plenum Ideen geprüft und geordnet werden. Die unterrichtlichen Prozesse, die mit diesem Moderationsverfahren verbunden sind, fördern kommunikative und personale Kompetenzen, da Schülerinnen und Schüler ihre eigenen Ideen vor anderen präsentieren und zugleich diszipliniert und ruhig anderen bei deren Vorstellung zuhören müssen. *Post-it-Aufgaben* fördern im Austausch mit anderen assoziatives Denken, lassen Schülerinnen und Schüler die Vielfalt eines Themas wahrnehmen und geben Ideen eine vorläufige Struktur.

Bildungsrelevanz

Postit-Aufgaben können im Unterricht eingesetzt werden, ...
- um in ein neues Thema einzusteigen.
- um Ideen zu einem neuen Thema zu generieren.
- um Antworten auf eine komplexe Fragestellung zu finden.
- um Kontroversen multiperspektivisch darzustellen.

Post-it-Aufgaben werden in zwei Phasen durchgeführt. In einer Brainstormingphase werden Ideen gesammelt und dargestellt. Danach werden die dargestellten Ideen im Plenum diskutiert und dabei bewertet.
Das Ablaufschema für diesen Aufgabentyp sieht folgendermaßen aus:

1. Schritt: Der Lehrer/Die Lehrerin stellt die *Post-it-Aufgabe* vor, erläutert sie und visualisiert gegebenenfalls eine vorläufige Struktur an der Tafel.
2. Schritt: Jede Schülerin/Jeder Schüler notiert seine/ihre Ideen auf einem Post-it-Zettel. Er/Sie verwendet für jede neue Idee einen separaten Zettel.
3. Schritt: Jeder Schüler/Jede Schülerin klebt seine/ihre Zettel an die Tafel. Zettel mit gleichem Inhalt werden zueinander oder übereinander geklebt. Es findet keine Bewertung oder Kommentierung der Ideen statt. So werden die Ideen an der Tafel entpersonalisiert und objektiver wahrgenommen.
4. Schritt: Der Lehrer/Die Lehrerin leitet als Moderator/Moderatorin die Diskussion und Bewertung der Ideen durch das Plenum. In dieser Phase können Bewertungskriterien herausgearbeitet werden und fehlende Themenaspekte durch den Lehrer/die Lehrerin ergänzt werden.

Didaktische Funktion und Struktur

Um eine *Post-it-Aufgabe* im Unterricht einzusetzen, benötigt man lediglich genügend Post-it-Zettel. Der Lehrer/Die Lehrerin steuert den Moderationsprozess und achtet darauf, dass jeder Schüler/jede Schülerin seine/ihre Post-it-Zettel mit nur einer Idee beschriftet, was Voraussetzung für die nachfolgende Zuordnung an der Tafel ist. Die Methode kann variiert werden, wenn die Post-it-Zettel in Tischgruppen vorsortiert werden und dann von den Tischgruppen an der Tafel zugeordnet werden. Dies verkürzt in großen Lerngruppen die Plenumsphase.

Tipps für die Praxis

Leigh Thompson 2013: Creative Conspiracy. The New Rules of Breakthrough Collaboration. Boston

Aufgabentyp

verwandte Aufgabentypen
→ Likert-Skala

Prioritätenliste

Stell dir folgende Situation vor: Du bist Mitglied der Umwelt-AG. Ihr plant, etwas für den Umweltschutz an eurer Schule zu tun. Ihr habt bereits verschiedene Probleme gesammelt. Nun stellt sich für euch die Frage, welches Umweltproblem ihr zuerst angehen wollt. Kreuze in der Tabelle die Wichtigkeit des Problembereichs an und bepunkte dann die Problembereiche, wobei die wichtigste Aufgabe die meisten Punkte bekommt.

	sehr wichtig	wichtig	weniger wichtig	Punkte (1 bis 6)
Müllsortierung einführen				
Vermüllung verringern				
Energieverschwendung dokumentieren				
Wasserverbrauch senken				
einen nachhaltigen Pausenkiosk entwickeln				
nachhaltige Schulmaterialien bewerben				

Lerngruppenpassung

Prioritätenlisten zählen zu den offeneren Aufgabenformaten, da sich mit ihnen individuelle Argumentationsstrukturen entwickeln lassen. Sie werden eingesetzt, wenn Schülerinnen und Schüler in unterrichtliche Planungsprozesse mit einbezogen werden sollen. Prioritätenlisten haben ein hohes Individualisierungspotenzial. Jede Schülerin und jeder Schüler kann mit diesem Aufgabentyp ihre/seine eigene Problemsicht erfassen und darstellen oder Lösungswege beurteilen.

Bildungsrelevanz

Prioritätenlisten dienen der Meinungsbildung. Auf der Grundlage von Sachkompetenz werden Urteile verlangt, die begründet dargestellt werden müssen. Dies schult kommunikative Kompetenzen, wie zum Beispiel die Argumentationsfähigkeit. Darüber hinaus werden mit *Prioritätenlisten* metakognitive Strategien angebahnt.

Didaktische Funktion und Struktur

Prioritätenlisten können im Unterricht eingesetzt werden, …
▶ um für ein Thema zu sensibilisieren.
▶ um Planungsprozesse zu initiieren und so zum Beispiel in Projektarbeiten einzusteigen.
▶ um ein diskursives Problemverständnis zu entwickeln.

Das Ablaufschema für diesen Aufgabentyp sieht folgendermaßen aus:

1. Schritt: Der Lehrer/Die Lehrerin stellt die Prioritätenliste vor und erläutert die Zielsetzung der Aufgabe.
2. Schritt: Die Schülerinnen und Schüler beurteilen zuerst die Wichtigkeit der Problem- oder Aufgabenfelder und ordnen sie dann, wobei jede Punktzahl nur einmal vergeben werden darf.
3. Schritt: Die Schülerinnen und Schüler gleichen ihre Einzelergebnisse in Gruppen ab und präsentieren diese. Dabei begründen sie ihre Entscheidung.
4. Schritt: Die Schülerinnen und Schüler einigen sich im Plenum auf eine verbindliche Prioritätenliste.

Tipps für die Praxis

Prioritätenlisten sollten sich am Machbaren orientieren. Dazu gehört die Konzentration auf eine, nämlich die wichtigste Aufgabe. Dazu gehört aber ebenso die Konzentration auf eine Aufgabe, die auch zu bewältigen ist. Unrealistische Zielsetzungen führend zwingend zum Scheitern und sind deshalb unbedingt zu vermeiden.

---

www.sowi-online.de/praxis/methode/handlungsorientierte_methoden.html (Zugriff: 20.07.2016)

Aufgabentyp

Quiz-Aufgabe

Variante: freie Antwort

> Welche Meere grenzen an Deutschland?
> Nenne sie.
> _____
>
> Nordsee
> Ostsee

Variante: Auswahlantwort

> Welches Meer ist kein Meer?
> Wähle die richtige Antwort.
> _____
>
> Mittelmeer
> Nordsee
> Steinhuder Meer
> Ostsee

verwandte Aufgabentypen
→ Memory
→ Fragen
→ Multiple-Choice-Aufgabe
→ Richtig-Falsch-Aufgabe

Lerngruppenpassung

Quizaufgaben zählen zu den halboffenen Aufgabenformaten, da die Quizfragen von Schülerinnen und Schülern frei formuliert werden können. Allerdings ist das inhaltliche Spektrum der Quizfragen durch das Thema begrenzt. Ein *Quiz* wird eingesetzt, wenn Schülerinnen und Schüler sich spielerisch mit einem Thema auseinandersetzen sollen. Das Individualisierungspotenzial dieses Aufgabentyps ist sehr hoch, denn Schülerinnen und Schüler können Quizfragen entwickeln, die ihrem persönlichen Leistungsniveau entsprechen. So ergibt sich für das *Quiz* ein Fragenpool, der automatisch leichte und schwere Aufgaben enthält.

Bildungsrelevanz

Ein *Quiz* macht Sachkompetenz sichtbar, da bei der Formulierung der Quizaufgaben über thematisch relevante Aspekte nachgedacht wird und Fragen und Antworten aktiv formuliert werden müssen. Die Arbeit in den Spielgruppen fördert dabei kommunikative und personale Kompetenzen, denn Schülerinnen und Schüler müssen sowohl ihre eigenen Ideen anderen vorstellen, als auch diszipliniert und ruhig anderen bei deren Vorstellung zuhören. Zudem muss in den Spielgruppen über die Qualität der erarbeiteten Quizfragen geurteilt werden.

Didaktische Funktion und Struktur

Ein *Quiz* kann im Unterricht eingesetzt werden, ...
▶ um einen Leseprozess zu strukturieren und das Textverständnis zu überprüfen.
▶ um Kenntnisse spielerisch einzuüben.
▶ um das Verständnis eines Sachverhaltes zu sichern, zu überprüfen und gegebenenfalls zu bewerten.

Das Ablaufschema für diesen Aufgabentyp sieht folgendermaßen aus:
Hinführungsphase: Der Lehrer/Die Lehrerin stellt ein Quizszenario im fachlichen Zusammenhang vor, bildet Gruppen und klärt die Spielregeln.
Erarbeitungsphase: Die Schülerinnen und Schüler formulieren Quizfragen mit den dazugehörigen Antworten und präsentieren sie in der Gruppe. Die Gruppe bespricht diese und überträgt Frage und Antwort auf Spielkärtchen.
Spielphase: Die Schülerinnen und Schüler spielen das Quiz in der Gruppe oder in konkurrierenden Gruppen im Plenum.

Tipps für die Praxis

Um dem *Quiz* Spielqualität zu garantieren, bedarf es einer größeren Anzahl unterschiedlicher Quizfragen. Um diese herzustellen, braucht man mindestens eine Unterrichtsstunde. Erst dann kann gespielt werden. Im Gruppenturnier, also im Wettkampf miteinander, motivieren Quizaufgaben besonders. Quizaufgaben sollten in der Klassenbibliothek aufbewahrt werden, damit der Stoff, zum Beispiel vor Leistungsmessungen, spielerisch wiederholt werden kann.

Heinz Klippert 1996: Methodentraining: Übungsbausteine für den Unterricht. Weinheim und Basel, S. 130

Aufgabentyp

Rezensionsaufgabe

verwandte Aufgabentypen
→ Freitextaufgabe

In vielen Schulen spielt der Umweltgedanke noch immer keine große Rolle. Lichter werden nicht ausgeschaltet, Verpackungen werden achtlos auf den Schulhof geworfen, Wasserhähne auf den Toiletten werden nicht mehr zugedreht. Was hältst du davon? Schreibe deine Meinung auf und begründe sie.

Lerngruppenpassung

Rezensionsaufgaben zählen in der Regel zu den offenen Aufgabenformaten. Sie werden eingesetzt, wenn Schülerinnen und Schüler in Lern- oder Leistungssituationen Sachverhalte unterschiedlichster Komplexität selbstständig beurteilen sollen, also ihre Meinung zu einem gelesenen oder gehörten Sachverhalt oder einem Foto, Bild oder Schaubild sagen und begründen sollen. Während auf der einen Seite der thematische Bezug von *Rezensionsaufgaben* eindeutig ist und die zu erwartende Argumentation inhaltlich begrenzt, so bleiben auf der anderen Seite sprachliche Lösungen, die mit diesem Aufgabentyp verbunden sind, individuell gestaltbar. Grundsätzlich gilt, dass zur Lösung von *Rezensionsaufgaben* Sprachkompetenz in hohem Maß vonnöten ist. Sprachschwächeren Schülerinnen und Schülern können Zuordnungs- oder Auswahlantworten angeboten werden, die die Urteilsbildungen erleichtern und deren Darstellung entlasten.

Bildungsrelevanz

Rezensionsaufgaben sind textbasierte Aufgaben mit unterschiedlicher kognitiver Reichweite. Sie fördern Beurteilungskompetenz auf unterschiedlichen Niveaustufen. In allen Fällen muss zuerst einmal eine hinreichende Sachkompetenz vorliegen, um ein nachvollziehbares Urteil fällen zu können.

Didaktische Funktion und Struktur

Rezensionsaufgaben können im Unterricht eingesetzt werden, …
▶ um Leseverständnis auf einer höheren Anforderungsstufe darzustellen oder zu überprüfen.
▶ um eigene Gedanken zu Aspekten und Strukturen eines Themas zu generieren.
▶ um Kontroversen anzustoßen und einer abschließenden Bewertung zuzuführen.

Zur Vorbereitung auf Leistungssituationen sollte eine systematische Herangehensweise an Rezensionsaufgaben eingeübt werden. Dabei gilt: Je offener die Aufgabenstellung, desto systematischer muss die Bearbeitung erfolgen. Das Ablaufschema für diesen Aufgabentyp sieht folgendermaßen aus:

1. Schritt: Der Lehrer/Die Lehrerin stellt die Rezensionsaufgaben vor und bettet sie gegebenenfalls in einen Leseprozess ein.
2. Schritt: Die Schülerinnen und Schüler analysieren den zu beurteilenden Sachaspekt und skizzieren ihre Argumentation, die mit Textbezügen oder Beispielen veranschaulicht wird.
3. Schritt: Die Schülerinnen und Schüler präsentieren und diskutieren ihre Argumentationen.

Tipps für die Praxis

Rezensionsaufgaben lassen sprachliche Gestaltungsfreiheit zu, die motiviert und kreative Potenziale entfalten kann. Als Leistungsaufgabe ist sie aber gerade deshalb in ihrer Bewertung äußerst anspruchsvoll. Klare Erwartungshorizonte und transparente Anforderungen erleichtern ihre Bearbeitung und Bewertung. Der sprachliche Leistungsstand der Schülerinnen und Schüler sollte auf jeden Fall mit dem Fach Deutsch abgeglichen werden.

Andreas Müller 2009: Sachtexte besser verstehen. Ein Leseführerschein für die Klassen 5 bis 10. Paderborn, S. 87 ff.

Aufgabentyp

Richtig-Falsch-Aufgabe

Stimmt der Satz? Kreuze die richtige Antwort an.
Wasser ist lebensnotwendig. ☐ *richtig* ☐ *falsch*
Salzwasser ist ein Lebensmittel. ☐ *richtig* ☐ *falsch*
Bäche, Seen und Flüsse sind Fließgewässer. ☐ *richtig* ☐ *falsch*
Die Ostsee ist ein Meer. ☐ *richtig* ☐ *falsch*

verwandte Aufgabentypen
→ Multiple-Choice-Aufgabe
→ Single-Choice-Aufgabe

Richtig-Falsch-Aufgaben zählen zu den geschlossenen Aufgabenformaten. Sie werden eingesetzt, wenn Schülerinnen und Schüler in Lern- oder Leistungssituationen Sachverhalte auf ihre fachliche Gültigkeit hin überprüfen sollen. Differenzierungsmöglichkeiten bestehen zum einen darin, die inhaltliche Komplexität der zu beurteilenden Sachverhalte zu variieren. Zum anderen kann über die Anzahl der Items, also der im Hinblick auf ihre Richtigkeit zu beurteilenden Aussagen, quantitativ differenziert werden. Zu jeder Aussage kann zudem eine Erläuterung oder Begründung verlangt werden.

Lerngruppenpassung

Richtig-Falsch-Aufgaben machen zuerst einmal Sachkompetenz bewusst, da die Einordnung in die Kategorie „richtig" oder „falsch" die Kenntnis eines Sachverhaltes voraussetzt, an die man sich erinnert. Des Weiteren muss aber auch beurteilt werden, ob die Aussage über den Sachverhalt zutrifft. Hier tritt zur Sachkompetenz eine einfache Urteilskompetenz. Die Beurteilung fachlicher Sachverhalte und Zusammenhänge ist bei *Richtig-Falsch-Aufgaben* frei von aktiven Sprachleistungen. Das passive deklarative Fachwissen wird durch Ankreuzen auf einer elementaren Stufe reproduziert.

Bildungsrelevanz

Richtig-Falsch-Aufgaben können im Unterricht eingesetzt werden, ...
▶ um Vorwissen und Voreinstellungen zu einem Thema sichtbar zu machen.
▶ um einen Leseprozess zu strukturieren und das Textverständnis zu überprüfen.
▶ um das Verständnis eines Sachverhaltes zu sichern, zu überprüfen und gegebenenfalls zu bewerten.
▶ um lern- und ausdrucksschwache Schüler ins fachliche Lernen zu integrieren.

Das Ablaufschema für diesen Aufgabentyp sieht folgendermaßen aus:
1. Schritt: Der Lehrer/Die Lehrerin stellt die Aussagen vor, erläutert sie und bettet sie gegebenenfalls thematisch ein.
2. Schritt: Die Schülerinnen und Schüler arbeiten still und konzentriert an ihren Aufgaben.
3. Schritt: Anschließend werden Arbeitsergebnisse kooperativ, zum Beispiel in einem Lerntempoduett, oder im Plenum präsentiert.

Didaktische Funktion und Struktur

Als Lernaufgabe sind *Richtig-Falsch-Aufgaben* wegen ihres Integrationspotenzials besonders für den Unterricht in heterogenen Lerngruppen attraktiv. Als Leistungsaufgabe sind *Richtig-Falsch-Aufgaben* wegen ihrer objektiven und leichten Korrektur attraktiv. Bei der Konstruktion von *Richtig-Falsch-Aufgaben* muss auf eine unregelmäßige und ausgeglichene Polung geachtet werden, was bedeutet, dass richtige und falsche Aussagen sich die Waage halten müssen. Dies gilt insbesondere, wenn *Richtig-Falsch-Aufgaben* zur Konstruktion eines Leistungstests verwendet werden, bei dem jedes Item mit einem Punkt belegt wird.

Tipps für die Praxis

Peter Zöfel u. a. 2001: Statistik verstehen. Ein Begleitbuch zur computergestützten Anwendung. München, S. 231 ff.

Aufgabentyp

verwandte Aufgabentypen
→ Matching

Schütteltext

Ordne die Sätze mithilfe der Ziffern 1 bis 5, damit ein sinnvoller Text entsteht!

	A) Heute liegt der Verbrauch deutlich niedriger: 127 Liter Wasser werden pro Kopf verbraucht.
	B) Zum anderen benötigen moderne Waschmaschinen und Spülmaschinen weit weniger Wasser.
	C) 1990 verbrauchte jeder Deutsche im Durchschnitt 147 Liter Wasser täglich.
	D) Hierfür gibt es zwei Ursachen.
	E) Zum einen hat sich das Umweltbewusstsein der Menschen entwickelt.

Lösung (Kurzform): 1 – C, 2 – A, 3 – D, 4 – E, 5 – B

Lerngruppenpassung

Schütteltexte zählen in der Regel zu den geschlossenen Aufgabenformaten. Sie werden eingesetzt, wenn Schülerinnen und Schüler gestaltend Texte konstruieren oder rekonstruieren sollen. Differenzierungsmöglichkeiten bestehen darin, das Lesematerial quantitativ und qualitativ zu variieren. In Verbindung mit den Operatoren „Ausschneiden", „Ordnen", „Aufkleben" fördert dieser Aufgabentyp mehrkanaliges Lernen und ermöglicht Schülerinnen und Schülern haptische Lernerfahrung.

Bildungsrelevanz

Schütteltexte erschließen Sachkompetenz in einem umfassenderen fachlichen Zusammenhang. In diesen sind Einzelinformationen in sinnvoller Reihenfolge einzuordnen, was ein Erkennen und Beurteilen sachlogischer Zusammenhänge voraussetzt und zugleich schult.

Didaktische Funktion und Struktur

Schütteltexte können im Unterricht eingesetzt werden, …
- um Leseprozesse bewusst zu machen.
- um sachlogische Zusammenhänge zu klären.
- um das Textverständnis zu überprüfen.
- um Sachkompetenz zu erarbeiten und in unterschiedlichen Unterrichtsphasen zu überprüfen.

Das Ablaufschema für diesen Aufgabentyp sieht folgendermaßen aus:
Möglichkeit A: Die Aufgabe basiert auf einem Text, der zuvor gelesen wurde. Der *Schütteltext* dient in diesem Fall der Überprüfung der erworbenen Sachkompetenz und wird in einer zweiten Arbeitsphase dem Lesen nachgeschaltet.
Möglichkeit B: Der *Schütteltext* wird in einem ersten Schritt ohne begleitenden Originaltext angeboten. Der *Schütteltext* dient in diesem Fall der Erarbeitung oder Überprüfung von Sachkompetenz. In einer zweiten Arbeitsphase wird dann erweiternd oder vertiefend mit dem Originaltext weitergearbeitet.

Tipps für die Praxis

Schütteltexte müssen so konstruiert werden, dass Schülerinnen und Schüler einen sinnvollen Gesamttext konstruieren können. Dazu sollte die sachlogische Reihenfolge der Textbausteine möglichst eindeutig sein. Die Qualität eines *Schütteltextes* kann durch Ausprobieren leicht überprüft werden. Wer *Schütteltexte* nicht selbst gestalten möchte, findet im Internet entsprechende Hilfsprogramme.

Heinz Klippert 1996: Methodentraining. Übungsbausteine für den Unterricht. Weinheim und Basel, S. 175

Aufgabentyp

Silbenrätsel

In folgendem Text zum Thema „Wasser" sind leider wichtige Begriffe verlorengegangen. Statt die Silben zu Begriffen zusammenzusetzen, wurden sie versehentlich alphabetisch geordnet. Korrigiere diesen Fehler, indem du die Silben zu sinnvollen Begriffen zusammenfügst. Benutze dazu den Silbenspeicher. Setze die so entstandenen Wörter in die passende Lücke ein.

Silbenspeicher
a – ne – ken – o – salz – ser – was – wol – ze

1. *Ohne Wasser kein Leben auf der Erde. Die größten Wasserspeicher sind unsere _____.*

2. *Sie bestehen aus _____.*

3. *_____ hingegen bestehen aus Süßwasser.*

(Lösung: Ozeane, Salzwasser, Wolken)

verwandte Aufgabentypen
→ Wortsuchrätsel
→ Gitterrätsel
→ Kammrätsel

Silbenrätsel zählen zu den geschlossenen Aufgabenformaten mit eindeutigen Lösungen. Sie werden eingesetzt, um das fachliche Begriffslernen von Schülerinnen und Schülern zu intensivieren. Eine quantitative Differenzierung ergibt sich durch die Komplexität des *Silbenrätsels*: Je mehr Silben der Wortspeicher umfasst, desto schwieriger wird die Identifizierung der gesuchten Begriffe. Für thematisch gebundene *Silbenrätsel* gilt zudem, dass ein größerer Umfang oft mit einem zunehmenden Anspruch in Bezug auf die Begriffsdifferenzierung einhergeht und das *Silbenrätsel* deshalb inhaltlich anfordernder wird.

Lerngruppenpassung

Silbenrätsel fördern eine basale Sachkompetenz, indem Begriffe identifiziert werden müssen, die den Stoff ordnen und Orientierung im Fach schaffen. Orientierung über Begriffe ist unverzichtbar für nachfolgendes Regellernen und für problemlösendes Lernen. *Silbenrätsel* motivieren über ihren Spielcharakter für wiederholende Übungen zur Verfestigung und Automatisierung von Grundbegriffen. Sie fördern Konzentration und Wahrnehmungsfähigkeit.

Bildungsrelevanz

Silbenrätsel sind Lernspiele. Sie können im Unterricht eingesetzt werden, …
- um besonders in Einstiegsphasen Vorwissen zu aktivieren.
- um relevante Begriffe aus Fachtexten zu reproduzieren und um fachspezifisches sinnverstehendes Lesen zu überprüfen.
- um grundlegende Fachbegriffe eines Themenfelds abzusichern, sie vertiefend zu üben und Schülerinnen und Schüler für Wiederholungen zu motivieren.
- um am Ende einer Unterrichtseinheit Fachkenntnisse zu überprüfen.

Das Ablaufschema für diesen Aufgabentyp sieht folgendermaßen aus:
1. Schritt: Der Lehrer/Die Lehrerin stellt die Aufgabenstellung vor und gestaltet die Anbindung des *Silbenrätsels* an das Thema.
2. Schritt: Die Schülerinnen und Schüler bestimmen die fehlenden Begriffe, überprüfen deren Richtigkeit mithilfe des Silbenspeichers und fügen die Begriffe in die Textlücken ein.
3. Schritt: Sie präsentieren ihre Ergebnisse im Plenum und arbeiten gegebenenfalls mit den Begriffen weiter.

Didaktische Funktion und Struktur

Lernspiele motivieren noch stärker, wenn Schülerinnen und Schüler selbst die Gelegenheit bekommen, kreativ und aktiv *Silbenrätsel* zu gestalten. Besonders in kooperativen Prozessen entfalten sich dabei vielfältige Lernwege, die zur Intensivierung des Lernens beitragen werden. Der Wechsel von rezeptiver Rätselarbeit hin zur handelnden Gestaltung erhöht die Lernmotivation der Schülerinnen und Schüler.

Tipps für die Praxis

Lothar Scholz, Bundeszentrale für politische Bildung (Hg.) 2004: Methoden-Kiste.

Aufgabentyp

verwandte Aufgabentypen
→ Matching

Sortieraufgabe

Ordne die folgenden Begriffe den beiden Oberbegriffen zu. Notiere sie ihrer Größe nach. Beginne jeweils mit dem größten Gewässer.

| Ostsee, Bodensee, Rhein, Müritz, Mosel, Elbe, Steinhuder Meer, Neckar |

Fließgewässer: _____

Stehende Gewässer: _____

Lerngruppenpassung

Sortieraufgaben zählen zu den geschlossenen Aufgabenformaten. Sie werden eingesetzt, wenn Schülerinnen und Schüler in Lern- oder Leistungssituationen Begriffe, Sätze oder Bilder einander oder Oberbegriffen zuordnen sollen.
Differenzierungsmöglichkeiten bestehen zum einen darin, die Anzahl der Zuordnungen zu variieren. Zum anderen kann über die Bedeutungsschärfe der zuzuordnenden Elemente die *Sortieraufgabe* in ihrem Anspruchsniveau differenziert werden. *Sortieraufgaben* eignen sich aufgrund der überschaubaren sprachlichen Anforderungen besonders, um lern- und ausdrucksschwache Schülerinnen und Schüler ins fachliche Lernen zu integrieren.

Bildungsrelevanz

Mit *Sortieraufgaben* wird zuerst einmal Sachkompetenz reproduziert oder reorganisiert. Dazu muss aber die zuzuordnende Sache konzeptionell erfasst werden und eine abstrakte Vorstellung des Oberbegriffs von Schülerinnen und Schülern erworben werden. Des Weiteren muss aber auch beurteilt werden, ob der Begriff, der Sachverhalt, die Aussage oder das zuzuordnende Bild die Konzeption des Oberbegriffs abbildet. Erst dann ist eine Zuordnung begründbar und sinnvoll. Neben Sachkompetenz sind also bei diesem Aufgabentyp Abstraktionsfähigkeit und Urteilskompetenz gefordert.

Didaktische Funktion und Struktur

Sortieraufgaben können im Unterricht eingesetzt werden, …
- um Vorwissen und Voreinstellungen zu einem Thema sichtbar zu machen.
- um einen Leseprozess zu strukturieren und das Textverständnis zu überprüfen.
- um das Verständnis eines Sachverhaltes zu sichern, zu überprüfen und gegebenenfalls zu bewerten.

Das Ablaufschema für diesen Aufgabentyp sieht folgendermaßen aus:
1. Schritt: Der Lehrer/Die Lehrerin stellt die Aussagen vor, erläutert sie und bettet sie thematisch ein.
2. Schritt: Die Schülerinnen und Schüler arbeiten still und konzentriert an ihrer Aufgabe und präsentieren ihre Ergebnisse kooperativ, zum Beispiel in einem Lerntempoduett, oder im Plenum.

Tipps für die Praxis

Sortieraufgaben sind wegen ihres Integrationspotenzials besonders für den Unterricht in heterogenen Lerngruppen attraktiv. Sie sind leicht zu korrigieren und eignen sich deshalb auch als Leistungsaufgabe. *Sortieraufgaben* können unterschiedliche Formate haben: Argumente können zum Beispiel in einer Pro-Kontra-Tabelle sortiert werden, Unterbegriffe zu mehr als zwei Oberbegriffen können zum Beispiel in einer Mindmap sortiert werden. *Sortieraufgaben* bekommen Handlungscharakter, sobald die Elemente auf Kärtchen angeboten werden und unterschiedliche Konzepte von Schülerinnen und Schülern ausprobiert werden können.

www.foerdern-individuell.de/…im…/Sortieraufgabe_D_Maske.pdf (Zugriff: 10.06.2016)

Aufgabentyp

Strukturbaum

„Wasser" ist der Baustein des Lebens. Es bedeckt zwei Drittel der Erdoberfläche. Was fällt dir dazu ein? Halte deine Ideen zu dem Begriff „Wasser" in einem Strukturbaum fest. So gehst du dabei vor:
1. Notiere an den Hauptästen des Strukturbaums über dem Schlüsselbegriff „Wasser" weitere Begriffe, die dir dazu einfallen.
2. Verfahre mit deinen neuen Begriffen genauso, indem du zu jedem Begriff Nebenäste bildest, an denen du notierst, was dir einfällt.

verwandte Aufgabentypen
→ Cluster
→ Mindmap-Aufgabe
→ Strukturlegeaufgabe

Strukturbaum-Aufgaben zählen zu den offenen Aufgabenformaten. Sie werden eingesetzt, wenn Schülerinnen und Schüler für sich alleine oder in Gruppen ihre Gedanken zu einem Thema strukturiert visualisieren sollen. Das Individualisierungspotenzial dieses Aufgabentyps ist hoch, da unterschiedliche Bearbeitungstiefen möglich sind. Eine quantitative Differenzierung ergibt sich in der Praxis durch die Komplexität des Strukturbaums, wenn in der Aufgabenstellung zum Beispiel festgehalten ist, dass nur zu Teilaspekten eines Themas Strukturen assoziiert werden sollen.

Lerngruppenpassung

Strukturbaum-Aufgaben sind eine Kreativtechnik zur Ideenfindung. Sie fördern Sachkompetenz, wenn zu einem vorgegebenen Schlüsselbegriff verwandte Begriffe assoziiert, notiert und in eine feste Struktur eingefügt werden. Dadurch entstehen immer verzweigtere und feinere Strukturen, die die gedankliche Durchdringung des Lerngegenstands repräsentieren. Da eine *Strukturbaum-Aufgabe* auch eingesetzt werden kann, um Textinhalte zu reorganisieren, wird zudem Lesekompetenz durch diesen Aufgabentyp gefördert.

Bildungsrelevanz

Strukturbaum-Aufgaben können im Unterricht eingesetzt werden, ...
▶ um in ein neues Thema einzusteigen und für ein neues Thema zu motivieren.
▶ um Vorwissen abzufragen und bewusst zu machen.
▶ um Elemente eines Themas geordnet zu erschließen.

Das Ablaufschema für diesen Aufgabentyp sieht folgendermaßen aus:
1. Schritt: Der Lehrer/Die Lehrerin stellt die Grundidee vor und erläutert den repräsentierenden Schlüsselbegriff.
2. Schritt: Die Schülerinnen und Schüler assoziieren Begriffe und notieren sie an den Hauptästen des Strukturbaums. Zu jedem Begriff notieren sie weitere Informationen, so dass sich die Baumstruktur herausbildet.
3. Schritt: In kooperativen Verfahren können individuell erstellte Strukturbäume verglichen, ergänzt und im Plenum präsentiert werden. Ein an der Tafel gemeinsam konstruierter Strukturbaum sichert Ergebnisse für assoziationsschwache Schülerinnen und Schüler ab und ist zugleich Ausgangspunkt der weiteren Arbeit.

Didaktische Funktion und Struktur

Strukturbaum-Aufgaben werden in der Regel in stiller Einzelarbeit erledigt, wobei darauf zu achten ist, dass die Kreativphase nicht länger als 10 Minuten dauern sollte. Die Themen sollten dem Erfahrungshorizont der Schülerinnen und Schüler entsprechen, damit sich das Assoziationsnetz entfalten kann, die Anschlussfähigkeit aller Schülerinnen und Schüler gegeben ist und kein Lerner/keine Lernerin von Ergebnissen ausgeschlossen ist. Wenn Schülerinnen und Schüler im Unterricht zum ersten Mal *Strukturbaum-Aufgaben* begegnen, sollte zur Veranschaulichung des Aufgabentyps die grafische Grundstruktur visualisiert werden.

Tipps für die Praxis

http://i-literacy.e-learning.imb-uni-augsburg.de (Zugriff: 16.01.2016)

Kopiervorlage

Strukturbaum

Dein Thema:

Deine Aufgabe:

1. Notiere das Thema am Fuß des Strukturbaums. Um das Thema zu finden, beantworte die Frage: Worum geht es?
2. Halte thematische Oberbegriffe an den Hauptästen des Strukturbaums fest. Achte darauf, an jedem Hauptast nur einen Oberbegriff zu notieren.
3. Notiere die Detailinformationen zu deinen Oberbegriffen an den Nebenästen.

Tipp: Wenn du selbst einen Strukturbaum skizzierst, kannst du ihn weiter verästeln, also weitere Haupt- und Nebenäste anfügen oder zu den Unterbegriffen neue Äste für weitere Detailinformationen zeichnen.

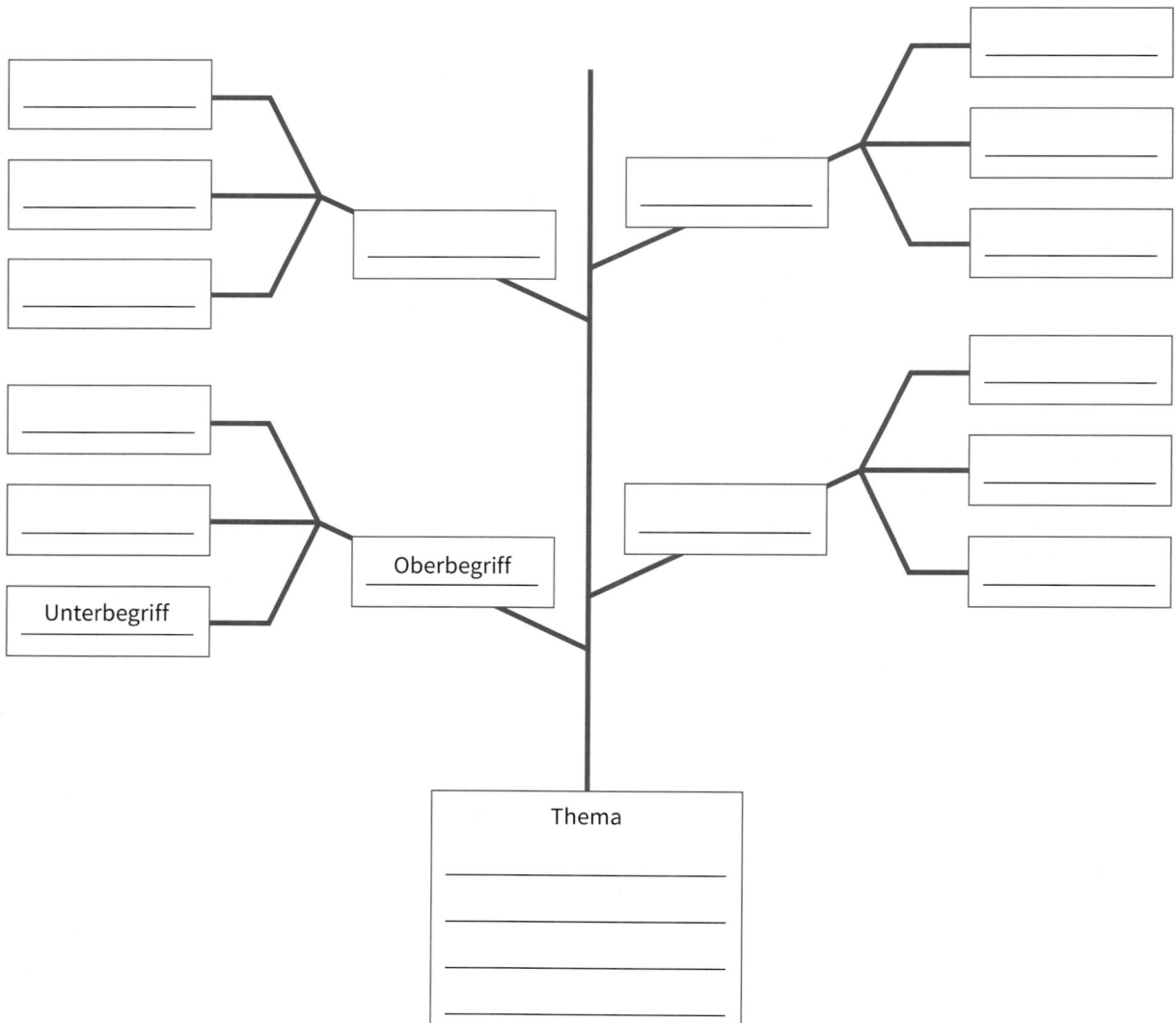

Aufgabentyp

Strukturlegeaufgabe

Ordnet folgende Begriffe zu einem Schaubild an. Verwendet dazu auch Symbole (→, +). Begründet eure Entscheidungen.

| Wasserwerk | Talsperre | Kläranlage | Grundwasser |

| Trinkwasser | Abwasserkanal | Fluss | Haushalt |

verwandte Aufgabentypen
→ Cluster
→ Mindmap-Aufgabe
→ Strukturbaum

Strukturlegeaufgaben verlangen von Schülerinnen und Schülern, Begriffe, Bilder und Symbole sinnvoll einander zuzuordnen. *Strukturlegeaufgaben* sind geschlossene oder halboffene Aufgabenformate. Die erarbeiteten Ordnungssysteme sollen auf jeden Fall schlüssig und nachvollziehbar sein. Differenzierungsmöglichkeiten ergeben sich durch heterogene Gruppenzusammensetzungen. Etablierte Helfersysteme erleichtern dabei lernschwächeren Schülerinnen und Schülern das Verständnis. Eine Steigerung des Anspruchsniveaus kann durch zusätzliche Begriffe, Symbole, Bilder oder Texte erzielt werden. Dann entstehen aus einfachen *Strukturlegeaufgaben* komplexe Conceptmaps oder Mysterys.

Lerngruppenpassung

Strukturlegeaufgaben visualisieren komplexe fachliche Zusammenhänge auf einem höheren Anspruchsniveau. Entweder reorganisieren sie bereits bekannte Inhalte oder sie werden eingesetzt, um eine Transferleistung anzubahnen. *Strukturlegeaufgaben* werden am besten in Gruppen diskutiert und gelegt, da die diskursive Auseinandersetzung mit dem Thema neben Sach- und Urteilskompetenz auch kommunikative und soziale Fertigkeiten schult.

Bildungsrelevanz

Strukturlegeaufgaben können im Unterricht eingesetzt werden, …
- um das fachspezifische Leseverständnis zu überprüfen.
- um wesentliche Strukturen, spezifische Prozesse und komplexe Zusammenhänge zu visualisieren und übersichtlich darzustellen.
- um Vorträge durch eine Visualisierung zu unterstützen.
- um eine Lern- und Merkgrundlage zu schaffen.
- um in Leistungssituationen Wissen abzufragen.

Das Ablaufschema für Schülerinnen und Schüler sieht folgendermaßen aus:
1. Schritt: Der Lehrer/Die Lehrerin erläutert den fachlichen Kontext der Aufgabenstellung.
2. Schritt: Die Schülerinnen und Schüler erarbeiten in Partnerschaften oder Gruppen eine Struktur, präsentieren diese und begründen dabei ihre Strukturentscheidungen.

Didaktische Funktion und Struktur

Strukturlegeaufgaben sind durch ihren Handlungscharakter in hohem Maße schüleraktivierend und motivierend. Die Begriffe oder Bilder, die zu einer Struktur zusammengefügt werden müssen, sollten von Schülerinnen und Schülern ausgeschnitten werden, damit im Gruppendiskurs unterschiedliche Varianten gelegt werden können. Die Mehrheitsvariante wird dann präsentiert.
Hilfreich für die Präsentation ist es, die Materialien mindestens im Format DIN A3 anzubieten, wobei eine Kopie pro Arbeitsgruppe eingeplant wird.

Tipps für die Praxis

http://www.swisseduc.ch/geographie/materialien/lerntechnik_und_didaktik/struktur/docs/struktur_anleitung.doc (Zugriff: 10.06.2016)

Aufgabentyp

Textaufgabe

verwandte Aufgabentypen
→ Freitextaufgabe

1990 verbrauchte jeder Deutsche im Durchschnitt 147 Liter Wasser täglich. Heute liegt der Verbrauch deutlich niedriger: 127 Liter Wasser werden pro Kopf verbraucht. Ursache hierfür sind ein verbessertes Umweltbewusstsein der Menschen und sparsamere Haushaltsgeräte, die weniger Wasser benötigen. Doch zahlt sich die Mühe mit dem Wassersparen überhaupt aus? Begründe deine Meinung mit konkreten Fakten.
Beantworte dazu folgende Fragen:
Wie viel Wasser spart jeder Deutsche im Vergleich zu 1990 im Jahr? Ermittle die Ersparnis in Kubikmetern. Wie hoch ist die Ersparnis bei 80 Millionen Menschen in Deutschland, wenn ein Kubikmeter Wasser 2,17 € kostet?

Lerngruppen-passung

Textaufgaben zählen in der Regel zu den geschlossenen Aufgabenformaten. Nur selten sind mehrere Lösungswege möglich. Sie werden eingesetzt, wenn Schülerinnen und Schüler Alltagsprobleme mithilfe mathematischer Verfahren lösen sollen. Differenzierungsmöglichkeiten bestehen darin, den Leseprozess zu schematisieren und vorzustrukturieren, um so die Analyse der Aufgabenstellung zu erleichtern oder unterschiedliche Rechenoperationen anzubieten, aus denen die aufgabenadäquate gewählt wird.

Bildungsrelevanz

Textaufgaben unterscheiden sich in ihrer kognitiven Reichweite. Als Sachaufgabe sind sie in einem hohen Maße situiert und motivieren durch ihre Wirklichkeitsnähe. Mit ihnen kann eigenständiges problemlösendes Verhalten eingeübt werden. Sachprobleme sind jedoch immer auch gesellschaftlich eingebunden. Deshalb sollten Lösungen immer auf ihre Verantwortlichkeit hin überprüft und einem Werturteil zugeführt werden.

Didaktische Funktion und Struktur

Textaufgaben können im Unterricht eingesetzt werden, ...
▶ um Sachkenntnisse rechnerisch zu vertiefen.
▶ um rechnerisch Lösungswege für Sachprobleme aufzuweisen und diese einer Bewertung zuzuführen.

Zur Vorbereitung auf Leistungssituationen sollte eine systematische Herangehensweise an *Textaufgaben* eingeübt werden. Dabei gilt: Je komplexer die Aufgabenstellung, desto systematischer sollte das Vorgehen sein. Das Ablaufschema für diesen Aufgabentyp sieht folgendermaßen aus:

1. *Analyse der Aufgabenstellung* unter folgenden Fragestellungen:
   Wovon handelt die Textaufgabe?/Was weiß ich bereits über die Sache?/Was ist gegeben?/Was ist gesucht?/Welche Informationen sind eventuell überflüssig?
2. *Planung des mathematischen Vorgehens* zur Problemlösung unter folgenden Fragestellungen:
   Wie drückt sich das Problem in der Sprache der Mathematik aus?/Welche mathematischen Lösungswege sind sinnvoll, um das Problem zu lösen?
3. *Evaluation der rechnerischen Problemlösung* unter folgenden Fragestellungen:
   Ist die Problemlösung rechnerisch wahrscheinlich?/Wie relevant, wertvoll ist das Lösungsangebot für den Einzelnen oder die Gesellschaft?

Tipps für die Praxis

Eine *Textaufgabe* prüft Textverständnis, mathematisches Verständnis, rechnerische Fähigkeiten und Urteilsfähigkeit. In jeder Phase werden komplexe Lernleistungen von Schülerinnen und Schülern verlangt. Die Analyse sollte durch mehrfarbiges Markieren unterstützt werden. Die Planungsphase setzt Klarheit über Mengen, Maßeinheiten und Begriffszuordnungen voraus. In der Evaluationsphase müssen mathematische Ergebnisse mit Weltkonzepten abgeglichen werden. In Leistungssituationen müssen Lehrerinnen und Lehrer vorweg überprüfen, ob ihr Unterricht die Voraussetzungen für all dies geschaffen hat.

Erika Hoos: Keine Angst vor Textaufgaben. www.schulentwicklung.nrw.de (Zugriff: 25.03.2016)

Aufgabentyp

Text-Teilmengen-Aufgabe

Wie wird Wasser im Privathaushalt verwendet?
Notiere in jedem Kästchen eine Verwendung.

Wortspeicher:
zum Kühlen von Maschinen, zur Körperpflege, zur Abwasseraufbereitung, zum Kochen, zum Waschen, zum Löschen

verwandte Aufgabentypen
→ Fragen
→ Freitextaufgabe

Text-Teilmengen-Aufgaben sind eine besondere Form von Lückentexten und zählen wie diese zu den geschlossenen Aufgabenformaten. Sie werden eingesetzt, wenn Schülerinnen und Schüler in Lern- und Leistungssituationen Fachwissen darstellen sollen. Differenzierungsmöglichkeiten ergeben sich, wenn die Anzahl der einzusetzenden Begriffe verändert wird. Die *Text-Teilmengen-Aufgabe* kann im Anspruchsniveau variiert werden, wenn ein Wortspeicher, aus dem aus einer größeren Anzahl von Begriffen die passenden ausgewählt werden müssen, angeboten wird. Dann gilt: Je umfangreicher die Begriffsbox bestückt ist und je bedeutungsähnlicher die angebotenen Begriffe sind, desto anspruchsvoller wird die Aufgabe.

Lerngruppenpassung

Text-Teilmengen-Aufgaben sind Zuordnungsaufgaben. Sie dienen meist dazu, auf der reproduktiven Anforderungsstufe Sachkompetenz sichtbar zu machen. Sie werden häufig eingesetzt, um in Lernsituationen das Lesen von Fachtexten zu leiten oder in Leistungssituationen das Verständnis von Fachtexten zu überprüfen. Bei der Verwendung eines Wortspeichers mit bedeutungsähnlichen Begriffen steigt das Anforderungsniveau, weil die Abwägung der Bedeutungsnuancen fundierte Sachkenntnis in Kombination mit fachlicher Urteilskompetenz verlangt.

Bildungsrelevanz

Text-Teilmengen-Aufgaben können im Unterricht eingesetzt werden, …
- um Leseprozesse zu begleiten oder das fachspezifische Leseverständnis zu überprüfen.
- um Gedächtnis- oder Verständnisleistungen zu überprüfen.
- um ausdrucksschwächeren Schülerinnen und Schülern die Darstellung ihres Fachwissens zu erleichtern.

Das Ablaufschema für diesen Aufgabentyp sieht folgendermaßen aus:
1. Schritt: Das Thema wird unterrichtlich vorbereitet.
2. Schritt: Der Arbeitsauftrag wird mit dem Hinweis zur Passgenauigkeit der einzusetzenden Begriffe gegeben.
3. Schritt: Die Arbeitsphase endet mit der Präsentation der Ergebnisse, wobei die Auswahl der Begriffe mithilfe fachlicher Kriterien begründet werden sollte.

Didaktische Funktion und Struktur

Text-Teilmengen-Aufgaben haben gegenüber Lückentexten zwei Vorteile. Zum einen ist eine Dopplung einzelner Begriffe ausgeschlossen. Zum anderen sind die Begriffe kontextunabhängig einzusetzen, so dass sprachlogische Schlüsse die Darstellung der eigentlichen Fachkompetenz nicht verfälschen können.
Der Umgang mit *Text-Teilmengen-Aufgaben*, so einfach sie auf den ersten Blick auch erschienen mögen, muss eingeübt werden. Dies gilt insbesondere für die Wahrnehmung der Trennschärfe der einzusetzenden Fachbegriffe. Das fällt Schülerinnen und Schülern erfahrungsgemäß sehr schwer.

Tipps für die Praxis

---

ep.elan-ev.de/wiki/Aufgabentypen (Zugriff: 09.06.2016)

Aufgabentyp

Vier-Ecken-Aufgabe

Notiert auf dem Vier-Ecken-Feld Begriffe und Ideen zum sparsameren Umgang mit Wasser. Wie ihr dabei vorgeht, ist auf dem Arbeitsblatt genau beschrieben.

verwandte Aufgabentypen
→ Brainwriting-Aufgabe
→ 635-Aufgabe

Lerngruppenpassung

Vier-Ecken-Aufgaben zählen zu den offenen Aufgabenformaten. Sie werden eingesetzt, wenn Schülerinnen und Schüler eigene Ideen zu einem Thema entwickeln und darstellen sollen, sich dabei jedoch an einer vorgegebenen kognitiven Struktur orientieren müssen. Das Individualisierungspotenzial dieses Aufgabentyps ist hoch, da die eigene kreative Entfaltung innerhalb eines Themas lediglich durch die vorgegebene Struktur begrenzt wird. Eine Differenzierungsmöglichkeit besteht darin, die Ergebnispräsentation in der Tischgruppe gemeinsam vorzubereiten, stärkere Schülerinnen und Schüler als Helfer in der Tischgruppe einzusetzen und sie die komplexeren Arbeitsergebnisse vorstellen zu lassen.

Bildungsrelevanz

Vier-Ecken-Aufgaben kombinieren individuelle kreative Fähigkeiten mit den Stärken einer Gruppe. Sie machen Sachkompetenz bewusst, wenn jeder für sich, Ideen entwickelt und die Ideen der anderen in der Tischgruppe ergänzt. Die Zusammenarbeit in der Tischgruppe und die gegenseitige Abhängigkeit für die Erarbeitung des Ganzen stärkt Teamkompetenzen.

Didaktische Funktion und Struktur

Vier-Ecken-Aufgaben können im Unterricht eingesetzt werden, …
- ▶ um in ein neues Thema einzusteigen.
- ▶ um Ideen zu einem neuen Thema zu generieren.
- ▶ um Vorwissen und Voreinstellungen zu Themen, über die Schülerinnen und Schüler bereits unsystematische Kenntnisse haben, sichtbar zu machen.

Vier-Ecken-Aufgaben werden in mehreren Phasen durchgeführt. In einer Brainstormingphase werden in Tischgruppen Ideen gesammelt und notiert. Danach werden die dargestellten Ideen im Plenum präsentiert.

Das Ablaufschema für diesen Aufgabentyp sieht folgendermaßen aus:

Vorbereitungsphase:
Die Schülerinnen und Schüler sitzen in Vierergruppen. Der Lehrer/Die Lehrerin stellt die Vier-Ecken-Aufgabe vor und erläutert Thema und methodischen Ablauf.

Brainstormingphase:
1. Schritt: Jede Schülerin/Jeder Schüler beschriftet eine innere Ecke des Arbeitsblatts mit einem Begriff, der ihm/ihr zum Thema einfällt.
2. Schritt: Das Blatt wird im Uhrzeigersinn um 90 Grad gedreht. Jede Schülerin/Jeder Schüler erläutert wertneutral und kurz den Begriff, der nun vor ihm/ihr liegt.
3. Schritt: Das Blatt wird erneut im Uhrzeigersinn um 90 Grad gedreht. Jede Schülerin/Jeder Schüler notiert ein Frage oder einen Kommentar zur Aussage, die nun vor ihm/ihr liegt.

Präsentationsphase:
Das Blatt wird ein letztes mal im Uhrzeigersinn um 90 Grad gedreht. Jede Schülerin/Jeder Schüler präsentiert, was die anderen geschrieben haben.

Tipps für die Praxis

In der Brainstormingphase kann es bei geringem Vorwissen der Schülerinnen und Schüler zu Doppelungen kommen. In der Präsentationsphase sollten stärkere Schülerinnen und Schüler die schwächeren unterstützen. Die Präsentation muss vorbereitet werden, deshalb muss ein angemessenes Zeitfenster eingeplant werden. Zur besseren Beschriftung sollte die Vorlage im Format DIN A3 kopiert sein.

www.didaktik.zum.de/lin-klintzing/kapitel/1203.htm (Zugriff: 31.12.2015)

Kopiervorlage

Vier-Ecken-Aufgabe

Euer Thema:

Eure Vier-Ecken-Aufgabe:

1. Bildet Vierergruppen und legt das Arbeitsblatt so zwischen euch, dass ihr alle gleichzeitig darauf schreiben könnt.
2. Notiere in deine innere Ecke (1) einen Begriff, von dem du der Meinung bist, dass er zum Thema passt. Wenn alle fertig sind und vier Begriffe auf eurem Arbeitsblatt stehen, dreht ihr es um 90 Grad im Uhrzeigersinn.
3. Vor jedem liegt nun ein neuer Begriff. Überlegt, was dieser Begriff mit dem Thema zu tun hat, und notiert euren Gedanken in dem freien Feld unter dem Begriff (2). Wenn alle fertig sind und vier Erklärungen auf eurem Arbeitsblatt stehen, dreht ihr es erneut um 90 Grad im Uhrzeigersinn.
4. Vor jedem liegen jetzt ein neuer Begriff und eine neue Erklärung. Notiert dazu eine interessante Frage oder einen Kommentar (3). Wenn alle fertig sind, dreht ihr das Arbeitsblatt ein letztes Mal um 90 Grad im Uhrzeigersinn.
5. Vor jedem liegen jetzt neue Begriffe, Erklärungen, Kommentare und Fragen. Diese musst du der Klasse vorstellen. Zur Vorbereitung der Präsentation könnt ihr nun Verständnisprobleme in der Gruppe klären.

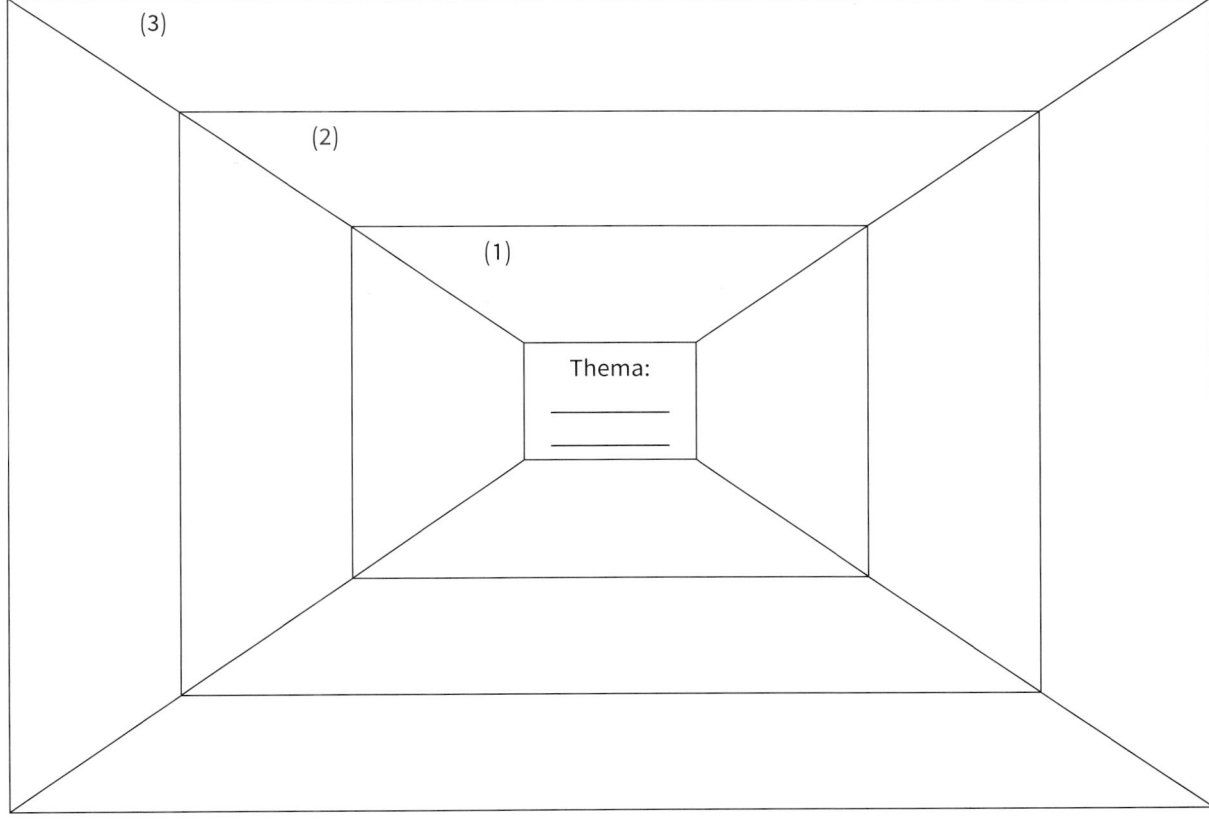

© Westermann Gruppe

Aufgabentyp

Walt-Disney-Aufgabe

verwandte Aufgabentypen
→ Freitextaufgabe

Die Klasse 7a plant im Rahmen ihres Umweltprojekts einen nachhaltigeren Umgang mit der Ressource „Wasser". Sie möchte damit der sorglosen Verschwendung dieses wichtigen Lebensmittels etwas entgegensetzen und zugleich das Umweltbewusstsein weiterentwickeln.
Was muss also geschehen, um umweltbewusster mit Wasser umzugehen?
1. *Stellt diese Frage in den Mittelpunkt eurer Ideensammlung. Verteilt dazu die Rollen in eurer Gruppe und diskutiert über Problemlösungen.*
2. *Präsentiert die Ergebnisse in der Klasse. Sammelt an der Tafel die besten Ideen.*

Lerngruppen-passung

Walt-Disney-Aufgaben zählen zu den offenen Aufgabenformaten. Sie werden eingesetzt, wenn Schülerinnen und Schüler kooperativ Ideen entwickeln und kritisch bewerten sollen. Das Individualisierungspotenzial dieses Aufgabentyps ist hoch, da lediglich das vorgegebene Thema die eigene Assoziationsreichweite begrenzt. Die *Walt-Disney-Aufgabe* wird in der Regel arbeitsgleich in verschiedene Gruppen gegeben. Differenzierungsmöglichkeiten bestehen darin, die unterschiedlichen Rollen so in der Gruppe zu verteilen, dass dabei persönliche Stärken optimal zum Zuge kommen können.

Bildungsrelevanz

Walt-Disney-Aufgaben machen Sachkompetenz und Beurteilungskompetenz bewusst. Ideen werden generiert, weiterentwickelt und kritisch geprüft. Das alles geschieht in einem diskutierenden Miteinander und schult kommunikative Kompetenzen und rücksichtsvolles Verhalten.

Didaktische Funktion und Struktur

Walt-Disney-Aufgaben können im Unterricht eingesetzt werden, …
▶ um Ideen, Assoziationen und Einstellungen zu einem neuen Thema zu generieren.
▶ um Inhalte zu reflektieren und Problemlösungen für komplexe Fragestellungen zu erarbeiten.
Das Ablaufschema für diesen Aufgabentyp sieht folgendermaßen aus:
1. Schritt: Der Lehrer/Die Lehrerin stellt mithilfe von Rollenkarten die einzelnen Rollen vor und erläutert das Problem.
2. Schritt: Die Schülerinnen und Schüler arbeiten in Dreier- oder Vierergruppen. Dabei nimmt jeder/jede seinen/ihren Blickwickel auf das zu lösende Problem ein und diskutiert aus seiner/ihrer Perspektive.
Der Träumer/Die Träumerin beginnt, in dem er/sie Ideen entwickelt und sie in der Gruppe vorstellt. Der Realist/Die Realistin nimmt danach diese Ideen auf, prüft sie und schlägt konkrete Realisierungswege vor. Der Kritiker/Die Kritikerin bewertet Ideen und Lösungswege. Der neutrale Berater/Die neutrale Beraterin beobachtet die Rolleneinhaltung und gibt Feedback.
3. Schritt: Bei komplexeren Problemen können mehrere Runden durchgespielt werden. Der hermeneutische Prozess kommt jedoch nur in Gang, wenn in jeder neuen Spielrunde die Ergebnisse der Vorrunde ernstgenommen werden, die Frage- und Problemstellung weiterentwickelt und dabei Lösungen vorangetrieben werden.

Tipps für die Praxis

Nachdem die Rollen in der Gruppe verteilt sind, empfiehlt es sich, eine Proberunde an einem einfachen für alle Schülerinnen und Schüler erfassbaren Problem durchzuführen. Dies hilft allen Beteiligten, sich in ihre Rollen hineinzufinden. So wird sichergestellt, dass die eigentliche Kreativitätsrunde nicht durch Rollenkonflikte durchbrochen wird.

---

www.wirtrainieren.de/Werkzeugkoffer/beitraege-a-z

Kopiervorlage

Walt-Disney-Aufgabe

Dein Thema:

[   ]

Deine Aufgabe:

1. Schritt: Verteilt die Rollen in eurem Team. Jeder/Jede nimmt eine Rolle ein und macht sich mit den Rollenerwartungen vertraut.
2. Schritt: Ihr besprecht das Problem. Dabei beginnt der Träumer/die Träumerin. Nachdem seine/ihre Ideen zur Problemlösung vorgestellt worden sind, macht der Realist/die Realistin konkrete Umsetzungsvorschläge. Danach beurteilt der Kritiker/die Kritikerin die bislang gemachten Vorschläge. Der Beobachter/Die Beobachterin greift nur dann ein, wenn die Diskussion aus dem Ruder läuft oder ins Stocken gerät.
3. Schritt: Ihr präsentiert eure Problemlösungen der Klasse.

Eure Rollen:

Der **Träumer**/Die **Träumerin** beginnt und entwickelt Ideen:

- Er/Sie denkt über das Thema oder Problem nach und stellt alle Ideen, die ihm/ihr zum Beispiel zur Problemlösung einfallen, vor.
- Er/Sie macht sich klar, dass es keine „dummen Ideen" gibt und dass alle Ideen wichtig sein können.

Der **Realist**/Die **Realistin** nimmt die Ideen des Träumers/der Träumerin auf:

- Er/Sie denkt über die Ideen des Träumers/der Träumerin nach und überlegt, wie diese Ideen praktisch umgesetzt werden können,
- Er/Sie nennt sinnvolle Schritte und Maßnahmen zur Umsetzung der Ideen.

Der **Berater**/Die **Beraterin** beobachtet die Diskussion:

- Er/Sie leitet die Diskussion und achtet darauf, dass jeder/jede seine/ihre Rolle ausfüllt.
- Er/Sie entscheidet, ob in mehreren Runden diskutiert werden muss, um zu besseren Ergebnissen zu gelangen.

Der **Kritiker**/Die **Kritikerin** beurteilt Ideen und Lösungswege:

- Er/Sie denkt über das Gehörte nach.
- Er/Sie beurteilt, ob die Ideen helfen, das Problem zu lösen, und ob die Umsetzungsvorschläge machbar sind.

© Westermann Gruppe

Aufgabentyp

Wortsuchrätsel

verwandte Aufgabentypen
→ Gitterrätsel
→ Kammrätsel

Variante A:
Zum Thema „Gewässer" findest du fünf Begriffe. Umkreise sie und notiere für mindestens zwei eine Erklärung.

Variante B:
Fünf Wörter sind in diesem Wortsuchrätsel versteckt. Markiere sie.
1) SUMPF 2) FLUSS 3) BACH 4) MEER 5) SEE

	A	B	C	D	E	F	G	H
1	M	E	E	R	O	S	G	C
2	B	A	E	G	P	E	S	Y
3	F	L	U	S	S	E	K	X
4	C	A	B	O	U	M	N	F
5	K	B	A	V	M	J	Y	M
6	K	D	C	B	P	X	R	Z
7	E	L	H	M	F	I	C	K
8	F	I	R	X	L	Z	S	C

Lerngruppenpassung

Wortsuchrätsel zählen zu den geschlossenen Aufgabenformaten mit eindeutigen Lösungen. Sie werden eingesetzt, wenn es verborgene Worte zu entdecken gilt. Eine quantitative Differenzierung ergibt sich durch die Komplexität des *Wortsuchrätsels*: Je mehr Wörter im Raster verborgen sind, desto anspruchsvoller wird das Rätsel. Leseschwache Schülerinnen und Schüler können mit einem Wortspeicher (Variante B) auf die Suche nach den verborgenen Wörtern gehen und so in die Arbeit integriert werden. Lernstärkere Schülerinnen und Schüler können eigenständig mit den Begriffen weiterarbeiten, indem sie zum Beispiel deren Bedeutung erläutern.

Bildungsrelevanz

Wortsuchrätsel fördern basale Sachkompetenz, indem Begriffe identifiziert werden müssen, die den Stoff ordnen und Orientierung im Fach schaffen. Orientierung über Begriffe ist unverzichtbar für nachfolgendes Regellernen und problemlösendes Lernen. Sie motivieren durch ihren Spielcharakter für die Weiterarbeit mit den identifizierten Begriffen. Darüber hinaus dienen solche Rätsel der Wahrnehmungsschulung, da Wortgrenzen wahrgenommen, Wörter erkannt werden und der passive Fachwortschatz aktiviert wird. Außerdem trainieren sie die Konzentrationsfähigkeit.

Didaktische Funktion und Struktur

Wortsuchrätsel können im Unterricht eingesetzt werden, …
- um besonders in Einstiegsphasen Vorwissen zu erarbeiten.
- um grundlegende Fachbegriffe, zum Beispiel nach Lesephasen, auf einem einfachen Anspruchsniveau abzusichern.
- um Übungsphasen spielerisch aufzulockern.
- um am Ende einer Unterrichtseinheit einfache Fachkenntnisse zu überprüfen.

Das Ablaufschema für diesen Aufgabentyp sieht folgendermaßen aus:
1. Schritt: Der Lehrer/Die Lehrerin stellt die Aufgabenstellung vor und schafft eine Anbindung des Wortsuchrätsels an das Thema.
2. Schritt: Die Schülerinnen und Schüler arbeiten an ihren Rätseln. Im Anschluss vergleichen sie ihre Ergebnisse.

Tipps für die Praxis

Lernspiele motivieren noch stärker, wenn Schülerinnen und Schüler selbst die Gelegenheit bekommen, kreativ und aktiv *Wortsuchrätsel* zu gestalten. Der Wechsel von rezeptiver Rätselarbeit hin zur handelnden Gestaltung von Rätseln erhöht die Lernmotivation der Schülerinnen und Schüler. *Wortsuchrätsel* sind auf kariertem Papier einfach herzustellen.

---

http://www.methodenpool.uni-koeln.de – (Zugriff: 02.08.2016)

Aufgabentyp

635-Aufgabe

Unsere Schule will umweltfreundlicher werden. Was kannst du dazu beitragen? Denkt darüber in der Gruppe nach und notiert eure Ideen in der Tabelle des Arbeitsblattes. Ihr habt genau 5 Minuten Zeit für diese Aufgabe.

Die *635-Aufgabe* zählt zu den offenen Aufgabenformaten. Sie wird eingesetzt, wenn Schülerinnen und Schüler in ruhiger Arbeitsatmosphäre schriftlich Ideen entwickeln und kritisch bewerten sollen. Das Individualisierungspotenzial dieses Aufgabentyps ist hoch, da lediglich das vorgegebene Thema und der Aufgabenprozess die eigene Assoziationsreichweite begrenzen. Die *635-Aufgabe* wird in der Regel arbeitsgleich gegeben. Es können jedoch auch arbeitsteilig in verschiedenen Tischgruppen unterschiedliche Aufgabenaspekte eines Themas bearbeitet werden.

635-Aufgaben machen Sachkompetenz und Beurteilungskompetenz bewusst. Sie fördern Sachkompetenz, wenn im Schreibprozess eigene Ideen entwickelt und schriftlich festgehalten werden und im Leseprozess zugleich Ideen anderer wahrgenommen werden. Sie fördern Beurteilungskompetenz, wenn die Ideen der anderen Schülerinnen und Schüler einer Tischgruppe kritisch untersucht werden.

635-Aufgaben wurden von dem Unternehmensberater B. Rohrbach entwickelt, um idealerweise 6 Gruppenmitglieder je 3 Ideen in maximal 5 Minuten notieren zu lassen. Dieser Aufgabentyp hat zwei Vorteile: Ideen werden personalisiert und zugleich protokolliert. Das erhöht die individuelle Verantwortung für das eigene Lernen und wirkt in der Regel motivierend. 635-Aufgaben können im Unterricht eingesetzt werden, …
- um in ein neues Thema einzusteigen.
- um Vorwissen und Voreinstellungen abzufragen.
- um Ideen und Assoziationen zu einem neuen Thema zu generieren.
- um Inhalte zu reflektieren und Problemlösungen für komplexe Fragestellungen zu erarbeiten.

635-Aufgaben laufen in drei Phasen ab. Das Ablaufschema für diesen Aufgabentyp sieht folgendermaßen aus:

Vorbereitungsphase: Der Lehrer/Die Lehrerin organisiert die Gruppenbildung (maximal sechs Schülerinnen und Schüler pro Gruppe). Er/Sie stellt die *635-Aufgabe* vor und erläutert sie. Sein/Ihr zentraler Impuls kann zum Beispiel eine Leitfrage sein, zu der Schülerinnen und Schüler sich schriftlich äußern sollen.

Schreibphase: Jede Schülerin/Jeder Schüler notiert in der ersten Zeile seines/ihres Arbeitsblattes in jeder der drei Spalten je eine Idee. Danach reicht er/sie sein/ihr Arbeitsblatt im Uhrzeigersinn weiter und notiert auf dem Arbeitsblatt, das nun vor ihm/ihr liegt, erneut seine/ihre drei Ideen. Dieser Prozess wird solange fortgesetzt, bis jeder/jede seine/ihre Ideen auf allen Arbeitsblättern der Tischgruppe notiert hat.

Auswertungsphase: Die Schülerinnen und Schüler sichten die Ideen ihres Arbeitsblattes und markieren besonders brauchbare. Diese stellen sie zum Beispiel in der Tischgruppe oder im Plenum vor.

Die Gruppengröße bei *635-Aufgaben* ist nach unten variabel. Bei kleineren Tischgruppen bleiben Teile der Tabelle dann unbeschriftet. Leerstellen in der Tabelle sind generell genauso hinzunehmen wie Doppelungen. In der Schreibphase sind Kommentierungen nicht erlaubt. Da von Schreibrunde zu Schreibrunde immer mehr zu lesen ist, sollten die Zeitintervalle zum Ende der Schreibphase hin etwas ausgedehnt werden.

---

verwandte Aufgabentypen
→ Assoziationsstern
→ Brainwriting-Aufgabe

Lerngruppenpassung

Bildungsrelevanz

Didaktische Funktion und Struktur

Tipps für die Praxis

Helmut Schlicksupp 2004: Ideenfindung. Würzburg, S. 116 ff.

635-Aufgabe

Eure 635-Aufgabe:

1. Jeder/Jede in der Tischgruppe überlegt sich drei Ideen zum Thema und notiert diese in der ersten freien Zeile seines/ihres Arbeitsblattes. Jede der drei Ideen wird in einer anderen Spalte der Tabelle festgehalten.
2. Jeder/Jede reicht das Arbeitsblatt an seinen/ihren linken Gruppennachbarn weiter. Auf dem Arbeitsblatt notiert jeder/jede erneut seine/ihre Ideen in der nächsten freien Zeile der Tabelle. Dieses Verfahren wird in der Tischgruppe so oft wiederholt, bis jeder/jede wieder sein/ihr Ausgangsblatt vor sich liegen hat.
3. Jeder/Jede liest alle Ideen auf seinem/ihrem Arbeitsblatt und markiert die drei besten Ideen.
4. Stellt alle Ideen in der Gruppe vor, diskutiert sie und begründet deren Brauchbarkeit vor dem Plenum.

Thema:			
Schülername	Idee 1	Idee 2	Idee 3

3. Fächerübergreifend relevante Aufgabenarrangements

Die Bedeutung von komplexen Aufgabenarrangements

Es ist nicht neu, dass Aufgaben miteinander kombiniert werden. In einigen Fällen entsteht dabei jedoch etwas Eigenes, das weit mehr ist als die Summe der zusammengestellten Einzelaufgaben. In diesen Fällen sprechen wir von komplexen Aufgabenarrangements. Sie unterscheiden sich in ihrer didaktischen Zielsetzung, ihren Konstruktionsbedingungen und in ihrer unterrichtspraktischen Bedeutung von meist additiven Aufgabenkonfigurationen, wie sie in den meisten Schulbüchern vorzufinden sind.

Die erste Zielsetzung komplexer Aufgabenarrangements besteht darin, unterschiedliche Aufgabentypen so miteinander zu kombinieren, dass alle Kompetenzbereiche durch sie abgebildet werden. Dazu werden Aufgaben mit reproduzierendem, reorganisierendem und transferierendem Charakter zueinander in Beziehung gesetzt, so dass mit ihrer Hilfe eine umfängliche Durchdringung des Lerngegenstandes gesteuert wird.

Die zweite Zielsetzung komplexer Lernarrangements besteht darin, den Schülerinnen und Schülern individualisierte Lernangebote zu machen. Dazu ist es notwendig, das Anspruchsniveau der einzelnen Aufgaben so zu variieren, dass für alle Schülerinnen und Schüler bildungsrelevante Auswahlmöglichkeiten bestehen, die ihren persönlichen Leistungsmöglichkeiten angemessen sind. Nur wenn eine echte Auswahl möglich ist, können die Schülerinnen und Schüler eigenständig ihre Arbeitsschwerpunkte setzen, für sie bildungsrelevante Aufgaben auswählen, sich in ihrem Lernen als selbstwirksam erfahren und die für nachhaltiges Lernen so wichtigen metakognitiven Selbststeuerungskompetenzen entwickeln.

Komplexe Aufgabenarrangements müssen festen Konstruktionsmerkmalen folgen, wenn sie die oben ausgewiesenen Ansprüche an sich selbst einlösen wollen.

Zum einen benötigen sie eine Kombination von Aufgabentypen, die unterschiedliche Funktionen erfüllen können. Dazu gehören immer Aufgaben mit Brainstormingqualitäten, die das Potenzial besitzen, Vorwissen zu aktivieren. Zur Konfiguration komplexer Aufgabenarrangements gehören aber ebenso Aufgabentypen, die dabei helfen, Informationen zu erschließen, und Aufgaben, die Wege anbieten, wie mit den zuvor erarbeiteten Informationen weitergearbeitet werden kann. Den Abschluss solcher Arrangements sollten Aufgabentypen zur Reflexion des fachlichen Lernens oder metakognitive Feedback-Aufgaben bilden.

Zum anderen sollten komplexe Aufgabenarrangements so konzipiert sein, dass eine umfängliche Auswahl von Aufgaben und Aufgabentypen angeboten wird. Nur dann wird Schülerinnen und Schülern eine echte Wahl geboten, über die eine quantitative und qualitative Individualisierung des Arbeitens erfolgen kann.

Auf den nachfolgenden Seiten werden Ihnen 15 komplexe Aufgabenarrangements vorgestellt, die diesen didaktischen Anspruch erfüllen. Sie können in der Praxis jedoch nicht isoliert am Beginn einer Unterrichtssequenz stehen. Ihnen muss, quasi zur Vorentlastung für die eigenständige Arbeit, eine „konventionelle" unterrichtliche Auseinandersetzung mit dem jeweiligen Thema vorgeschaltet werden. Erst dann entfalten komplexe Aufgabenarrangements in der horizontalen Erweiterung wie in der vertikalen Vertiefungsarbeit am Thema die beabsichtigte Bildungswirksamkeit und führen sukzessive zu einer positiven Veränderung der Unterrichtskultur.

Auf den nächsten Seiten werden Ihnen folgende komplexe Aufgabenarrangements vorgestellt:

1. Blütenaufgabe
2. Fächeraufgabe
3. Freiarbeit
4. Lerndorf
5. Lerntagebuch
6. Lerntheke
7. Logbuch
8. Pensenbuch
9. Portfolio
10. Projektunterricht
11. Rampe
12. Reisetagebuch
13. Scaffolding
14. Stationenlernen
15. Wochenplan

Aufgabenarrangement

Blütenaufgabe

Lerngruppenpassung

Blütenaufgaben bilden ein differenzierendes Aufgabenarrangement zum individualisierten Lernen. Der Schwierigkeitsgrad der einzelnen Aufgaben variiert. In *Blütenaufgaben* können sich alle Aufgabenformate finden.

Bildungsrelevanz

Blütenaufgaben dienen dem fachlichen Lernen und erschließen vor allem Sach- und Beurteilungskompetenzen. Sie erschließen mithilfe von Aufgabenangeboten, die sich im Anforderungsniveau und im Anforderungsumfang unterscheiden, ein abgegrenztes Thema oder Teilthema. Wie die Blätter einer sich öffnenden Blüte entfalten die Aufgaben ein immer höheres kognitives Anforderungsniveau. Da Schülerinnen und Schüler dabei auch eine individuelle Aufgabenauswahl treffen können, erleben sie sich als selbstwirksam und lernen, Verantwortung für ihr Lernen zu übernehmen.

Didaktische Funktion und Struktur

Blütenaufgaben sind ein progressiv angelegtes didaktisches Arrangement. Die Schülerinnen und Schüler arbeiten alle am gleichen Thema und ersteigen die Niveaustufen entsprechend ihrer persönlichen Leistungsfähigkeit. Auf niedrigschwellige Einstiegsaufgaben, die jeder in der Klasse lösen kann, folgen komplexere und kognitiv anspruchsvollere Aufgaben. Den Anfang bilden häufig Erschließungsaufgaben, die zum Beispiel das Textverständnis absichern sollen. Erst dann folgen mehrschrittige Aufgaben und umfangreichere Produktionsaufgaben. Die kognitive Progression einer *Blütenaufgabe* kann durch zunehmende Offenheit der Aufgabenstellungen weiter gesteigert werden. Blütenaufgaben sind daher in der Regel in zwei Blöcke gestaffelt:
- *Basisaufgaben* werden von allen Schülerinnen und Schülern bearbeitet. Ihr Schwierigkeitsgrad wird so gewählt, dass alle Schülerinnen und Schüler sie erfolgreich bearbeiten können.
- *Wahlaufgaben* bauen auf den Basisaufgaben auf. Sie individualisieren die Lernwege, indem sie Wahlmöglichkeiten anbieten und den Schülerinnen und Schülern die Möglichkeit geben, ihr kognitives Anforderungsprofil zu schärfen und weiterzuentwickeln.

Tipps für die Praxis

Je heterogener die Lerngruppen zusammengesetzt sind, desto mehr Mühe wird die Aufgabenkonstruktion machen. In Inklusionsklassen werden in Zusammenarbeit mit spezialisierten Förderlehrerinnen und Förderlehrern angemessene nicht-sprachliche Handlungsaufgaben entwickelt werden müssen.

Bei der Aufgabenkonstruktion gilt, dass sowohl in der Basis- als auch in der Wahlstaffel der *Blütenaufgabe* verschiedene Lernwege angeboten und die Bedürfnisse unterschiedlicher Lernertypen beachtet werden sollten.

Die einfache Form der *Blütenaufgabe* ist die *Rampe*. Bevor Sie in Ihrem Unterricht *Blütenaufgaben* einsetzen, sollten Sie zur Hinführung auf dieses komplexere Aufgabenarrangement bereits den Umgang mit *Rampenarrangements* eingeübt haben. Komplexe Aufgabenarrangements durchbrechen die bisherigen Unterrichtserfahrungen von Schülerinnen und Schülern. Sie etablieren eine neue Lernkultur. Der Umgang mit ihnen muss geübt werden, damit Vertautheit und Sicherheit entsteht und Überforderungsängste vermieden werden.

Annemarie von der Groeben, Ingrid Kaiser 2013: Werkstatt Individualisierung. Hamburg, S. 48 ff.

Aufgabenarrangement

Fächeraufgabe

Fächeraufgaben sind ein Aufgabenarrangement zur Individualisierung von Lernwegen. Dabei werden vor allem halboffene Aufgabenformate verwendet. Mit *Fächeraufgaben* differenzieren Lehrerinnen und Lehrer bezogen auf den Stoff Aneignungswege, die sich wie ein Fächer öffnen und den Schülerinnen und Schülern eine Wahl ermöglichen. Aus der Wahlmöglichkeit generieren sich motivationale Effekte, die sich positiv auf die kognitive Durchdringung des Stoffs auswirken werden.

Fächeraufgaben dienen dem fachlichen Lernen und eröffnen den Schülerinnen und Schülern unterschiedliche Lernwege. Da Schülerinnen und Schüler hierbei eine echte Wahlmöglichkeit erfahren, erleben sie sich als selbstwirksam und lernen, Verantwortung für ihr Lernen zu übernehmen.

Fächeraufgaben differenzieren zu einer fachlichen Leitfrage oder Problemstellung unterschiedliche kompetenzorientierte Aneignungswege.
Ein Aneignungsfächer umfasst dann Aufgaben zu folgenden Fachkompetenzen:
Aneignungsweg *Argumentieren*: Aufgaben zielen auf Sacherschließung und Sachurteil. Logische Zusammenhänge und Argumentationen werden entwickelt.
Aneignungsweg *Erkunden*: Aufgaben zielen auf handelnde Sacherschließung. Analytisch-experimentelles Vorgehen wird geplant, durchgeführt und protokolliert.
Aneignungsweg *Imaginieren*: Aufgaben zielen auf eine Veranschaulichung des Denkens, zum Beispiel durch Schemazeichnungen, Bilder, Modelle, Szenen.
Aneignungsweg *Ordnen*: Aufgaben zielen auf systematisches Unterscheiden, zum Beispiel mithilfe von Kriterien.
Aneignungsweg *Urteilen*: Aufgaben zielen auf Sacherschließung und Werturteile.
Schülerinnen und Schüler wählen individuell, interessen- und kompetenzgeleitet aus solch einem *Fächer* zu einem Thema oder Teilthema mindestens eine Aufgabe.

Die propädeutische Funktion des Faches Deutsch wird bei *Fächeraufgaben* besonders deutlich. Dies darf jedoch nicht dazu führen, die domänenspezifische Verantwortung für fachliches Lernen womöglich dem Fach Deutsch aufzusatteln. Allerdings sind bei der Konstruktion von *Fächeraufgaben*, besonders in leistungsheterogenen Klassen, die impliziten sprachlichen Anforderungen im Blick zu behalten und gegebenenfalls auch gestalterische Alternativen anzubieten.
Für den Lehrer/die Lehrerin bilden die differenzierenden Aneignungswege einen Orientierungsrahmen und helfen ihm/ihr, seinen/ihren Unterricht zu planen. Seine/Ihre Aufgabe besteht darin, den Stoff didaktisch zu durchdringen, eine zentrale Leitfrage zu formulieren, die als roter Faden die differenzierten Aneignungswege miteinander verbindet, und ein breit gefächertes Aufgabenangebot auf vergleichbarem Anforderungsniveau zu entwickeln und den Schülerinnen und Schülern zur Wahl anzubieten. Die *Fächeraufgabe* heißt in der Literatur gelegentliche auch *a,e,i,o,u-Aufgabe*. Ein verwandtes Aufgabenarrangement ist das *Lerndorf*.

Lerngruppenpassung

Bildungsrelevanz

Didaktische Funktion und Struktur

Tipps für die Praxis

Annemarie von der Groeben, Ingrid Kaiser 2013: Werkstatt Individualisierung. Hamburg, S. 47 f.

Aufgabenarrangement

Freiarbeit

Lerngruppenpassung	*Freiarbeit* ist offen angelegter Unterricht. Innerhalb eines festgelegten zeitlichen Rahmens können Schülerinnen und Schüler aus Themen, Material und Aufgabenstellungen frei wählen. In Freiarbeitsphasen werden offene, halboffene und geschlossene Aufgabenformate zur Wahl angeboten. Die Wahlangebote ermöglichen es Schülerinnen und Schülern, interessengeleitet eigene Lernwege zu gehen, fachliche Defizite alleine oder in Kooperation mit anderen aufzuarbeiten, bereits eingeführten Stoff übend abzusichern oder zu vertiefen. In heterogenen Lerngruppen ist auf eine passende Aufgaben- und Angebotsdifferenzierung zu achten, damit auch lernschwächeren Schülerinnen und Schülern eine echte Wahl angeboten wird.
Bildungsrelevanz	*Freiarbeit* schult alle Kompetenzbereiche. Die spielerische oder handelnde Auseinandersetzung mit der Sache motiviert dabei in starkem Maße. Wahlmöglichkeiten fördern die Selbstwahrnehmung und die Planungskompetenz der Schülerinnen und Schüler. Ziel von *Freiarbeit* ist es, eigene Lernwege und Lernbiografien zu erfahren. Wo im Rahmen einer *Freiarbeit* Probleme im Team gelöst werden müssen, werden zudem soziale Kompetenzen auf dem Prüfstand stehen.
Didaktische Funktion und Struktur	*Freiarbeit* wird in vielfältigen Modellen rhythmisiert eingesetzt. Freiarbeitsphasen wechseln dabei in der Regel mit Phasen lehrerzentrierten Arbeitens. *Freiarbeit* wird vor allem eingesetzt, um spielerisch, handelnd neue Inhalte zu erschließen und um bereits bekannte Inhalte zu festigen, zu vertiefen oder zu erweitern. *Feiarbeit* funktioniert nur, wenn ein umfangreicher Materialpool mit vielfältigen Aufgaben zur Verfügung steht. Deshalb ist diese Form des offenen Unterrichts in der Vorbereitung arbeitsintensiv. Freiarbeitsmaterial muss zudem seinen festen Platz im Klassenraum finden. Eine vorbereitete Lernumgebung ist von zentraler Bedeutung für ihr Gelingen. In der Einführungsphase sollte *Freiarbeit* zeitlich befristet sein und immer mit einer Regelreflexion abschließen.
Tipps für die Praxis	*Freiarbeit* ist kein spielerischer Selbstzweck, weshalb bei der Planung darauf geachtet werden muss, dass alle Angebote, auch spielerische und produktive, an eine fachspezifische Sachkompetenz gebunden sein müssen. Zur Dokumentation der Lernwege sollte eine Freiarbeitsmappe angelegt werden, in der die Schülerinnen und Schüler ihre Arbeiten sammeln. In einem Protokollblatt, wie Sie es im Teil III des *Aufgabenbuches* finden, belegen Schülerinnen und Schüler ihren Arbeitsprozess. Ein Konsens über *Freiarbeit* und die Kooperation im Kollegium erleichtert die eigene Arbeit. Sinnvoll ist es, wenn möglichst viele Fächer sich an der Materialerstellung beteiligen. Ein verwandtes Aufgabenarrangement ist *Projektunterricht*.

Oskar Seitz (Hg.), Klaus Breslauer 1999: Freies Lernen. Grundlagen für die Praxis. Donauwörth

Aufgabenarrangement

Lerndorf

Ein *Lerndorf* ist ein komplexes thematisch gebundenes Aufgabenarrangement, in dem Pflicht- und Wahlaufgaben miteinander kombiniert werden, um so einerseits mit dem Pflichtteil Basiskompetenzen für alle abzusichern, aber andererseits über Wahlaufgaben Individualisierung im Lernen zu ermöglichen.

Differenzierungsmöglichkeiten bestehen darin, im Pflichtteil Aufgabentypen so zu variieren, dass auch lern- und leistungsschwächere Schülerinnen und Schüler einen Zugang zum Lerngegenstand erhalten, oder Problemfragen anzubieten, die jeder/jede auf seinem/ihrem individuellen Niveau bearbeiten kann.

Lerngruppenpassung

Ein *Lerndorf* ist methodisch abwechslungsreich. Es zielt auf Selbstorganisation und Selbstständigkeit. Seine Aufgaben schulen alle Kompetenzbereiche. Pflichtaufgaben sollten in der Regel Erschließungsaufgaben sein, die ein basales Wissen über den Lerngegenstand vermitteln, mit dem in einer zweiten Arbeitsphase die projektorientierten Wahlaufgaben besser kognitiv durchdrungen und sinnvoll bearbeitet werden können.

Bildungsrelevanz

Mit einem *Lerndorf* erarbeiten Schülerinnen und Schüler zusammenhängende Aspekte eines Themas. Wie in einem mittelalterlichen Dorf, wo jeder Bewohner/jede Bewohnerin etwas kann, das für alle wichtig ist, so wählen Schülerinnen und Schüler im *Lerndorf* mindestens einen Themenaspekt, in den sie sich einarbeiten wollen und für den sie die Verantwortung für das Lernen aller übernehmen. Die Organisation eines *Lerndorfes* sieht eine vorgeschaltete Arbeitsphase vor, in der die Schülerinnen und Schüler sich planend in die Auseinandersetzung mit dem Thema einbringen und Arbeitsschwerpunkte benennen, die ihren Interessen am Thema entsprechen.

In der eigentlichen Arbeitsphase arbeiten alle Schülerinnen und Schüler zuerst an den Pflichtaufgaben, dem Fundamentum. Diese Phase kann einer konventionellen Unterrichtsstruktur folgen. Danach befassen sie sich alleine oder in Gruppen mit Projektaufgaben zu unterschiedlichen Themenaspekten, dem Additum. Die individuell organisierte Projektarbeit vertieft oder erweitert die Pflichtaufgaben des Fundamentums.

Die Ergebnisse der Projekte werden präsentiert und so allen zugänglich gemacht.

Didaktische Funktion und Struktur

Ein *Lerndorf* sollte in der Planungsphase Arbeitsvorschläge der Schülerinnen und Schüler so weit wie möglich berücksichtigen. Schülerinnen und Schüler erfahren sich so als selbstwirksam und sind langfristig motiviert, an ihren eigenen Projekten zu arbeiten und Teilthemen für sich und im Hinblick auf die Präsentation für andere zu erschließen. Wichtig ist dabei, den Adressatenbezug, das sind die anderen „Bewohner des Lerndorfes", der Arbeit hervorzuheben. Unrealistische Projektvorschläge, die im Ordnungsrahmen von Schule nicht durchführbar sind, müssen diskutiert und variiert oder ersetzt werden.

Tipps für die Praxis

Annemarie von der Groebe, Ingrid Kaiser 2013: Werkstatt Individualisierung. Hamburg, S. 129 ff.

Aufgabenarrangement

Lerntagebuch

Lerngruppenpassung

Das *Lerntagebuch* ist eine komplexe Form des offenen Unterrichts. Bei der Arbeit mit einem *Lerntagebuch* werden vor allem offene Aufgabenformate mit Spielraum für Eigeninitiative und Kreativität angeboten. Die Arbeit an diesen Aufgaben wird im *Lerntagebuch* von Schülerinnen und Schülern reflektiert.

Bildungsrelevanz

Ein *Lerntagebuch* zu führen bedeutet, das Bewusstsein für den eigenen Lernprozess, für individuelle Lern- und Arbeitsstrategien zu fördern und zugleich zur Selbstkontrolle anzuleiten. Die Arbeit an einem *Lerntagebuch* dient der Entwicklung einer positiven Arbeitshaltung. Ziel ist es, metakognitive Selbststeuerungskompetenzen voranzubringen. Im *Lerntagebuch* können Schülerinnen und Schüler in einen Dialog mit sich selbst treten; kognitive und metakognitive Strategien lassen eigene Lernerfahrungen bewusst werden, festigen den Stoff, lassen aber auch Defizite und Verständnislücken sichtbar werden.

Didaktische Funktion und Struktur

Ein *Lerntagebuch* wird parallel zum Unterricht geführt. Es ist ein Medium der Kommunikation, der Motivation, der Reflexion und Selbstwahrnehmung. In subjektiven Setzungen von Lernschwerpunkten sollen Schülerinnen und Schüler sich in ihrer Selbstwirksamkeit wahrnehmen. Dies motiviert und führt zu einem vertieften und abgesicherten Verständnis der Sache.
Ein *Lerntagebuch* wird individuell geführt und dokumentiert das eigene Lernen über einen längeren Zeitraum.
In der *Implementierungsphase* sollte gemeinsam mit Schülerinnen und Schülern überlegt werden, was alles in einem *Lerntagebuch* festgehalten werden kann. Leitfragen zum Lernstand und zum Lernweg helfen, einen Rahmen für die Wahrnehmung und Reflexion des eigenen Lernens abzustecken. So entstehen stützende Strukturen, die von starken Tagebuchschreibern und -schreiberinnen schnell individuell ausgeweitet werden können.
Im Fokus der *Erarbeitungsphase* steht, ausgehend vom gemeinsamen Gespräch über Lernerfahrungen, die Reflexionsarbeit. Fragebögen zur Selbstwahrnehmung, Bilanz- und Feedbackbögen unterstützen und lenken den Reflexionsprozess.

Tipps für die Praxis

Routine wird sich nur einstellen, wenn die Arbeit am *Lerntagebuch* einen festen Platz in der Tages- oder Wochenrhythmisierung hat und ritualisiert ist.
Wichtig ist auch, während der Arbeitsphasen auf ein ordentliches Layout zu achten und Arbeitsergebnisse von Zeit zu Zeit exemplarisch im Plenum zu besprechen.
Mithilfe nachfolgender Leitfragen können Feedback und Reflexion strukturiert werden:
Was kann ich bereits sicher?/Was habe ich bereits gelernt?/Wie fühle ich mich dabei?/Was will ich üben?/Was würde ich gerne tun?/Wo liegen meine Stärken und Schwächen?/Was ist mir gut gelungen?/Wie bin ich dabei vorgegangen?/Wo bin ich gescheitert?/Wie kann ich meine Vorgehensweise verbessern?/Wie lange werde ich arbeiten, um mein Ziel zu erreichen? …
Verwandte Aufgabenarrangements sind *Logbuch* und *Pensenbuch*.

Michaela Gläser-Zikuda (Hg.) 2010: Lerntagebuch und Portfolio aus empirischer Sicht. Landau

Aufgabenarrangement

Lerntheke

Die *Lerntheke* wird in den gängigen Methodiken als sogenannte Makromethode ausgewiesen. Sie bietet in der Regel alle Aufgabenformate an. Doch anders als beim Lernzirkel wird mit den Aufgabenangeboten einer *Lerntheke* eher fachliches Basiswissen erschlossen, weshalb es sinnvoll erscheint, in erster Linie geschlossene und halboffene Aufgabenformate zu verwenden. Da die *Lerntheke* aufgrund ihrer thematischen Begrenztheit in der Konstruktion weniger aufwändig als ein Lernzirkel ist, bietet sie in besonderem Maße Chancen für die Ausarbeitung von Differenzierungs- und Individualisierungsangeboten:

- Wahlstationen ermöglichen es jedem/jeder Einzelnen, Schwerpunkte nach Neigung und Interesse zu setzen.
- Differenzierende Stationenvarianten können für einzelne oder alle Stationen unterschiedliche Bearbeitungstiefen anbieten.
- Signaturen geben das Anspruchsniveau der Stationen an.

Lerngruppenpassung

Eine *Lerntheke* ist methodisch abwechslungsreich. Sie schult alle Kompetenzbereiche. Ihre Aufgaben fördern mehrkanaliges Lernen. Sie zielt auf Selbstorganisation und Selbststeuerung, kann aber ebenso einen Schwerpunkt in der Kooperation von Lernpartnern setzen und dann in besonderem Maße soziales Lernen unterstützen.

Bildungsrelevanz

Die *Lerntheke* ist die kleine Schwester des Lernzirkels. Die Auswahl der Stationen ist weniger umfangreich als bei dem verwandten Lernzirkel. Eine *Lerntheke* erlaubt weitgehend freies Arbeiten. Sie wird eingesetzt, wenn Schülerinnen und Schüler einen Lerngegenstand eigenständig erschließen oder festigen sollen. Dazu wird didaktisiertes Stationenmaterial wie auf einer Theke nebeneinander ausgelegt.

In der *Einführungsphase* werden die Stationen vorgestellt, die Regeln für die Erarbeitungsphase werden besprochen und die Bearbeitungszeit – nicht die einzelner Stationen, sondern die der kompletten *Lerntheke* – wird festgelegt.

Während der *Erarbeitungsphase* unterstützt der Lehrer/die Lehrerin Schülerinnen und Schüler und hilft bei Bedarf. Alle Stationen werden selbstorganisiert erarbeitet.

Die Arbeit am Lernzirkel schließt mit einer *Reflexionsphase*, in der Arbeitsergebnisse und Selbstorganisation exemplarisch besprochen werden.

Didaktische Funktion und Struktur

Lerntheken, ebenso wie Lernzirkel und Stationenlernen, dürfen nicht zur Einzel- und Stillarbeit über einen längeren Zeitraum degenerieren. Aufgabentiefe, Aufgabentypen, Aufgabenformate und Sozialformen müssen variieren und mehrkanalige Lernwege anbieten. Differenzierungsangebote individualisieren eine *Lerntheke*, öffnen sie, lassen eine Wahl zu, motivieren und fördern Selbststeuerungskompetenzen.

Ein verwandtes Aufgabenarrangement ist das *Stationenlernen*.

Tipps für die Praxis

Gabriele Lämmle, Nadja Wiesner 2008: Vielfältig fördern. Differenzierung und Evaluation mit einer Lerntheke. In: Der fremdsprachliche Unterricht Französisch 94

Aufgabenarrangement

Logbuch

Lerngruppenpassung

Ein *Logbuch* organisiert individuelles Lernen. In einem *Logbuch* finden sich Aufgabenformate, die von Schülerinnen und Schülern ausgewählt worden sind, um individuelle Lernwege zu erproben und zu dokumentieren.

Bildungsrelevanz

In einem *Logbuch* werden Lernstrategien dokumentiert. Es fördert metakognitive Strategien, die für problemlösendes und lebenslanges Lernen bedeutsam sind. In einem *Logbuch* wird Verantwortung für eigenes Lernen sichtbar.

Didaktische Funktion und Struktur

In der Schifffahrt dokumentiert das *Logbuch* den Ablauf einer Reise. Es wird regelmäßig, konsequent und nach festgesetzten Regeln geführt. Seine Informationen dienen der abschließenden Bewertung der Reise. Auch in der Schule dokumentiert das *Logbuch*, wenn man so will, eine Reise, nämlich eine Lern- und Bildungsreise. Zweck des *Logbuchs* ist es, das eigene Lernen festzuhalten und in der Reflexion des Lernprozesses individuelle Lernstrategien zu erproben und zu erwerben. Deshalb sind Lernarbeit mithilfe eines *Logbuchs* und Leistungsbeurteilung unbedingt voneinander zu trennen. Beim Lernen mit dem *Logbuch* sind Fehler erlaubt und Bestandteil der Lernkultur.
In der *Einführungsphase* erlernen Schülerinnen und Schüler den Umgang mit dem *Logbuch*. Ritualisierungen und Regelreflexion sind in dieser Phase wichtig.
In der *Arbeitsphase* findet ritualisierte Logbucharbeit in festgelegten Stunden im Wochenband statt.
In der *Kommunikationsphase* finden zum Beispiel Vierteljahresgepräche mit Eltern und Schülerinnen und Schülern statt. Grundlage für eine vertiefende Lernberatung, Zielvereinbarung und zugleich Gegenstand der weiteren Lernplanung ist dann das *Logbuch*.

Tipps für die Praxis

Ein *Logbuch* ist Teil eines Schulprofils und kann nicht ohne kollegiale Abstimmung eingeführt werden. Es ist Fundament einer anderen Lern- und Aufgabenkultur.
Die Rolle des Lehrers/der Lehrerin ist die eines Moderators/einer Moderatorin von Lernprozessen. Seine/Ihre Aufgaben bestehen darin, motivierende Aufgaben anzubieten und die Reflexion des Lernprozesses durch die Schülerinnen und Schüler möglichst konkret und angebunden an deren Aufgabenarbeit voranzutreiben. Außerdem betreut und berät er/sie Schülerinnen und Schüler während der Arbeitsphasen und hilft jenen, die Schwierigkeiten haben. In Kommunikationsphasen berät er/sie und hilft bei der Planung zukünftiger Lernprozesse. Wichtig ist es, Positionsbestimmungen, Planungsergebnisse und Vereinbarungen als Basis zukünftiger Arbeit verbindlich und schriftlich festzuhalten.
Verwandte Aufgabenarrangements sind *Pensenbuch* und *Lerntagebuch*.

Wolfgang Endres (Hg.) 2008: Das Portfolio in der Unterrichtspraxis. Präsentations-, Lernweg- und Bewerbungsportfolio. Weinheim
Felix Winter 2012: Leistungsbewertung: Eine neue Lernkultur braucht einen anderen Umgang mit Schülerleistungen. Seelze

Aufgabenarrangement

Pensenbuch

Das *Pensenbuch* ist in der Reformpädagogik Kernstück der Freiarbeit. Bei der Arbeit mit einem *Pensenbuch* werden alle Aufgabenformate angeboten. Ein *Pensenbuch* individualisiert den Kompetenzerwerb.

Bei der Arbeit mit einem *Pensenbuch* stehen vor allem fachliche Kompetenzen im Mittelpunkt. Wie bereits bei Maria Montessori angedacht, können darüber hinaus in einem Pensenbuch auch soziale und personale Kompetenzen dokumentiert werden. Von daher steckt in der Arbeit mit einem Pensenbuch das Potenzial, alle Kompetenzbereiche abzudecken.

Ein *Pensenbuch* zu führen, dokumentiert für alle am Lernprozess Beteiligten die individuell erworbenen Kompetenzen. Es macht so den Kompetenzerwerb transparent und ist Grundlage für jede weitere Lernberatung und Lernplanung. Dazu werden für jedes Fach themenspezifische Kompetenzerwartungen in sogenannten „Ich-kann-Listen" gesammelt. Über einen überschaubaren Zeitraum, zum Beispiel während der Arbeit an einem Thema, wird die Kompetenzerreichung individuell im persönlichen *Pensenbuch* der Schülerin oder des Schülers festgehalten.

Ein *Pensenbuch* wird die Kommunikationskultur an einer Schule verändern. Deshalb ist es wichtig, seine Einführung mithilfe der schulischen Gremien der Mitbestimmung auf eine breite Basis zu stellen.

Will man mit Pensenbüchern arbeiten, empfehlen sich folgende Arbeitsschritte:
1. Schritt: Ausgehend von Lehrplänen und Stoffverteilungsplänen werden Kompetenzerwartungen in einer didaktisch sinnvollen Reihenfolge festgehalten.
2. Schritt: Die Kompetenzerwartungen werden in schüleradäquater Sprache in Kompetenzlisten, auf denen der Kompetenzerwerb vermerkt wird, festgehalten und im Pensenbuch zusammengeführt.

Routine wird sich nur einstellen, wenn die Arbeit am *Pensenbuch* einen festen Platz in der Tagesrhythmisierung und die Reflexion des Kompetenzerwerbs einen festen Platz im Wochenrhythmus hat.

Zudem erscheint es sinnvoll, zeitgleich mit den *Pensenbüchern* Freiarbeitsphasen für individuelles, freies und kompensatorisches Lernen zu schaffen, um so den Kompetenzerwerb auf breiter Basis unterrichtlich abzusichern.

Ein *Pensenbuch* kann auch partiell, zum Beispiel nur für ein bestimmtes Fach, durch Beschluss der entsprechenden Fachkonferenz eingeführt werden oder unabhängig vom Votum der entsprechenden Fachkonferenzen von innovativen Lehrern im Rahmen ihrer pädagogischen Freiheit erprobt werden.

Ein verwandtes Aufgabenarrangement ist der *Wochenplan*.

Lerngruppenpassung

Bildungsrelevanz

Didaktische Funktion und Struktur

Tipps für die Praxis

Jan Hofmann (Hg.) 2007: Neue Formen des Lehrens und Lernens. Bad Heilbrunn

Aufgabenarrangement

Portfolio

Lerngruppenpassung

Ein *Portfolio* ermöglicht individuelles Lernen. In einem *Portfolio* finden sich alle Aufgabenformate, wobei besonders die offeneren Aufgabenformate zur persönlichen Profilbildung genutzt werden können. Ein *Portfolio* wird in der Regel aus Pflicht- und Wahlthemen bestehen. Die Pflichtthemen beziehen sich auf Aufgaben, die basales Wissen eines Themas abdecken. Bei der Bearbeitung der Wahlthemen folgen Schülerinnen und Schüler ihren persönlichen Interessen. Die Portfolio-Themen und die dazu gehörenden Aufgaben müssen dabei so gewählt werden, dass individuelle Aspekte und Schwerpunktsetzungen möglich sind.

Bildungsrelevanz

Mit einem *Portfolio* werden vor allem Erarbeitungs-, Kommunikations- und Präsentationskompetenzen trainiert. Besonders Bewerbungsportfolios zielen auf Wirkung außerhalb der Schule und sind ein erster Baustein für beruflichen Erfolg. *Portfolios* sollten in höheren Klassenstufen mit dem Computer gelayoutet sein und Medienkompetenz veranschaulichen.

Didaktische Funktion und Struktur

Ein *Portfolio* im Fachunterricht bezieht sich in der Regel auf ein einziges Thema, zum Beispiel auf das Thema „Europa", „Optik" oder „Literaturgeschichte".

In der *Einführungsphase* kann mithilfe eines sogenannten Coverletter oder Anschreibens den Schülerinnen und Schülern, aber auch den Eltern, die Zielsetzung des *Portfolios* erläutert werden. In dieser Phase sollten auch Regeln für die erfolgreiche Portfolioarbeit fixiert werden.

In der *Erarbeitsphase* werden basale Inhalte erarbeitet und individuell, zum Beispiel in Form von Briefen, realistisch situiert reorganisiert.

Auf in Themenaspekte einführende lehrerzentrierte Unterrichtsphasen folgen immer schülerzentrierte Phasen, in denen in Gruppen oder individuell weitergearbeitet wird.

In abschließenden *Präsentationsphasen* werden Portfolioelemente vorgestellt und besprochen und Tipps für die weitere Arbeit gegeben.

Die Aufgaben des Lehrers/der Lehrerin liegen während einer Portfolioarbeit darin, motivierende Lernarrangements bereitzustellen, in den Arbeitsphasen Betreuung und Hilfestellungen anzubieten und Kommunikationsphasen zu moderieren.

Tipps für die Praxis

Eine Portfoliomappe muss von Anfang an sauber geführt werden. Schließlich ist ein Portfolio die Grundlage für die Bewertung eines Kompetenzprofils.

Portfolioarbeit braucht Unterrichtszeit, denn Portfolioelemente werden in der Regel im Unterricht gestaltet. Portfolioarbeit darf nicht als Hausarbeit aus dem Unterricht ausgelagert werden und dann schlimmstenfalls zur Elternarbeit werden.

Ein verwandtes Aufgabenarrangement ist das *Lerntagebuch*.

Wolfgang Endres (Hg.) 2008: Das Portfolio in der Unterrichtspraxis. Präsentations-, Lernweg- und Bewerbungsportfolio. Weinheim

Felix Winter 2012: Leistungsbewertung: Eine neue Lernkultur braucht einen anderen Umgang mit Schülerleistungen. Seelze

Aufgabenarrangement

Projektunterricht

Projektunterricht wird in den gängigen Methodiken als sogenannte Makromethode ausgewiesen. Da *Projektunterricht* die Entscheidung über Lernwege und Lerninhalte weitgehend den Schülerinnen und Schülern überlassen will, kommen in der Regel nur offene Aufgabenformate in Frage.

Projektunterricht zielt wie kein anderes Aufgabenarrangement auf selbstorganisiertes, selbstgesteuertes und selbstständiges Erschließen eines vorgegebenen oder vereinbarten Themas: Im *Projektunterricht* wird Sachkompetenz handelnd erschlossen. Dies impliziert Beurteilungskompetenz und setzt eine weitgehende Methodensicherheit bei Schülerinnen und Schülern voraus.

Projektunterricht kann im Rahmen des regulären Fachunterrichts, in Form von fächerübergreifenden Thementagen oder als Projektwoche durchgeführt werden. In allen Fällen ist *Projektunterricht* individuelles Lernen, weil Schülerinnen und Schüler ihre eigenen Konstruktionen gestaltend in den Lernprozess einbringen. Er ist zugleich soziales Lernen, weil die vereinbarten Ziele im Team mit anderen erreicht werden. *Projektunterricht* motiviert durch die durchgehende Handlungs- und Produktorientierung in besonderem Maße. Durch differenzierende und arbeitsteilige Aufgabenstellungen kann guter *Projektunterricht* für jeden zum persönlichen Erfolg werden.

Projektunterricht kann in vier Phasen eingeteilt werden:
Arbeitsphase: Thema finden, transparent machen und gliedern.
Metaphase: Arbeitsplan erstellen und Aufgaben in der Gruppe verteilen.
Arbeitsphase: Präsentationsprodukt (Recherche, Produktion) erarbeiten, Präsentation einüben und Arbeitsergebnisse präsentieren.
Metaphase: Reflexion der Projektarbeit

Projektarbeiten sollten von vorneherein als Präsentationsarbeiten gedacht werden. Wenn während der Arbeit bei Schülerinnen und Schüler noch bedeutsame methodische Defizite festgestellt werden, dann sollte die Projektarbeit durch lehrerzentrierte Unterrichtsphasen durchbrochen werden. So könnte zum Beispiel vor der eigentlichen Arbeitsphase geklärt werden, nach welchen Kriterien ein Präsentationsplakat gestaltet wird oder wie eine Plakatpräsentation zum Erfolg wird.
Wegen der angestrebten Öffentlichkeit der Präsentationen wäre es für das Selbstbild der Schülerinnen und Schüler fatal, das angestrebte Ziel nicht hinreichend zu erreichen. Damit Schülerinnen und Schüler stolz auf ihre Arbeit sind, dürfen deshalb Thema, Problemstellung und Präsentationsformat nicht überfordern. Andererseits sind die Themen und Problemstellungen in ihrem Anspruchsniveau aber so zu gestalten, dass Teamarbeit sinnvoller erscheint als eine alternative Einzelarbeit.

Lerngruppenpassung

Bildungsrelevanz

Didaktische Funktion und Struktur

Tipps für die Praxis

Herbert Gudjons 2008: Handlungsorientiert Lehren und Lernen: Schüleraktivierung. Selbsttätigkeit. Projektarbeit. Bad Heilbrunn
Karl Frey 2012: Die Projektmethode. „Der Weg zum bildenden Tun". Weinheim

Aufgabenarrangement

Rampe

Lerngruppenpassung

Rampen bilden ein differenzierendes Aufgabenarrangement zum individualisierten Lernen. Wie auf einer Rampe begeben sich die Schülerinnen und Schüler von Aufgabe zu Aufgabe auf ein immer höheres kognitives Anforderungsniveau. Jede Schülerin und jeder Schüler arbeitet sich auf der Rampe so weit nach oben, wie es seine/ihre individuelle Leistungsfähigkeit zulässt.

Bildungsrelevanz

Rampen dienen dem fachlichen Lernen und der Vermittlung von Sach- und Urteilskompetenzen. Sie erschließen mithilfe von Aufgabenangeboten, die sich im Anforderungsniveau und im Anforderungsumfang unterscheiden, ein abgegrenztes Thema oder Teilthema. In *Rampen* können sich alle Aufgabenformate finden.

Didaktische Funktion und Struktur

Rampen sind ein progressiv angelegtes didaktisches Arrangement, das sich in seiner Konstruktion an den Anforderungsbereichen der Bildungsstandards orientiert. Die Schülerinnen und Schüler arbeiten alle am gleichen Thema und ersteigen die Niveaustufen entsprechend ihrer persönlichen Leistungsfähigkeit. Auf niedrigschwellige Einstiegsaufgaben, die jeder in der Klasse lösen kann, folgen komplexere und kognitiv anspruchsvollere Aufgaben. Der Schwierigkeitsgrad der einzelnen Aufgaben steigt dabei linear an. *Rampen* kann man in drei Abschnitten konstruieren:

1. Den Anfang bilden häufig Erschließungsaufgaben, die zum Beispiel das Textverständnis absichern sollen und Schülerinnen und Schülern dabei helfen, Informationen zu erschließen. Die Aufgaben sollten in ihrem Anspruchsniveau so gewählt werden, dass möglichst alle Schülerinnen und Schüler einen Zugang zur Sache bekommen.
2. Erst dann folgen mehrschrittige Aufgaben und umfangreichere Produktionsaufgaben, die Schülerinnen und Schüler auffordern, in unterschiedlichster Weise mit den Informationen weiterzuarbeiten. Auch hier sollten die Aufgaben in ihrem Schwierigkeitsgrad variieren, damit möglichst viele Schülerinnen und Schüler in diesem Anforderungsbereich partizipieren können.
3. Im oberen Teil der *Rampe* befinden sich schließlich Aufgaben, die zur begründeten Urteilsbildung über die erschlossene Sachkompetenz oder zum Transfer auffordern.

Die kognitive Progression einer *Rampe* kann durch zunehmende Offenheit der Aufgabenstellungen weiter gesteigert werden.

Tipps für die Praxis

Je heterogener die Lerngruppen zusammengesetzt sind, desto mehr Mühe wird die Aufgabenkonstruktion machen. In Inklusionsklassen werden unter Umständen in Zusammenarbeit mit spezialisierten Förderlehrerinnen und Förderlehrern angemessene nichtsprachliche Handlungsaufgaben oder andere Alternativen zur Auseinandersetzung mit dem Thema entwickelt werden müssen. Auch wenn Schülerinnen und Schüler nicht weit auf der Aufgabenrampe emporsteigen, sollten sie doch in die Urteilsbildung eingebunden werden. Dies kann in einem anschließenden Unterrichtsgespräch, während die Arbeitsergebnisse vorgestellt werden, geschehen. Die komplexere Variante der *Rampe* ist die *Blütenaufgabe*.

Annemarie von der Groeben, Ingrid Kaiser 2013: Werkstatt Individualisierung. Hamburg, S. 45

Aufgabenarrangement

Reisetagebuch

Das *Reisetagebuch* ist eine Form des offenen Unterrichts. Bei der Arbeit mit einem *Reisetagebuch* wird ein schüleraktivierendes, offenes Aufgabenformat („Kernidee"), meist in Frageform, angeboten. Bei der Arbeit an der Kernidee arbeiten die Schülerinnen und Schüler kooperativ und unterstützen sich gegenseitig. Damit dies auch in heterogenen Gruppen funktioniert, empfiehlt es sich, entweder Kernideen auf einem mittleren Anspruchniveau anzubieten oder mehrere Kernideen zum gleichen Thema auf unterschiedlichen Anspruchsniveaus anzubieten, die dann in leistungshomogeneren Gruppen bearbeitet werden.

Lerngruppenpassung

Ein *Reisetagebuch* zu führen bedeutet, im Dialog mit anderen individuelle Lern- und Arbeitsstrategien zu fördern und Möglichkeiten zur Weiterentwicklung anzubieten. Ziel ist es, metakognitive Selbststeuerungskompetenzen, effektive Lernstrategien und kommunikative Kompetenzen voranzubringen.

Bildungsrelevanz

Ein *Reisetagebuch* ist ein Heft, in dem Schülerinnen und Schüler ihre Lernerfahrungen festhalten. Die Schülerinnen und Schüler treten zum einen in einen Dialog über ihr Lernen mit sich selbst und reflektieren zum anderen Lernerfahrungen im Dialog mit ihren Mitschülerinnen und Mitschülern. Dabei wird das Lernen im kooperativen Verfahren (ich – du – wir) untersucht, kommentiert und optimiert. Aufgrund seiner einfachen Struktur eignet sich ein *Reisetagebuch* als Einstiegsmethode in komplexere Aufgabenarrangements.

Didaktische Funktion und Struktur

Die Arbeit an einem *Reisetagebuch* ist dialogischer Unterricht in zwei Phasen.
Produktive Phase:
- Eine „Kernidee", meist in Frageform, lenkt das Interesse und die Motivation der Schülerinnen und Schüler auf ein bestimmtes Problem und provoziert zur Auseinandersetzung mit der Sache.
- Schülerinnen und Schüler erkunden eigene Lernwege ohne weitere Lenkung durch den Lehrer/die Lehrerin. Sie notieren Stationen ihres Lernens im *Reisetagebuch*.

Reflexionsphase:
- Die „singulären" Erkenntnisse werden von Mitschülerinnen und Mitschülern gesichtet und mithilfe der Leitfrage „Wie machst du das?" kommentiert.
- Die entstehenden Kokonstruktionen werden besprochen und als objektive Lernstrategien zu sogenannten „regulären" Erkenntnissen weiterentwickelt.

Im *Reisetagebuch* werden nur Lernerfahrungen dokumentiert. Inhalte, Übungen etc. werden in den entsprechenden Fachheften notiert. In den Dialogphasen werden keine Fachinhalte besprochen, der Fokus liegt allein auf der Wahrnehmung des Lernprozesses.
Feedback-Erfahrungen erleichtern die Selbstreflexion des Lernens in schriftlicher Form. In der Einführungsphase können Leitfragen oder Ankreuzbögen die Verbalisierung von Lernerfahrungen erleichtern. Solche Feedback-Bögen finden Sie als Kopiervorlage im Teil III des Handbuches.
Verwandte Aufgabenarrangements sind *Lerntagebuch*, *Logbuch* und *Scaffolding*.

Tipps für die Praxis

---
methodenpool.uni-Koeln.de/download/tagebuchmethode.pdf (Zugriff: 30.12.2016)

Aufgabenarrangement

Scaffolding

Scaffolding bedeutet übersetzt Gerüst. Man versteht darunter ein Aufgabenarrangement, bei dem eine Methode oder eine Arbeitstechnik im Vordergrund steht und wie ein Gerüst das Lernen komplexer fachlicher Inhalte unterstützt.

Lerngruppenpassung

Individualisierungs- und Differenzierungsmöglichkeiten ergeben sich über die inhaltliche Anbindung der Methode oder Arbeitstechnik. So können Methoden oder Arbeitstechniken an unterschiedlich komplexen Materialien zum gleichen Fachthema erarbeitet werden.

Bildungsrelevanz

Scaffolding ist eine angewandte Methodenaufgabe. Im Vordergrund steht der Erwerb abgesicherter Methodenkompetenz, die immer angebunden an die Auseinandersetzung mit dem Fachlichen ist und die Schülerinnen und Schüler über selbstständiges Arbeiten zu mehr Bildungsautonomie führen soll.

Didaktische Funktion und Struktur

Scaffolding hebt die Dichotomie von inhaltlichem und methodischem Lernen auf, indem es ein Prinzip der methodischen Anleitung an ein konkretes Beispiel des fachlichen Lernens anbindet. Es stellt somit ein Bindeglied dar zwischen den allgemein- und fachdidaktischen Methodenkompetenzen und den fachlichen Sachkompetenzen. Indem beide Bereiche miteinander verknüpft werden, wird Bildung auf einem höheren Niveau realisiert und aus lernpsychologischer Sicht *„die Zone der nächsten Entwicklung"* (Wygotski) erreicht.

Da Aufgaben in den meisten Fällen methodische Kompetenzen ausgesprochen oder unausgesprochen voraussetzen, allerdings ohne zu jenen konkreten Handlungsschritten anzuleiten, die für die erfolgreiche Bearbeitung der Aufgabe notwendig sind, scheitern viele Schülerinnen und Schüler, womit die Aufgabe letztendlich bildungsunwirksam bleibt.

Scaffolding ist eine aufgabenimmanente Hilfs- und Orientierungsstruktur, um in der *Einführungsphase* einer neuen Methode oder Arbeitstechnik komplexes fachliches Lernen Schritt für Schritt zu ermöglichen. Dabei wird jeder einzelne Handlungsschritt einer Methode an einen zu erarbeitenden Aspekt des Fachinhalts angeknüpft.

Tipps für die Praxis

Das Aufgabenarrangement *Scaffolding* wird nur eingesetzt, um eine neue Methode einzuführen. Damit Schülerinnen und Schüler mit der Methode vertraut werden, sollte sie innerhalb eines kurzen Zeitraums mehrfach durchgeführt werden. Dabei sollte das Gerüst Schritt für Schritt abgebaut werden, damit das methodische Lernen zunehmend in den Hintergrund tritt, bis Schülerinnen und Schüler der Fachaufgabe immanente Methoden erkennen und die Fachaufgabe schließlich selbstständig nach dem Methodenmuster bearbeiten können. Immer ist dabei darauf zu achten, dass die fachlichen Anforderungen der Aufgabe so komplex sind, dass die Anwendung der Methode Voraussetzung für die erfolgreiche Bearbeitung der Problemstellung ist.

Ein verwandtes Aufgabenarrangement ist das *Reisetagebuch*.

Annemarie von der Groeben, Ingrid Kaiser 2011: Rampe, Fächer, Blüte, Gerüst. In: Pädagogik 4, S. 41 f.

Aufgabenarrangement

Stationenlernen

Das *Stationenlernen* wird in den gängigen Methodiken als sogenannte Makromethode ausgewiesen. In der Regel besteht es aus einem Pflichtteil und einem Wahlteil. Die Aufgaben eines *Stationenlernens* bieten unterschiedliche Schwierigkeitsgrade und Bearbeitungstiefen, so dass jeder/jede auf seinem/ihrem Leistungsniveau arbeiten kann. Differenzierungssignaturen erleichtern den Schülerinnen und Schülern die Orientierung.

Ein *Stationenlernen* ist methodisch abwechslungsreich. Es zielt auf Selbstorganisation und Selbstständigkeit. Seine Aufgaben schulen alle Kompetenzbereiche. Reproduzierende Erschließungsaufgaben sind Pflichtaufgaben für alle Schülerinnen und Schüler. Mit ihnen wird ein basales fachliches Wissen erarbeitet. Erweiterungs-, Vertiefungs- oder Beurteilungsaufgaben können hingegen sowohl Pflicht- als auch Wahlaufgabe sein.

Mit dem *Stationenlernen* erarbeiten Schülerinnen und Schüler zusammenhängende Aspekte eines Themas. Die Organisation eines *Stationenlernens* ist aufwändig in der Vorarbeit: Kopiervorlagen, Aufgaben aus Arbeitsheften und Schulbüchern, Lernspiele und vieles mehr müssen ausgearbeitet und den einzelnen Stationen zugewiesen werden.
Die Durchführung eines *Stationenlernens* im Unterricht ist in der Regel entspannend, da die Schülerinnen und Schüler über einen längeren Zeitpunkt selbstständig arbeiten und ihre Arbeitsergebnisse mithilfe von Lösungsblättern überprüfen.
Die Kontrolle des Arbeitsprozesses und die Bewertung der Leistung erfolgt in der Regel durch Laufzettel parallel zur Arbeitsphase der Schülerinnen und Schüler. Zum Abschluss des *Stationenlernens* sollten besondere Leistungen präsentiert und gewürdigt werden.

Ein *Stationenlernen* muss Angebote auf verschiedenen Anforderungsebenen machen. Es darf weder unterfordern, noch überfordern. Beides hätte fatale Auswirkungen auf Motivation und Disziplin. Ein *Stationenlernen* verlangt klare Struktur und Transparenz in Material und Durchführung. Um Chaos in der Anfangsphase zu vermeiden und um den Start in das *Stationenlernen* zu entzerren, empfiehlt es sich, mehrere Einstiegsstationen anzubieten.
Ein *Stationenlernen* gelingt, wenn drei Grundsätze beachtet werden.
1. Ein *Stationenlernen* ist strukturiert und beschränkt sich auf ein Thema.
2. Ein *Stationenlernen* organisiert Wahlmöglichkeiten auf unterschiedlichen Anforderungsniveaus und lässt individuelle Lernwege zu.
3. Ein *Stationenlernen* variiert Lernangebote und lässt mehrkanaliges Lernen zu.

Stationenlernen wird sowohl als Oberbegriff wie auch als Synonym für eine Vielzahl von Systemvarianten (Lernzirkel, Lernstraße, Infotheke, Lernzone, Lernkabinett …) verwendet. Ein verwandtes Aufgabenarrangement ist die *Lerntheke*.

Lerngruppenpassung

Bildungsrelevanz

Didaktische Funktion und Struktur

Tipps für die Praxis

Roland Bauer 2011: Lernen an Stationen. In: Grundschul-Zeitschrift Nr. 241, Februar 2011, S. 22 ff.

Aufgabenarrangement

Wochenplan

Lerngruppenpassung

Ein *Wochenplan* öffnet und individualisiert Unterricht. Er verfügt über einfache differenzierende Strukturen: In einem *Wochenplan* werden in der Regel Wahl- und Pflichtaufgaben angeboten, die von Schülerinnen und Schülern in fester Wochenrhythmisierung eigenständig erarbeitet werden. In einem *Wochenplan* werden verschiedene Aufgabenformate zu finden sein. Wie bei allen Aufgabenarrangements ist auch hier darauf zu achten, dass die Aufgabenauswahl passt, dass jeder Schüler/jede Schülerin Aufgaben in angemessener Bearbeitungstiefe findet, die er/sie weitgehend selbstständig bearbeiten kann. Vertiefungs- und Erweiterungsaufgaben ergänzen die Wochenplanarbeit. Während langsame Lerner und Lernerinnen noch an ihren Wochenplanelementen arbeiten, können sich schnelle Lernerinnen und Lerner individuell mit den Ergänzungsmaterialien befassen.

Bildungsrelevanz

Wochenpläne dienen dem fachlichen Lernen und erschließen vor allem Sach- und Beurteilungskompetenzen. Sie können fachspezifisch gestaltet oder fächerübergreifend konzipiert sein. Wochenplanstrukturen unterstützen die Selbstwahrnehmung. Indem sie die Arbeit über einen zuvor festgelegten Zeitraum in die Hände der Schülerinnen und Schüler legen, trainieren Wochenplanstrukturen das Zeitmanagement und fördern die Fähigkeit, selbstständig an einem Thema zu arbeiten.

Didaktische Funktion und Struktur

Ein *Wochenplan* eignet sich als Einstiegsmethode in offenen und individualisierten Unterricht. Er fördert stärker als beispielsweise Lernzirkel oder Stationenlernen, bei denen Schülerinnen und Schüler sich im Klassenraum bewegen müssen, entspanntes Arbeiten in ruhiger Atmosphäre. Zudem ist die Arbeit mit dem *Wochenplan* problemlos auszuweiten. Sie kann in der Einführungsphase mit wenigen Aufgaben aus wenigen Fächern in kleinen Zeitfenstern beginnen. Wenn sich dann Routine eingestellt hat, kann jeder *Wochenplan* mit den Fähigkeiten der Schülerinnen und Schüler zur Selbststeuerung wachsen.

Die Wochenplanarbeit endet mit einem Wochenrückblick, bei dem Arbeitsverhalten, Gelungenes und Schwieriges festgehalten und besprochen werden. Die fachliche Richtigkeit der Arbeiten überprüft der Lehrer/die Lehrerin im Anschluss an die Reflexionsphase.

Tipps für die Praxis

Routine wird sich nur einstellen, wenn die Arbeit am *Wochenplan* einen festen Platz in der Tages- und Wochenrhythmisierung hat und ritualisiert wird. Deshalb ist auf die Einhaltung von Verhaltensregeln während der Arbeitsphasen besonders zu achten. Darüber hinaus darf Wochenplanarbeit nicht zu einer Endlosschleife von stiller Einzelarbeit verkommen. Wochenplanarbeit ist immer nur ein Element des Schultages und über ihre Lernerfahrungen muss zeitnah mit Schülerinnen und Schülern gesprochen werden.

Eiko Jürgens (Hg.) Dietmut Kucharz 2010: Offener Unterricht heute. Konzeptionelle und didaktische Weiterentwicklung. Weinheim und Basel

Teil III: Aufgabenpraxis

1. Operatoren konkret: Wie können Schülerinnen und Schüler einen sicheren Umgang mit Aufgabenstellungen erwerben?

Zur Arbeit mit Operatorenkartei und Operatorentraining

In Teil II des Aufgabenbuchs wurden 20 fächerübergreifend relevante Operatoren vorgestellt und merkmalsklassifiziert beschrieben. Da Schülerinnen und Schüler sich erfahrungsgemäß schwer tun, Operatoren in Aufgabenstellungen zu identifizieren und aus ihnen konkrete Handlungsschritte für die Lösung von Aufgaben abzuleiten, finden Sie auf den nächsten Seiten ...
- eine Operatorenkartei für Schülerinnen und Schüler und
- ein Operatorentraining in Form eines Lernzirkels.

Die *Operatorenkartei für Schülerinnen und Schüler* beschreibt die Funktion von Operatoren im Aufgabenkontext und stellt konkrete Handlungsschritte vor, die Schülerinnen und Schüler durchführen müssen, um eine Aufgabenstellung bewältigen zu können. Diese Kartei versteht sich als Nachschlage- und Merksammlung, auf die im Unterricht zurückgegriffen werden kann, um einen professionelleren Umgang mit Operatoren und Aufgabenstellungen in der alltäglichen Bearbeitung von Aufgaben anzuleiten. Wenn also von Schülerinnen und Schülern eine komplexe Aufgabenstellung zu bearbeiten ist, dann besteht eine Professionalisierungsmöglichkeit darin, diese Aufgabenstellung detailliert zu lesen, indem man ...
1. den Operator in der Aufgabenstellung unterstreicht,
2. mithilfe der entsprechenden Lernkartei klärt, welche Handlungen bis zur Lösung der Aufgabe in welcher Reihenfolge durchzuführen sind und
3. abschließend, nachdem jeder/jede die Aufgabe in seinem/ihrem Verständnis gelöst hat, die Vorgehensweisen in einem Feedbackgespräch evaluiert.

Die Analyse von Aufgabenstellungen und die Schlussfolgerungen für Lernhandlungen werden so mit dem fachlichen Lernen verzahnt. Zudem ist die *Operatorenkartei für Schülerinnen und Schüler* Materialgrundlage für das nachfolgend vorgestellte *Operatorentraining*.

Das *Operatorentraining* soll Schülerinnen und Schüler in den professionellen Umgang mit Operatoren und Aufgabenstellungen einführen, damit es zukünftig nicht mehr der unreflektierten Erfahrung oder dem Zufall überlassen bleibt, ob die Aufgabenstellung korrekt verstanden wird. Ist dieses Ziel mit der Zeit erreicht, dann findet in gleichem Maße eine enorme Vorentlastung für das fachliche Lernen statt: Schwierigkeiten beim Verstehen der Aufgabenstellung lenken nicht mehr von der Auseinandersetzung mit dem eigentlich zu lösenden fachlichen Problem ab. Missverständnisse beim Verstehen der Aufgabenstellung verhindern nicht mehr die Auseinandersetzung mit dem zu lösenden fachlichen Problem.

Das *Operatorentraining* ist als Lernzirkel konzipiert: In insgesamt elf Stationen können Schülerinnen und Schüler sich auf unterschiedlichen Anspruchsniveaus mit Operatoren und Aufgabenstellungen auseinandersetzen.

Das *Operatorentraining* sollte Teil des Methodencurriculums jeder Schule werden. Es ist besonders dazu geeignet, an Methoden- und Projekttagen systematisch die Aufgabenkultur an der Schule weiterzuentwickeln.

Operatorentraining: Didaktisch-methodischer Kommentar

Warum ist ein Operatorentraining wichtig?

Schülerinnen und Schüler müssen Aufgabenstellungen sinnverstehend lesen können. Dies gelingt ihnen einerseits, wenn sie die fachlichen Inhalte der Aufgabenstellung erkennen und erfassen, die Aufgabe somit thematisch einordnen können. Andererseits müssen sie aber ebenso die Handlungsanweisungen der Aufgabenstellung erfassen, also die Operatoren erkennen und deren Bedeutung verstehen. Beides ist Voraussetzung, um eine Aufgabe erfolgreich bearbeiten zu können.

Für das Verständnis der fachlichen Aspekte einer Aufgabenstellung sind die einzelnen Fächer und Fachlehrer verantwortlich. Das Verständnis der Operatoren anzuleiten ist jedoch eine fächerübergreifend relevante Verantwortung, die eine ebenso klare wie verbindliche Zuschreibung verlangt.

Um dieser Verantwortung für das Lernen der Schülerinnen und Schüler zu entsprechen, bedarf es erstens einer Haltung bei Lehrerinnen und Lehrern, die aus der Erkenntnis erwächst, dass Operatorenwissen nicht stillschweigend vorausgesetzt werden darf. Es bedarf darüber hinaus dann aber auch der entsprechenden Werkzeuge, um Operatorenwissen im Unterricht zu vermitteln. Ein solches Werkzeug ist der nachfolgende *Lernzirkel* mit seinen unterschiedlichen Lernangeboten.

Wie ist das Opertorentraining konzipiert?

Der *Lernzirkel* macht Differenzierungsangebote auf drei Anforderungsebenen und bietet zudem Stationen für individualisiertes Lernen an. Er eignet sich infolgedessen für den Einsatz in stark heterogenen Lerngruppen und kann in verschiedenen Jahrgangsstufen eingesetzt werden. Er besteht aus Einstiegsstationen und Wahlstationen.

Die Einstiegsstationen sind für alle Schülerinnen und Schüler Pflichtstationen.

Station 1: Informationen über Operatoren aus einem Text entnehmen ist als Hörstation gedacht. Der Text sollte aufgesprochen werden und von den Schülerinnen und Schülern mithilfe der differenzierenden Arbeitsblätter erschlossen werden. Mit dieser Station wird grundlegendes Operatorenwissen vermittelt.

Station 2: Operatoren in eine Tabelle einordnen stellt einen Ordnungsrahmen für Operatoren vor, dessen doppelter Sinn es ist, sowohl eigene Lernerfahrungen systematisch zu betrachten als auch Orientierungsstrukturen wahrzunehmen. Dies erleichtert sowohl das Verstehen als auch das Merken. Die Stationenblätter liegen dreifach differenziert vor.

Station 3: Selbsterkundung – Opertorenwissen überprüfen dient der Selbstevaluation. Sie ist Grundlage für einen individualisierten Lernplan. Damit die Selbstevaluation inhaltlich unterfüttert ist, müssen zuvor die Stationen 1 und 2 bearbeitet worden sein.

Station 4: Steckbriefe zu unbekannten Operatoren anlegen ist die erste Wahlstation. Ab hier können Schülerinnen und Schüler in freier Wahl der Reihenfolge insgesamt acht Erweiterungs- und Vertiefungsangebote wahrnehmen. Diese Station nimmt die Ergebnisse der Selbsterkundung in Station 3 auf und individualisiert die weitere Arbeit, da Schülerinnen und Schüler hier die Möglichkeit haben, zu drei Operatoren ihrer Wahl einen Steckbrief anzulegen. Dazu benutzen sie *Material A* und *Material B*.

Station 5: Operatoren passende Bedeutungen zuordnen führt Operatoren und ihre Bedeutungen in einer dreifach differenzierten Zuordnungsaufgabe zusammen.

Station 6: Lückentext, Rätsel und Co. – Opertorenwissen erarbeiten und wiedergeben bietet in der Kombination unterschiedlicher Aufgabentypen die Möglichkeit, Operatorenwissen spielerisch darzustellen und einzuüben. Auch hierzu liegen dreifach differenzierte Arbeitsblätter vor.

Station 7: Mindmap – Operatoren grafisch darstellen reorganisiert das Opertorenwissen Ihrer Schülerinnen und Schüler, die je nach individuellem Leistungsstand unterschiedlich komplexe Mindmaps anlegen. Dazu können sie die *Materialien A* und *B* zurate ziehen.

Station 8: Memory – Operatoren spielerisch einprägen hat den Zweck, Opertoren und ihre Bedeutung spielerisch einzuüben. Das angebotene Memory sollte farbig kopiert werden, da die farblichen Abstufungen der Memorykärtchen Schülerinnen und Schülern die Zuordnung von Operator und Bedeutung erleichtern.

Station 9: Aufgabenanalyse I – Operatoren in Aufgabenstellungen finden und markieren ist von unmittelbarer Bedeutung für den alltäglichen Umgang mit Aufgabenstellungen. Auf drei Differenzierungsniveaus sollen Schülerinnen und Schüler Operatoren in Aufgabenstellungen unterscheiden und gemeinsam ein Placemat gestalten.

Station 10: Aufgabenanalyse II – Operatoren und Fachinhalte unterscheiden und markieren erweitert die Kompetenz, Aufgabenstellungen sinnverstehend zu lesen. Hier sollen Opertoren identifiziert und von den fachlichen Inhalten einer Aufgabenstellung abgegrenzt werden. Beide Stationen vermitteln den systematischen, methodischen Umgang mit Aufgabenstellungen und fördern metakognitive Kompetenzen in der praktischen Anwendung.

Station 11: Rollenspiel – Opertorenwissen szenisch darstellen bildet den Abschluss des Operatorentrainings. Hier können die Schülerinnen und Schüler ihre erworbenen Operatorenkenntnisse in einem gemeinsam zu konzipierenden Rollenspiel zusammenfassen und vorstellen. Die im Plenum vorgestellten Rollenspiele können Ausgangspunkt für eine Abschlussdiskussion in der Klasse sein. Die Abschlussstation kann deshalb auch als Pflichtstation ausgewiesen werden. Aus dem Vergleich von Einstiegs- und Abschlussevaluation, also aus den Ergebnissen der Arbeit in Station 3 und dem Rollenspiel, ergeben sich Schlussfolgerungen über den Lernzuwachs Ihrer Schülerinnen und Schüler.

Das Operatorentraining wird durch Materialien flankiert. Der Einführungstext *Lernzirkel „Aufgaben besser verstehen"* erläutert Schülerinnen und Schülern ihr Vorgehen bei der Bearbeitung des Lernzirkels. Darüber hinaus werden die Symbole der Stationenblätter erklärt.

Das Material A: Übersicht – Operatoren und ihre Bedeutung erläutert Operatoren in einer schülerangemessenen Sprache. *Material B: Operatorenkartei für Schülerinnen und Schüler* vertieft die Operatorenbedeutung und schlägt zudem konkrete Handlungsschritte zur erfolgreichen Bearbeitung einer Aufgabenstellung mit spezifischem Operator vor. Es sollte Schülerinnen und Schülern langfristig als Nachschlagewerk zur Verfügung stehen.

Beide Materialien sind an unterschiedlicher Stelle in den Lernzirkel eingebunden. Sie dienen der Selbstkontrolle der Arbeitsergebnisse. Für einige Stationen liegen zudem *Lösungsblätter* vor.

Ein *Laufzettel* vervollständigt den Lernzirkel. Mit ihm reflektieren Schülerinnen und Schüler ihren Lernprozess. Er dient zudem der Kontrolle des Arbeitsfortschritts.

Kopiervorlage

Lernzirkel „Aufgaben besser verstehen"

Dieser Arbeitsplan gehört:

Schülerinnen und Schüler verstehen Aufgabenstellungen oft nicht richtig und können deshalb Aufgaben auch nicht lösen. Deshalb passiert es immer wieder, dass der Stoff zwar beherrscht wird, man aber trotzdem an der Aufgabe scheitert. Besonders ärgerlich ist dies bei Tests oder Klassenarbeiten. Schlechtere Noten sind dann die Folge. Um dies zu vermeiden, musst du lernen, Aufgaben besser zu verstehen. Dabei ist es besonders wichtig, sogenannte Operatoren zu kennen. Operatoren sind Handlungsanweisungen. Sie sagen dir, was du tun musst und wie du vorgehen musst, um eine Aufgabe erfolgreich zu bearbeiten.

In diesem *Lernzirkel* wirst du mit solchen Operatoren arbeiten. Einen Teil von ihnen wirst du bereits kennen, andere werden dir noch fremd sein. Wenn du den Lernzirkel durchgearbeitet hast, wirst du auf jeden Fall sicherer sein und Aufgaben in Zukunft besser lösen können.

Der *Lernzirkel* ist so aufgebaut, dass du zuerst Einstiegsstationen bearbeitest. Hier lernst du 20 wichtige Operatoren, die in jedem Fach eine Rolle spielen, kennen.

Mit den *Wahlstationen* vertiefst du dein Wissen über Operatoren, trainierst sie spielerisch ein und übst außerdem systematisch, Aufgabenstellungen zu untersuchen.

Die *Abschlussstation* besteht aus einem Rollenspiel. Hier kannst du gemeinsam mit anderen eine Spielszene entwickeln und eine Diskussion in der Klasse führen.

Folgende *Tipps* helfen dir, den Lernzirkel zu bearbeiten.
- Besorge dir für diesen Arbeitsplan einen Schnellhefter. Gestalte für deinen Schnellhefter ein Deckblatt, das thematisch passt. Dann sieht dein Lernzirkel gut aus und die Kopien gehen nicht verloren.
- Schreibe ordentlich und verwende Farben. Dann kannst du auch in Zukunft leichter nachlesen, wenn du etwas vergessen haben solltest oder du dir unsicher bist.
- Bearbeite die Stationen im Unterricht und teilweise zu Hause. Teile dir die Zeit sinnvoll ein! Arbeite im Unterricht so, dass du deine Mitschülerinnen und Mitschüler nicht störst.

Kopiervorlage

Symbole und ihre Bedeutung

Auf dieser Seite findest du eine Übersicht der verwendeten Symbole. Du findest sie auf beinahe jedem Stationenblatt. Sie helfen dir, deine Arbeit besser zu planen.

 Einzelarbeit: Diese Stationen bearbeitest du alleine.

 Partnerarbeit: Diese Stationen bearbeitest du mit einem Partner. Das kann zum Beispiel dein Banknachbar/deine Banknachbarin sein.

 *Gruppenarbeit:* Diese Stationen bearbeitest du in einer Gruppe.

 Die Aufgaben dieser Station sind nicht schwer. Wenn du dich anstrengst, wirst du diese Station erfolgreich bearbeiten.

 Diese Aufgaben sind anspruchsvoll. Hier musst du dich anstrengen.

 Diese Aufgaben haben es wirklich in sich. Hier kannst du zeigen, was in dir steckt.

 Mit diesen Aufgaben kommt jeder zurecht. Jeder arbeitet dabei so gut, wie er kann, und lernt auf seinem Niveau.

 Aufgaben mit diesem Symbol sind Pflichtaufgaben. Du musst sie bearbeiten.

 Aufgaben mit diesem Symbol sind Wahlaufgaben. Hier entscheidest du selbst, ob und wann du diese Station bearbeiten möchtest.

© Westermann Gruppe

Kopiervorlage

Laufzettel von: _____

Auf deinem Laufzettel kannst du erledigte Aufgaben abhaken. Fülle ihn sofort aus, wenn du eine Station bearbeitet hast. Gehe erst dann zur nächsten Station, wenn du die Arbeit an der „alten" Station vollständig erledigt hast. Dazu gehört auch, dass du deine Stationen mithilfe der Lösungsblätter kontrolliert hast.

Station Pflichtstationen Wahlstationen	erledigt am … _____ Notiere die Zeit in Minuten.	Ich habe sauber gearbeitet. Male das passende Smiley aus.	Meine Station hatte folgenden Schwierigkeitsgrad. Unterstreiche das passende Symbol.	Die Arbeit ist mir gut von der Hand gegangen. Male das passende Smiley aus.	Ich habe die Ergebnisse mithilfe des Lösungsblattes kontrolliert. Kreuze an.	Das sagt mein Lehrer oder meine Lehrerin zu meiner Arbeit.
Station 1 *Informationstext lesen oder hören*		☺ 😐 ☹	💡 💡 💡	☺ 😐 ☹		
Station 2 *Tabelle anlegen*		☺ 😐 ☹	💡 💡 💡	☺ 😐 ☹		
Station 3 *Selbsterkundung durchführen*		☺ 😐 ☹	💡 💡 💡	☺ 😐 ☹		
Station 4 *Operatorensteckbriefe anlegen*		☺ 😐 ☹	💡 💡 💡	☺ 😐 ☹		
Station 5 *Operatorenbedeutungen zuordnen*		☺ 😐 ☹	💡 💡 💡	☺ 😐 ☹		
Station 6 *Operatorenwissen erarbeiten und überprüfen*		☺ 😐 ☹	💡 💡 💡	☺ 😐 ☹		
Station 7 *Mindmap anlegen*		☺ 😐 ☹	💡 💡 💡	☺ 😐 ☹		
Station 8 *Operatoren-Memory spielen*		☺ 😐 ☹	💡 💡 💡	☺ 😐 ☹		
Station 9 *Operatoren in Aufgabenstellungen finden*		☺ 😐 ☹	💡 💡 💡	☺ 😐 ☹		
Station 10 *Operatoren und Fachinhalte unterscheiden*		☺ 😐 ☹	💡 💡 💡	☺ 😐 ☹		
Station 10 *Rollenspiel erarbeiten*		☺ 😐 ☹	💡 💡 💡	☺ 😐 ☹		

Material A: Übersicht – Operatoren und ihre Bedeutung

In der folgenden Tabelle findest du 20 wichtige Operatoren. Sie begegnen dir in jedem Fach. Damit du dich besser orientieren kannst, sind sie in drei Gruppen zusammengefasst und in jeder Gruppe nach zunehmendem Schwierigkeitsgrad geordnet.

Wiedergeben	Anwenden	Beurteilen
nennen, benennen, angeben Begriffe und Sachverhalte aufzählen	**erläutern** Sachverhalte an Beispielen veranschaulichen	**prüfen, überprüfen** Richtigkeit eines Sachverhaltes fachlich wiedergeben
beschreiben typische Merkmale wiedergeben	**erklären** Sachverhalte, Strukturen, Abläufe wiedergeben, begründen und durch Beispiele veranschaulichen	**auswerten** Daten oder Einzelergebnisse zusammenfassen und Schlussfolgerungen ziehen
darstellen Zusammenhänge und Sachverhalte wiedergeben	**analysieren** Merkmale einer Sache oder eines Ablaufs eigenständig erkennen und wiedergeben	**begründen** Sachverhalte auf Regeln zurückführen oder durch Argumente untermauern
zeichnen Gegenstände, Strukturen, Abläufe zeichnerisch wiedergeben	**herausarbeiten, untersuchen** aus Materialien typische Merkmale selbstständig herleiten und wiedergeben	**beurteilen** Richtigkeit eines Sachverhaltes mithilfe von Regeln und Fachwissen wiedergeben und durch fachliche Argumente untermauern
ordnen, anordnen Begriffe oder Zusammenhänge einteilen und die Einteilung gegebenenfalls begründen	**skizzieren** wichtige Zusammenhänge eines Sachverhaltes oder Problems zeichnerisch, mündlich oder schriftlich wiedergeben	**bewerten** Richtigkeit eines Sachverhaltes fachlich begründen und durch eigene Werturteile untermauern
	zusammenfassen wesentliche Aussagen systematisch wiedergeben	**diskutieren** zusammenhängende Argumentationen entwickeln und wiedergeben
	charakterisieren typische Merkmale einer Sache oder eines Sachverhaltes erkennen und unter bestimmten Gesichtspunkten wiedergeben	**interpretieren** Sinnzusammenhänge und Erklärungen eigenständig herausarbeiten und im Gesamtzusammenhang wiedergeben
	vergleichen mindestens zwei Sachverhalte unter bestimmten Gesichtspunkten gegenüberstellen	

Material B: Operatorenkartei für Schülerinnen und Schüler

Analysieren, Untersuchen
Wenn in einer Aufgabenstellung steht, dass du etwas analysieren oder untersuchen sollst, dann musst du Merkmale oder Besonderheiten eines Textes, einer Tabelle, eines Schaubildes, eines Bildes, einer Sache oder eines Vorgangs herausfinden. Dabei gehst du folgendermaßen vor:
1. **Schritt:** Du liest zuerst das Material oder betrachtest die Sache oder den Vorgang.
2. **Schritt:** Du überlegst, über welche Merkmale und Besonderheiten du etwas herausfinden sollst.
3. **Schritt:** Du liest das Material erneut durch oder betrachtest die Sache oder den Vorgang ein zweites Mal. Du notierst, was du über die Merkmale oder Besonderheiten dabei entdeckt hast.

Auswerten
Wenn in einer Aufgabenstellung steht, dass du etwas auswerten sollst, dann musst du Daten oder Einzelergebnisse miteinander vergleichen und Schlussfolgerungen aus deinem Vergleich ziehen. Dabei gehst du folgendermaßen vor:
1. **Schritt:** Du machst dich zuerst mit den vorgegebenen Daten vertraut, indem du sie mehrfach liest und dir Gemeinsamkeiten und Unterschiede notierst.
2. **Schritt:** Du überlegst, welche Schlussfolgerungen du daraus ziehen kannst. Das können Gesetzmäßigkeiten, Regeln oder Tipps für andere sein.

Begründen
Wenn in einer Aufgabenstellung steht, dass du begründen sollst, dann musst du die Richtigkeit von Sachverhalten oder Behauptungen überprüfen. Dabei gehst du folgendermaßen vor:
1. **Schritt:** Du denkst darüber nach, ob der Sachverhalt oder die Behauptung stimmen.
2. **Schritt:** Du notierst Gründe, die den Sachverhalt oder die Behauptung stützen oder widerlegen.
3. **Schritt:** Du überlegst dir Beispiele, die deine Begründungen veranschaulichen.

Benennen, Nennen
Wenn in einer Aufgabenstellung steht, dass du etwas benennen oder nennen sollst, dann musst du Begriffe aufzählen oder Begriffe Gegenständen und Sachverhalten zuordnen. Dabei gehst du folgendermaßen vor:
1. **Schritt:** Du überlegst, welche Begriffe zu dem Thema gehören.
2. **Schritt:** Du zählst alle Informationen, Begriffe, Schlüsselwörter oder Daten, nach denen gefragt wird, in einer sinnvollen Reihenfolge auf oder ordnest sie zu.

Kopiervorlage

Beschreiben
Wenn in einer Aufgabenstellung steht, dass du etwas beschreiben sollst, dann musst du einen Sachverhalt, eine Struktur oder ein Verfahren wiedergeben. Dabei gehst du folgendermaßen vor:
1. Schritt: Du liest den zugrunde liegenden Text, beobachtest einen Vorgang oder betrachtest eine Abbildung. Du notierst, was dir wichtig erscheint. Werden in der Aufgabenstellung bestimmte Aspekte genannt, dann notierst du nur Informationen zu diesen Aspekten.
2. Schritt: Du überlegst, in welcher Reihenfolge du deine Beobachtungen beschreibst. Gehe dabei so vor, wie du es im Fachunterricht gelernt hast.

Charakterisieren
Wenn in einer Aufgabenstellung steht, dass du etwas charakterisieren sollst, dann musst du die wesentlichen Aspekte eines Sachverhaltes oder Vorgangs oder typische Merkmale einer Person nennen und diese begründen.
Dabei gehst du folgendermaßen vor:
1. Schritt: Du liest den zugrunde liegenden Text oder betrachtest ein Bild oder einen Filmausschnitt unter dem zu charakterisierenden Aspekt.
2. Schritt: Du überlegst, was wesentlich oder typisch für den Sachverhalt, den Vorgang oder die Person ist und notierst die Merkmale oder Eigenschaften.
3. Schritt: Du suchst im Text, Bild oder Filmausschnitt nach Stellen, die deine Behauptungen belegen, und notierst diese ebenfalls.

Beurteilen
Wenn in einer Aufgabenstellung steht, dass du etwas beurteilen sollst, dann musst du zu einem Sachverhalt Stellung nehmen, indem du deine Meinung fachlich begründest. Dabei gehst du folgendermaßen vor:
1. Schritt: Du benennst das fachliche Problem und den Sachverhalt, zu dem du einen Lösungsvorschlag oder eine begründete Meinung abgeben sollst.
2. Schritt: Du überlegst, mit welchen Informationen du deine Meinung oder deinen Vorschlag zur Problemlösung begründen kannst.
3. Schritt: Du formulierst deinen Problemlösungsvorschlag oder deine Meinung mit ausführlicher Begründung.

Benennen, Nennen
Wenn in einer Aufgabenstellung steht, dass du etwas benennen oder nennen sollst, dann musst du Begriffe aufzählen oder Begriffe Gegenständen und Sachverhalten zuordnen. Dabei gehst du folgendermaßen vor:
1. Schritt: Du überlegst, welche Begriffe zu dem Thema gehören.
2. Schritt: Du zählst alle Informationen, Begriffe, Schlüsselwörter oder Daten, nach denen gefragt wird, in einer sinnvollen Reihenfolge auf oder ordnest sie zu.

© Westermann Gruppe

Kopiervorlage

Diskutieren
Wenn in einer Aufgabenstellung steht, dass du etwas diskutieren sollst, dann musst du andere mit Argumenten überzeugen. Dabei gehst du folgendermaßen vor:
1. Schritt: Du liest das zugrunde liegende Material und findest deinen Standpunkt.
2. Schritt: Du notierst Gründe, die deinen Standpunkt oder deine Behauptungen bestärken.
3. Schritt: Du sucht Beispiele, mit denen du deine Behauptungen und Begründungen belegen kannst.
4. Schritt: Du fügst Behauptung, nachvollziehbare Begründung und passendes Beispiel zu einem Argument zusammen.

Erläutern
Wenn in einer Aufgabenstellung steht, dass du etwas erläutern sollst, dann musst du wichtige Aspekte eines Sachverhaltes anschaulich darstellen. Dabei gehst du folgendermaßen vor:
1. Schritt: Du liest das zugrunde liegende Material und überlegst, welchen Teil des Sachverhaltes du veranschaulichen sollst. Wenn kein Material benutzt werden darf, dann überlegst du, was du bereits über das Thema weißt.
2. Schritt: Du formulierst wichtige Aspekte des Sachverhaltes und suchst nach Beispielen oder Belegen, die deine Erläuterung veranschaulichen.

Darstellen
Wenn in einer Aufgabenstellung steht, dass du etwas darstellen sollst, dann musst du einen Sachverhalt unter Verwendung der Fachsprache wiedergeben. Im Fach Mathematik musst du dazu eine Zeichnung anfertigen. Dabei gehst du folgendermaßen vor:
1. Schritt: Du liest das zugrunde liegende Material und überlegst, was wichtig an dem Sachverhalt ist. Du machst dir Notizen.
2. Schritt: Du überlegst, welche Fachbegriffe mit dem Thema verknüpft sind. Notiere sie.
3. Schritt: Du gibst das Thema in eigenen Worten wieder. Wo immer es sinnvoll erscheint, verwendest du dabei die notierten Fachbegriffe. Im Fach Mathematik fertigst du ausgehend von den vorgegebenen Informationen eine Zeichnung an und benutzt zur Beschriftung Fachbegriffe.

Erklären
Wenn in einer Aufgabenstellung steht, dass du etwas erklären sollst, dann musst du wesentliche Aspekte eines Sachverhaltes oder Vorgangs wiedergeben. Dabei gehst du folgendermaßen vor:
1. Schritt: Du liest das zugrunde liegende Material und überlegst, was wichtig für das Verstehen der Sache ist. Dabei stellst du dir am besten jemanden vor, der/die keine Ahnung von der Sache hat und dem/der du diese Sache so erklären sollst, dass er/sie sie versteht.
2. Schritt: Du überlegst, was typisch für den Sachverhalt ist. Erklärst du Sachverhalte, dann achtest du besonders auf Zusammenhänge und besondere Strukturen. Erklärst du Vorgänge oder Prozesse, dann achtest du besonders auf den zeitlichen Ablauf oder unterscheidest Ursachen und Folgen.

Kopiervorlage

Interpretieren
Wenn in einer Aufgabenstellung steht, dass du etwas interpretieren sollst, dann musst du Sinnzusammenhänge eines Sachverhaltes erkennen. Dabei gehst du folgendermaßen vor:
1. Schritt: Du liest das zugrunde liegende Material und überlegst, welche Bedeutung der dargestellte Sachverhalt hat.
2. Schritt: Du suchst nach Begründungen für deine Deutung des Sachverhaltes.
3. Schritt: Du fügst deinen Deutungen die Begründungen hinzu. Dabei beziehst du dich immer auf das zugrunde liegende Material.

Prüfen, Überprüfen
Wenn in einer Aufgabenstellung steht, dass du etwas prüfen oder überprüfen sollst, dann musst du nachweisen, ob ein Sachverhalt zutrifft, eine Sache richtig dargestellt ist oder eine Argumentation schlüssig ist.
1. Schritt: Du liest das Material genau oder beobachtest intensiv eine Sache, einen Vorgang oder einen naturwissenschaftlichen Versuch.
2. Schritt: Du suchst nach logischen Fehlern im Text, Bild, einer Zeichnung, Argumentation oder in einem Versuchsaufbau.
3. Schritt: Du beschreibst das Ergebnis deiner Prüfung. Dazu bestätigst du die Richtigkeit oder Fehlerhaftigkeit der von dir geprüften Sache und begründest dein Urteil.

Herausarbeiten, Erschließen, Untersuchen
Wenn in einer Aufgabenstellung steht, dass du etwas herausarbeiten, erschließen oder untersuchen sollst, dann musst du Merkmale und Zusammenhänge eines Sachverhalts darstellen. Dabei gehst du folgendermaßen vor:
1. Schritt: Du liest das zugrunde liegende Material oder beobachtest etwas aufmerksam. Du notierst wichtige Informationen.
2. Schritt: Du überlegst, wie die notierten Einzelinformationen zusammenhängen, und ordnest deine Informationen in diesen Zusammenhang ein.
3. Schritt: Du begründest die herausgefundenen Zusammenhänge.

Ordnen, Zuordnen, Einordnen
Wenn in einer Aufgabenstellung steht, dass du etwas ordnen, zuordnen oder einordnen sollst, dann musst du Begriffe in eine sinnvolle Reihenfolge bringen oder sie Oberbegriffen und Elementen von Bildern oder Zeichnungen zuordnen.
1. Schritt: Du liest das Material genau und überlegst, welche Begriffe du wie zuordnen sollst. Wenn Begriffe vorgegeben sind, dann verwendest du diese. Wenn Ordnungsstrukturen, zum Beispiel Tabellen oder Ablaufdiagramme, vorgegeben sind, dann verwendest du sie.
2. Schritt: Du beschriftest ein Schema, füllst eine Tabelle aus oder ordnest Begriffe ihren Oberbegriffen zu.

© Westermann Gruppe

Kopiervorlage

Vergleichen
Wenn in einer Aufgabenstellung steht, dass du etwas vergleichen sollst, dann musst du Ähnlichkeiten oder Unterschiede in mindestens zwei Sachverhalten finden und sie einander gegenüberstellen.

1. Schritt: Du überlegst, was du vergleichen sollst. Das steht manchmal in der Aufgabenstellung.

2. Schritt: Du notierst Ähnlichkeiten und Unterschiede, die dir auffallen.

3. Schritt: Du stellst Gemeinsamkeiten und Unterschiede einander gegenüber. Benutze eigene Formulierungen. Zur Gegenüberstellung eignen sich zum Beispiel zweispaltige Tabellen.

Zusammenfassen
Wenn in einer Aufgabenstellung steht, dass du etwas zusammenfassen sollst, dann musst du wesentliche Aussagen zu einem Sachverhalt erkennen und wiedergeben.

1. Schritt: Du liest den Text mithilfe einer dir bekannten Lesemethode und markierst die wichtigen Aussagen zu dem Sachverhalt, um den es geht.

2. Schritt: Du überlegst, wie du deine Informationen wiedergeben willst. Dazu brauchst du Oberbegriffe. Wenn die Oberbegriffe in der Aufgabenstellung vorgegeben sind, dann ordnest du deine Informationen diesen Oberbegriffen zu. Sind keine Oberbegriffe genannt, dann musst du selbst Oberbegriffe finden, denen du deine Informationen zuordnen kannst.

Skizzieren
Wenn in einer Aufgabenstellung steht, dass du etwas skizzieren sollst, dann musst du Ideen oder wesentliche Merkmale eines Sachverhaltes zeichnerisch oder in wenigen Worten festhalten.

1. Schritt: Du überlegst, ob du etwas schreiben oder zeichnen sollst.

2. Schritt: Da eine Skizze eine einfache Darstellung ist, in der nur bedeutsame Informationen wiedergegeben werden, musst du herausfinden, was so wichtig ist, dass es in deine Skizze muss. Mach dir Notizen.

3. Schritt: Du achtest darauf, ordentlich zu skizzieren, also entweder zu zeichnen oder einen kurzen Text zu verfassen.

Zeichnen
Wenn in einer Aufgabenstellung steht, dass du etwas zeichnen sollst, dann musst du in den Fächern Mathematik, Naturwissenschaft und Bildende Kunst Gegenstände oder im Fach Deutsch Zusammenhänge bildnerisch gestalten.

1. Schritt: Du überlegst, was du zeichnen sollst. Das weißt du, wenn du über die Fachbegriffe in der Aufgabenstellung nachgedacht und sie verstanden hast und wenn du die Materialien zur Aufgabenstellung gelesen hast.

2. Schritt: Du entscheidest, wie du zeichnen willst. Das weißt du, wenn du dir die Arbeitstechnik bewusst machst. Das kann zum Beispiel eine geometrische Figur sein, eine Tabelle, ein Schaubild oder eine Mindmap.

3. Schritt: Schließlich musst du darauf achten, genau und ordentlich zu zeichnen.

Stationen

Station 1: Informationen über Operatoren aus einem Text entnehmen

In dieser Station erfährst du etwas über Operatoren und Aufgabenstellungen. Zugleich bekommst du erklärt, warum es Sinn macht, den Lernzirkel zu bearbeiten

1. Höre dir den Text konzentriert an oder lies ihn aufmerksam durch.
2. Bearbeite das Stationenblatt auf dem Anspruchsniveau, das deiner Leistungsfähigkeit entspricht. Wähle dazu 💡, 💡💡 oder 💡💡💡-Aufgaben.
3. Vergleiche deine Arbeitsergebnisse mit einem Partner, der das gleiche Stationenblatt bearbeitet hat.

Wenn du alle Aufgaben, die du während deiner Schulzeit bereits bearbeitet hast und in den kommenden Jahren noch bearbeiten wirst, zusammenzählst, dann wirst du auf eine sehr große Zahl kommen. Dein Erfolg in der Schule hängt deshalb davon ab, wie gut du mit Aufgabenstellungen zurechtkommst.

5 Aufgaben begegnen dir in jedem Fach und legen fest, was du tun musst, um den Stoff zu erschließen oder ihn einzuüben. Vormittags musst du dich mit Aufgaben auseinandersetzen, um neuen Stoff zu verstehen, nachmittags musst du mit deinen Hausaufgaben zurechtkommen, um den Stoff einzuüben und in Prüfungssituationen, in Tests oder Klassenarbeiten, entscheiden deine Antworten über deinen Erfolg und deine Noten.

10 Weil Aufgaben nun einmal in der Schule eine so zentrale Rolle spielen, ist es für dich immens wichtig, Aufgabenstellungen zu verstehen.

Leider kommt es aber immer wieder vor, dass Schülerinnen oder Schüler den Stoff des Faches zwar beherrschen, die Aufgabenstellung aber nicht oder falsch verstehen und deshalb an einer Aufgabe scheitern. So sollte zum Beispiel die Schülerin Lena während

15 eines Tests im Fach Geschichte den Verlauf des Ersten Weltkriegs skizzieren. Als ihre Mutter sie nach der Schule fragte, ob sie mit dem Test zurechtgekommen sei, antwortete sie ihr: „Ja, ganz gut, nur bei der Aufgabe *Skizziere den Verlauf des Ersten Weltkriegs* ist mir überhaupt nicht eingefallen, wie ich das malen soll." Lena hatte die wesentlichen Stationen des Ersten Weltkriegs zwar gelernt, kannte aber leider die Bedeutung des

20 Operators *Skizzieren* im Fach Geschichte nicht. Ihr Lehrer hatte erwartet, dass Lena die wichtigen Stationen des Ersten Weltkriegs in einem kurzen Text darstellt. Denn der Operator *Skizzieren* bedeutet in einer Geschichts- oder Deutschaufgabe, dass man einen kurzen Text verfassen muss. Steht derselbe Operator jedoch in einer Kunst- oder einer Physikaufgabe, dann muss man ihn wörtlich verstehen und tatsächlich eine Zeichnung

25 anfertigen.

Für die Aufgabe bekam Lena natürlich keine Punkte und deshalb eine schlechtere Note. Das ärgerte sie sehr. Im Nachhinein wäre Lena bestimmt froh gewesen, wenn sie gewusst hätte, wie man Aufgabenstellungen analysiert. Wenn du es besser machen willst als Lena, dann musst du lernen, wie du fachliche Inhalte und Operatoren in Aufgaben-

30 stellungen erkennst und voneinander unterscheidest. Dazu musst du zuerst einmal wissen, was Operatoren sind. Nun, einfach ausgedrückt, sind Operatoren Handlungsanweisungen. Sie sagen dir, was du machen musst, um eine Aufgabenstellung erfolgreich zu bearbeiten.

Bei der Arbeit mit diesem Lernzirkel wirst du Operatoren und ihre Bedeutungen ken-

35 nenlernen und einüben. Außerdem lernst du, wie man Aufgabenstellungen analysiert. Beides ermöglicht dir, Aufgaben in Zukunft erfolgreicher zu bearbeiten.

Stationen

Station 1: Informationen über Operatoren aus einem Text entnehmen

1. Fülle die Lücken mithilfe des Wortspeichers und überprüfe deine Antworten mithilfe des Lösungsblattes.

Bitte an der richtigen Stelle einsetzen:

| erarbeiten | Hausaufgaben | Prüfungen | Aufgabenstellungen | einzuüben | Unterricht |

Es ist für jede Schülerin und jeden Schüler wichtig, _____ zu verstehen. Das hat unterschiedliche Gründe. Zum einen bestimmen Aufgaben unseren Schulalltag: Sie tauchen im _____ aller Fächer auf und helfen, den Stoff zu _____ und _____. Außerdem müssen Schülerinnen und Schüler regelmäßig _____ erledigen. In _____ entscheiden Aufgaben über die Note und den Schulerfolg.

2. Warum bekam Lena keine Punkte für die Aufgabe? Kreuze die richtige Antwort an und überprüfe sie mithilfe des Lösungsblattes.

   ☐ a) Sie kam mit dem Thema nicht zurecht.
   ☐ b) Sie verstand den Operator nicht richtig.
   ☐ c) Sie kam mit dem Fach Deutsch noch nie zurecht.
   ☐ d) Sie schrieb einen kleinen Text.

3. Welche Aussage stimmt nicht? Streiche die falsche Aussage durch. Überprüfe mithilfe des Lösungsblattes.

   ☐ a) Jede Aufgabe besteht aus fachlichen Inhalten und Operatoren.
   ☐ b) Wenn ich Operatoren kenne, dann verstehe ich den Stoff.
   ☐ c) Operatoren sind Handlungsanweisungen.
   ☐ d) Operatoren sagen mir, was ich tun muss.

4. Kommst du mit Aufgabenstellungen gut klar? Kreuze deine Selbsteinschätzung auf der Skala an.

```
|---------------------------|---------------------------|
1                           2                           3
Sehr oft verstehe ich                       Ich verstehe
Aufgabenstellungen                          Aufgabenstellungen
nicht richtig.                              eigentlich immer.
```

Stationen

Station 1: Informationen über Operatoren aus einem Text entnehmen

1. Fülle die Lücken mithilfe des Wortspeichers und überprüfe deine Antworten mithilfe des Lösungsblattes.

   Bitte an der richtigen Stelle einsetzen:

   | erarbeiten | Hausaufgaben | Prüfungen | Aufgabenstellungen | einzuüben | Unterricht |

   Es ist für jede Schülerin und jeden Schüler wichtig, _____ zu verstehen. Das hat unterschiedliche Gründe. Zum einen bestimmen Aufgaben unseren Schulalltag: Sie tauchen im _____ aller Fächer auf und helfen, den Stoff zu _____ und _____. Außerdem müssen Schülerinnen und Schüler regelmäßig _____ erledigen. In _____ entscheiden Aufgaben über die Note und den Schulerfolg.

2. Warum bekam Lena keine Punkte für die Aufgabe? Kreuze die richtigen Antworten an und überprüfe sie mithilfe des Lösungsblattes.

   - [ ] a) Sie kam mit dem Thema nicht zurecht.
   - [ ] b) Sie verstand den Operator nicht richtig.
   - [ ] c) Sie kam mit dem Fach Deutsch noch nie zurecht.
   - [ ] d) Sie schrieb einen kleinen Text.
   - [ ] e) Sie wusste nicht, was Skizzieren im Fach Deutsch bedeutet.

3. Welche Aussagen stimmen? Kreuze die richtigen Antworten an und überprüfe deine Antworten mithilfe des Lösungsblattes.

   - [ ] a) Jede Aufgabe besteht aus fachlichen Inhalten und Operatoren.
   - [ ] b) Wenn ich Operatoren kenne, dann verstehe ich den Stoff.
   - [ ] c) Operatoren sind Handlungsanweisungen.
   - [ ] d) Operatoren kommen nur selten in Aufgabenstellungen vor.
   - [ ] e) Operatoren sagen mir, was ich tun muss.

4. Kommst du mit Aufgabenstellungen gut klar? Kreuze deine Selbsteinschätzung auf der Skala an.

   1 —————————————— 2 —————————————— 3

   1: Sehr oft verstehe ich Aufgabenstellungen nicht richtig.
   3: Ich verstehe Aufgabenstellungen eigentlich immer.

© Westermann Gruppe

Stationen

Station 1: Informationen über Operatoren aus einem Text entnehmen

1. Warum ist es wichtig, Aufgabenstellungen richtig zu verstehen und zu analysieren? Berate einen Mitschüler/eine Mitschülerin und notiere dazu einen kurzen Dialog.

_____
_____
_____
_____
_____

2. Was hätte Lena besser machen müssen? Kreuze die richtigen Aussagen an und überprüfe deine Antworten mithilfe des Lösungsblattes.

☐ a) Sie müsste die Aufgabenstellung noch einmal lesen.
☐ b) Sie müsste den Stoff besser lernen.
☐ c) Sie müsste sich über die Bedeutung des Operators informieren.
☐ d) Sie hätte einen Text schreiben sollen.
☐ e) Sie hätte ihre Skizze besser ausgestalten müssen.

3. Schreibe einen Merkzettel für Lena. Notiere darin Tipps, die ihr helfen, Aufgabenstellungen in Zukunft besser zu verstehen.

4. Welche Aussagen stimmen? Kreuze die richtigen Antworten an und überprüfe deine Antworten mithilfe des Lösungsblattes.

☐ a) Jede Aufgabe besteht aus fachlichen Inhalten und Operatoren.
☐ b) Wenn ich Operatoren kenne, dann verstehe ich den Stoff.
☐ c) Operatoren sind Handlungsanweisungen.
☐ d) Operatoren kommen nur selten in Aufgabenstellungen vor.
☐ e) Operatoren sagen mir, was ich tun muss.

5. Kommst du mit Aufgabenstellungen gut klar? Kreuze deine Selbsteinschätzung auf der Skala an.

1	2	3
Sehr oft verstehe ich Aufgabenstellungen nicht richtig.		Ich verstehe Aufgabenstellungen eigentlich immer.

© Westermann Gruppe

Lösungsblatt zu Station 1

 1. Lückentext:
In der richtigen Reihenfolge:
Aufgabenstellungen | Unterricht | erarbeiten | einzuüben | Hausaufgaben | Prüfungen

 2. Einfachwahlaufgabe:
Lösung: Die richtige Antwort lautet *b*.

 3. Einfachwahlaufgabe:
Lösung: Die falsche Aussage ist *b*.

---

 1. Lückentext:
In der richtigen Reihenfolge:
Aufgabenstellungen | Unterricht | erarbeiten | einzuüben | Hausaufgaben | Prüfungen

 2. Mehrfachwahlaufgabe:
Lösung: Die richtigen Antworten lauten *b* und *e*.

 3. Mehrfachwahlaufgabe:
Lösung: Die richtigen Antworten lauten *a, c,* und *e*.

---

 2. Mehrfachwahlaufgabe:
Lösung: Die richtigen Antworten lauten *c* und *d*.

 4. Mehrfachwahlaufgabe:
Lösung: Die richtigen Antworten lauten *a, c,* und *e*.

Stationen

Station 2: Operatoren in eine Tabelle einordnen

In dieser Station geht es darum, ein Gefühl für Operatoren zu entwickeln. In jeder Aufgabenstellung steckt ein Operator und jeder dieser Operatoren kann einem Oberbegriff zugeordnet werden. Davon gibt es drei.
- Zum Oberbegriff *Wiedergeben* gehören Operatoren, die von dir verlangen, mindestens eine Information zu notieren oder zu sagen.
- Zum Oberbegriff *Anwenden* gehören Operatoren, die von dir verlangen, selbstständig mit Informationen weiterzuarbeiten.
- Zum Oberbegriff *Beurteilen* gehören Operatoren, die von dir verlangen, eine begründete Meinung über eine bestimmte Information oder einen Sachverhalt zu formulieren.

1. Ordne die Operatoren in die nachfolgende Tabelle ein. Benutze dazu Material A: Übersicht – Operatoren und ihre Bedeutung.

Operatoren zum Einordnen:

| erklären, zusammenfassen, nennen, ~~überprüfen~~, begründen, beschreiben |

Wiedergeben	Anwenden	Beurteilen
		überprüfen: Die Richtigkeit eines Sachverhaltes wiedergeben.

144

© Westermann Gruppe

Stationen

Station 2: Operatoren in eine Tabelle einordnen

In dieser Station geht es darum, ein Gefühl für Operatoren zu entwickeln. In jeder Aufgabenstellung steckt ein Operator und jeder dieser Operatoren kann einem Oberbegriff zugeordnet werden. Davon gibt es drei.
- Zum Oberbegriff *Wiedergeben* gehören Operatoren, die von dir verlangen, mindestens eine Information zu notieren oder zu sagen.
- Zum Oberbegriff *Anwenden* gehören Operatoren, die von dir verlangen, selbstständig mit Informationen weiterzuarbeiten.
- Zum Oberbegriff *Beurteilen* gehören Operatoren, die von dir verlangen, eine begründete Meinung über eine bestimmte Information oder einen Sachverhalt zu formulieren.

1. Ordne die Operatoren in die nachfolgende Tabelle ein. Benutze dazu Material A: Übersicht – Operatoren und ihre Bedeutung.

Operatoren zum Einordnen:

erklären, zusammenfassen, nennen, ~~überprüfen~~, begründen, beschreiben, erläutern, bewerten, ordnen

Wiedergeben	Anwenden	Beurteilen
		überprüfen: Die Richtigkeit eines Sachverhaltes wiedergeben.

© Westermann Gruppe

Stationen

Station 2: Operatoren in eine Tabelle einordnen

In dieser Station geht es darum, ein Gefühl für Operatoren zu entwickeln. In jeder Aufgabenstellung steckt ein Operator und jeder dieser Operatoren kann einem Oberbegriff zugeordnet werden. Davon gibt es drei.

- Zum Oberbegriff *Wiedergeben* gehören Operatoren, die von dir verlangen, mindestens eine Information zu notieren oder zu sagen.
- Zum Oberbegriff *Anwenden* gehören Operatoren, die von dir verlangen, selbstständig mit Informationen weiterzuarbeiten.
- Zum Oberbegriff *Beurteilen* gehören Operatoren, die von dir verlangen, eine begründete Meinung über eine bestimmte Information oder einen Sachverhalt zu formulieren.

2. Ordne die Operatoren in die nachfolgende Tabelle ein. Benutze dazu Material A: Übersicht – Operatoren und ihre Bedeutung.

Operatoren zum Einordnen:

erklären, zusammenfassen, nennen, ~~überprüfen~~, begründen, beschreiben, erläutern, bewerten, ordnen, darstellen, analysieren, beurteilen

Wiedergeben	Anwenden	Beurteilen
		überprüfen: Die Richtigkeit eines Sachverhaltes wiedergeben.

Stationen

Station 3: Selbsterkundung – Operatorenwissen überprüfen

In dieser Station kannst du herausfinden, wie vertraut du schon mit Operatoren bist. Allerdings musst du die *Stationen 1* und *2* bereits bearbeitet haben, um diese Selbsterkundung sinnvoll durchzuführen.

1. Fülle die Tabelle aus. Kreuze Zutreffendes an.

2. Suche dir einen Lernpartner und stelle ihm die Ergebnisse deiner Selbsterkundung vor. Vergleicht euer Opertorenwissen und plant gemeinsam die Weiterarbeit mit Station 4.

Operatoren	Aufgabenstellungen mit diesem Operator verstehe ich problemlos.	Bei Aufgabenstellungen mit diesem Operator fühle ich mich noch nicht sicher.
nennen, benennen, angeben		
beschreiben		
darstellen		
zeichnen		
ordnen, anordnen, zuordnen		
erläutern		
erklären		
analysieren		
herausarbeiten, untersuchen		
skizzieren		
zusammenfassen		
charakterisieren		
vergleichen		
prüfen, überprüfen		
auswerten		
begründen		
beurteilen		
bewerten		
diskutieren		
interpretieren		

3. Notiere drei Operatoren, mit denen du dich in Station 4 intensiver befassen willst.

   1. _____ 2. _____ 3. _____

© Westermann Gruppe

Stationen

Station 4: Steckbriefe zu unbekannten Operatoren anlegen

Du musst die *Station 3* bereits bearbeitet haben, um jetzt Operatoren, mit denen du noch Probleme hast, genauer unter die Lupe zu nehmen.

1. Fülle drei Operatorensteckbriefe aus. Verwende dazu die Operatorenkartei von Material B.

2. Suche dir einen Lernpartner. Stellt euch gegenseitig eure Operatorensteckbriefe vor.

Operatorensteckbrief
Gesucht wird die Bedeutung des Operators

„_____"

Der Operator hat die Bedeutung:
_____
_____

Taucht dieser Operator in Aufgabenstellungen auf, dann gehe ich so vor:

1. _____
2. _____
3. _____

Operatorensteckbrief
Gesucht wird die Bedeutung des Operators

„_____"

Der Operator hat die Bedeutung:
_____
_____

Taucht dieser Operator in Aufgabenstellungen auf, dann gehe ich so vor:

1. _____
2. _____
3. _____

Operatorensteckbrief
Gesucht wird die Bedeutung des Operators

„_____"

Der Operator hat die Bedeutung:
_____
_____

Taucht dieser Operator in Aufgabenstellungen auf, dann gehe ich so vor:

1. _____
2. _____
3. _____

Stationen

Station 5: Operatoren passende Bedeutungen zuordnen

Wenn du diese Station bearbeitet hast, dann wirst du die Bedeutung von Operatoren besser kennen.

1. Ordne den Operatoren Bedeutungen zu. Verbinde dazu Operator und passende Bedeutung mit einem Bleistiftstrich. Benutze dein Lineal.
2. Korrigiere falsche Zuordnungen mithilfe der „Übersicht – Operatoren und ihre Bedeutung".
3. Notiere Operatoren, die du noch nicht gut genug kennst.

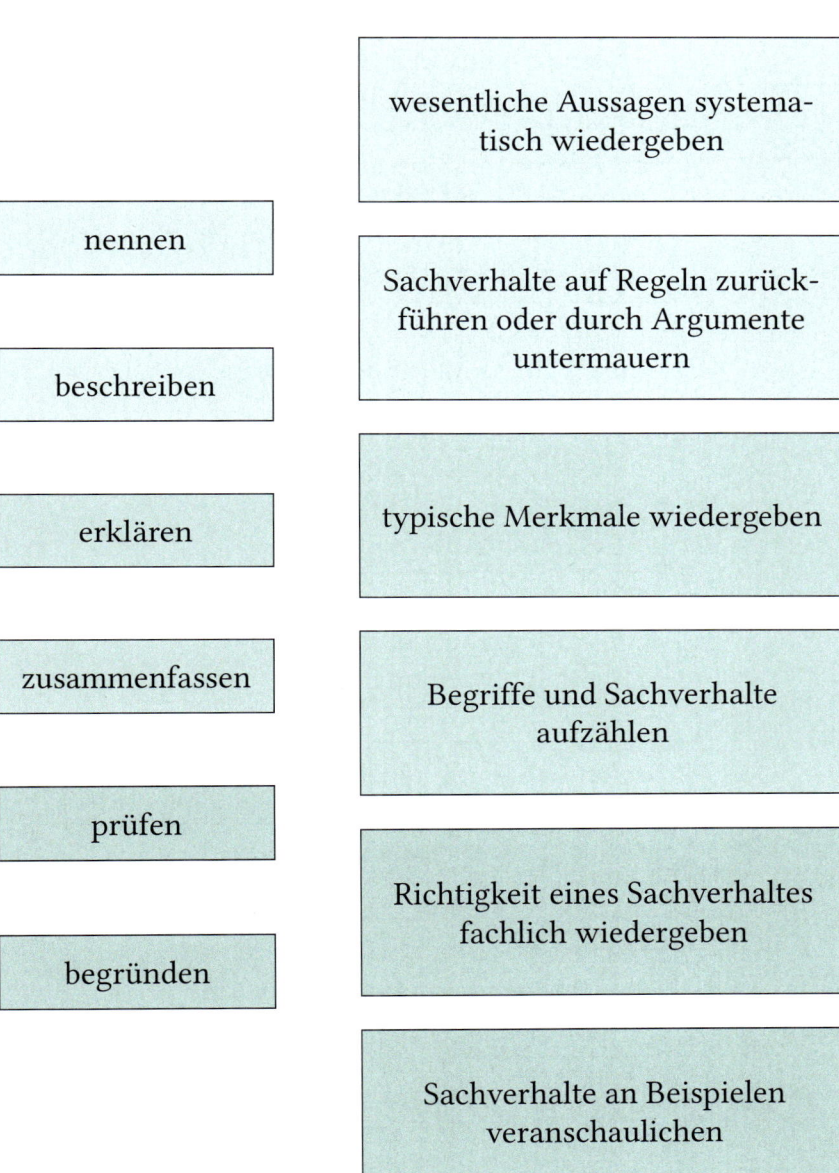

Operatoren, die ich noch nicht gut kenne:

_____

_____

Stationen

Station 5: Operatoren passende Bedeutungen zuordnen

Wenn du diese Station bearbeitet hast, dann wirst du die Bedeutung von Operatoren besser kennen.

1. Ordne den Operatoren Bedeutungen zu. Verbinde dazu Operator und passende Bedeutung mit einem Bleistiftstrich. Benutze dein Lineal.

2. Korrigiere falsche Zuordnungen mithilfe der „Übersicht – Operatoren und ihre Bedeutung".

3. Notiere Operatoren, die du noch nicht gut genug kennst.

Operator	Bedeutung
ordnen	Sachverhalte an Beispielen veranschaulichen
beschreiben	Sachverhalte auf Regeln zurückführen oder durch Argumente untermauern
darstellen	typische Merkmale wiedergeben
erläutern	Begriffe, Zusammenhänge einteilen und die Einteilung gegebenenfalls begründen
erklären	Zusammenhänge und Sachverhalte wiedergeben
analysieren	Sachverhalte auf Regeln zurückführen und durch Argumente untermauern
begründen	Sachverhalte, Strukturen, Abläufe wiedergeben und an Beispielen veranschaulichen
beurteilen	Merkmale einer Sache oder eines Ablaufs eigenständig erkennen und wiedergeben

Operatoren, die ich noch nicht gut kenne:

_____

_____

Stationen

Station 5: Operatoren passende Bedeutungen zuordnen

Wenn du diese Station bearbeitet hast, dann wirst du die Bedeutung von Operatoren besser kennen.

1. Ordne den Operatoren Bedeutungen zu. Verbinde dazu Operator und passende Bedeutung mit einem Bleistiftstrich. Benutze dein Lineal.
2. Korrigiere falsche Zuordnungen mithilfe der „Übersicht – Operatoren und ihre Bedeutung".
3. Notiere Operatoren, die du noch nicht gut genug kennst.

Operator	Bedeutung
ordnen	Sachverhalte an Beispielen veranschaulichen
beschreiben	Sachverhalte auf Regeln zurückführen oder durch Argumente untermauern
darstellen	typische Merkmale wiedergeben
erläutern	Begriffe, Zusammenhänge einteilen und die Einteilung gegebenenfalls begründen
erklären	Zusammenhänge und Sachverhalte wiedergeben
analysieren	Sachverhalte auf Regeln zurückführen und durch Argumente untermauern
beurteilen	Sachverhalte, Strukturen, Abläufe wiedergeben und an Beispielen veranschaulichen
begründen	Merkmale einer Sache oder eines Ablaufs eigenständig erkennen und wiedergeben
bewerten	

Operatoren, die ich noch nicht gut kenne:

_____

_____

Stationen

Station 6: Lückentext, Rätsel und Co. – Operatorenwissen erarbeiten und wiedergeben

In dieser Station übst du grundlegende Informationen über Operatoren spielerisch ein.

1. Fülle die Lücken mithilfe des Wortspeichers.

2. Überprüfe deine Antworten mithilfe des Lösungsblattes.

> Vorgehensweise | Imperativ | Aufgabenstellungen | kennen | Aufgabenstellungen | Handlungsanweisungen | Verben

Was sind Operatoren?

Operatoren sind _____. Du findest sie in nahezu allen _____. Operatoren sind immer _____. Meist stehen sie im _____, der Befehlsform des Verbs. Deshalb sind sie leicht zu erkennen. Es ist wichtig, die Operatoren in _____ zu _____, denn sie erklären dir deine _____ bei der Bearbeitung der Aufgaben.

Welche Operatoren findest du?

3. In dem Wortsuchrätsel sind 12 Operatoren versteckt. Finde sie und umkreise die Operatoren.

12 Wörter, die du suchen musst.

> 1) vergleichen, 2) beschreiben, 3) analysieren, 4) darstellen, 5) skizzieren, 6) beurteilen, 7) erläutern, 8) auswerten, 9) begründen, 10) bewerten, 11) zeichnen, 12) erklären

	A	B	C	D	E	F	G	H	I	J	K	L
1	q	ü	s	k	i	z	z	i	e	r	e	n
2	k	b	e	s	c	h	r	e	i	b	e	n
3	ö	v	e	r	g	l	e	i	c	h	e	n
4	b	m	b	e	u	r	t	e	i	l	e	n
5	b	e	g	r	ü	n	d	e	n	ä	f	k
6	p	r	j	i	b	e	w	e	r	t	e	n
7	z	e	i	c	h	n	e	n	w	ö	g	r
8	t	a	n	a	l	y	s	i	e	r	e	n
9	l	w	a	u	s	w	e	r	t	e	n	x
10	y	r	e	e	r	k	l	ä	r	e	n	q
11	y	l	o	e	r	l	ä	u	t	e	r	n
12	d	a	r	s	t	e	l	l	e	n	y	w

4. Überprüfe deine Antworten mithilfe des Lösungsblattes.

Stationen

Station 6: Lückentext, Rätsel und Co. – Operatorenwissen erarbeiten und wiedergeben

In dieser Station übst du grundlegende Informationen über Operatoren spielerisch ein.

1. Fülle die Lücken mithilfe des Wortspeichers.

2. Überprüfe deine Antworten mithilfe des Lösungsblattes.

Bitte an der richtigen Stelle einsetzen:

> Vorgehensweise | Imperativ | Aufgabenstellungen | kennen | Aufgabenstellungen | Handlungsanweisungen | Verben

Was sind Operatoren?

Operatoren sind _____. Du findest sie in nahezu allen _____. Operatoren sind immer _____. Meist stehen sie im _____, der Befehlsform des Verbs. Deshalb sind sie leicht zu erkennen. Es ist wichtig, die Operatoren in _____ zu _____, denn sie erklären dir deine _____ bei der Bearbeitung der Aufgaben.

Welche Operatoren findest du?

3. In dem Wortsuchrätsel sind 12 Operatoren versteckt. Finde sie und umkreise die Operatoren.

	A	B	C	D	E	F	G	H	I	J	K	L
1	q	ü	s	k	i	z	z	i	e	r	e	n
2	k	b	e	s	c	h	r	e	i	b	e	n
3	ö	v	e	r	g	l	e	i	c	h	e	n
4	b	m	b	e	u	r	t	e	i	l	e	n
5	b	e	g	r	ü	n	d	e	n	ä	f	k
6	p	r	j	i	b	e	w	e	r	t	e	n
7	z	e	i	c	h	n	e	n	w	ö	g	r
8	t	a	n	a	l	y	s	i	e	r	e	n
9	l	w	a	u	s	w	e	r	t	e	n	x
10	y	r	e	e	r	k	l	ä	r	e	n	q
11	y	l	o	e	r	l	ä	u	t	e	r	n
12	d	a	r	s	t	e	l	l	e	n	y	w

4. Überprüfe deine Antworten mithilfe des Lösungsblattes.

5. Lege auf einem Blatt eine dreispaltige Tabelle mit den Oberbegriffen Wiedergeben, Anwenden *und* Beurteilen *an. Ordne die Operatoren des Wortsuchrätsels in die Tabelle ein.*

© Westermann Gruppe

153

Stationen

Station 6: Lückentext, Rätsel und Co. – Operatorenwissen erarbeiten und wiedergeben

In dieser Station übst du grundlegende Informationen über Operatoren spielerisch ein.

Acht Auswahlantworten sind richtig, sieben sind falsch.

1. Kreuze die richtigen Antworten an.

2. Überprüfe deine Antworten mithilfe von Material A: Übersicht – Operatoren und ihre Bedeutung.

Was sind Operatoren?   Richtig   Falsch

A   Operatoren sind Handlungsanweisungen. ☐ ☐
B   Operatoren sind Nomen. ☐ ☐
C   Operatoren stehen meistens im Imperativ. ☐ ☐
D   Operatoren erklären das Thema einer Aufgabenstellung. ☐ ☐
E   Operatoren sagen mir, mit wem ich zusammenarbeite. ☐ ☐

Welche Operatoren gehören zu dem Oberbegriff?

A   Die Operatoren *Nennen und Beschreiben* sagen mir, dass ich etwas wiedergeben soll. ☐ ☐
B   Die Operatoren *Analysieren* und *Bewerten* sagen mir, dass ich etwas wiedergeben soll. ☐ ☐
C   Die Operatoren *Begründen* und *Bewerten* sagen mir, dass ich etwas beurteilen soll. ☐ ☐
D   Die Operatoren *Erläutern* und *Erklären* sagen mir, dass ich etwas anwenden soll. ☐ ☐
E   Die Operatoren *Untersuchen* und *Vergleichen* sagen mir, dass ich etwas wiedergeben soll. ☐ ☐

Welche Bedeutungen haben die Operatoren?

A   *Nennen* bedeutet, dass ich Begriffe und Sachverhalte aufzählen soll. ☐ ☐
B   *Beurteilen* bedeutet, dass ich Strukturen und Abläufe zeichnerisch wiedergeben soll. ☐ ☐
C   *Erläutern* bedeutet, dass ich die Richtigkeit eines Sachverhaltes wiedergeben soll. ☐ ☐
D   *Bewerten* bedeutet, dass ich die Richtigkeit eines Sachverhaltes durch eigene Werturteile untermauere. ☐ ☐
E   *Beschreiben* bedeutet, dass ich typische Merkmale wiedergebe. ☐ ☐

3. Fülle das Kreuzworträtsel aus. Wenn du nicht weiterkommst, dann benutze Material A: Übersicht – Operatoren und ihre Bedeutung.

4. Überprüfe dein Kreuzworträtsel mithilfe des Lösungsblattes.

Stationen

1. senkrecht: Merkmale einer Sache oder eines Ablaufs eigenständig erkennen und wiedergeben
2. waagerecht: Daten oder Einzelergebnisse zusammenfassen und Schlussfolgerungen ziehen
3. waagerecht: typische Merkmale wiedergeben
3. senkrecht: Sachverhalte auf Regeln zurückführen oder durch Argumente untermauern
4. senkrecht: Richtigkeit eines Sachverhaltes fachlich begründen und durch eigene Werturteile untermauern
5. senkrecht: Gegenstände, Strukturen, Abläufe zeichnerisch wiedergeben
6. waagerecht: Sachverhalte, Strukturen, Abläufe wiedergeben, begründen und durch Beispiele veranschaulichen
6. senkrecht: Sachverhalte an Beispielen veranschaulichen
7. waagerecht: Richtigkeit eines Sachverhaltes mithilfe von Regeln und Fachwissen wiedergeben und durch fachliche Argumente untermauern
8. waagerecht: Begriffe oder Zusammenhänge einteilen und die Einteilung gegebenenfalls begründen
9. waagerecht: Richtigkeit eines Sachverhaltes fachlich wiedergeben
10. waagerecht: Zusammenhänge und Sachverhalte wiedergeben
11. senkrecht: wichtige Zusammenhänge eines Sachverhaltes oder Problems zeichnerisch, mündlich oder schriftlich wiedergeben
12. waagerecht: mindestens zwei Sachverhalte unter bestimmten Gesichtspunkten gegenüberstellen

Stationen

Lösungsblatt zu Station 6

Lückentext:
In der richtigen Reihenfolge:
Handlungsanweisungen | Aufgabenstellungen | Verben | Imperativ | Aufgabenstellungen | kennen | Vorgehensweise

Wortsuchrätsel:
Duplikat ohne Füllbuchstaben:

	A	B	C	D	E	F	G	H	I	J	K	L
1			s	k	i	z	z	i	e	r	e	n
2		b	e	s	c	h	r	e	i	b	e	n
3		v	e	r	g	l	e	i	c	h	e	n
4			b	e	u	r	t	e	i	l	e	n
5	b	e	g	r	ü	n	d	e	n			
6				b	e	w	e	r	t	e	n	
7	z	e	i	c	h	n	e	n				
8		a	n	a	l	y	s	i	e	r	e	n
9		a	u	s	w	e	r	t	e	n		
10			e	r	k	l	ä	r	e	n		
11			e	r	l	ä	u	t	e	r	n	
12	d	a	r	s	t	e	l	l	e	n		

Kreuzworträtsel
Ausgefüllte Kopie:

							1A			3B	E	S	C	H	R	E	I	B	E	N
2A	U	S	W	E	R	T	E	N												
							A													
							L													
							Y													
						4B	S		G									5Z		
						E	I		N		6E	R	K	L	Ä	R	E	N		
						W	E		D		R							I		
					7B	E	U	R	T	E	I	L	E	N				C		
					R		E		N		Ä							H		
					T		N				U					8O	R	D	N	E	N
					E						T							E		
					N		9P	R	Ü	F	E	N						N		
											R									
		10D	A	R	11S	T	E	L	L	E	N									
					K															
12V	E	R	G	L	E	I	C	H	E	N										
					Z															
					Z															
					I															
					E															
					R															
					E															
					N															

Stationen

Station 7: Mindmap – Operatoren grafisch darstellen

In dieser Station kannst du deine Operatorenkenntnisse nochmals einüben. Dazu legst du eine Mindmap zu den Operatoren an. Benutze ein kariertes DIN-A4-Blatt und lege es quer.

1. Übertrage die Mindmap auf ein Blatt und ergänze die fehlenden Operatoren.
2. Kontrolliere und ergänze deine Mindmap mithilfe von Material A: Übersicht – Operatoren und ihre Bedeutung.
3. Suche dir einen Lernpartner/eine Lernpartnerin und stelle ihm/ihr deine Mindmap vor.

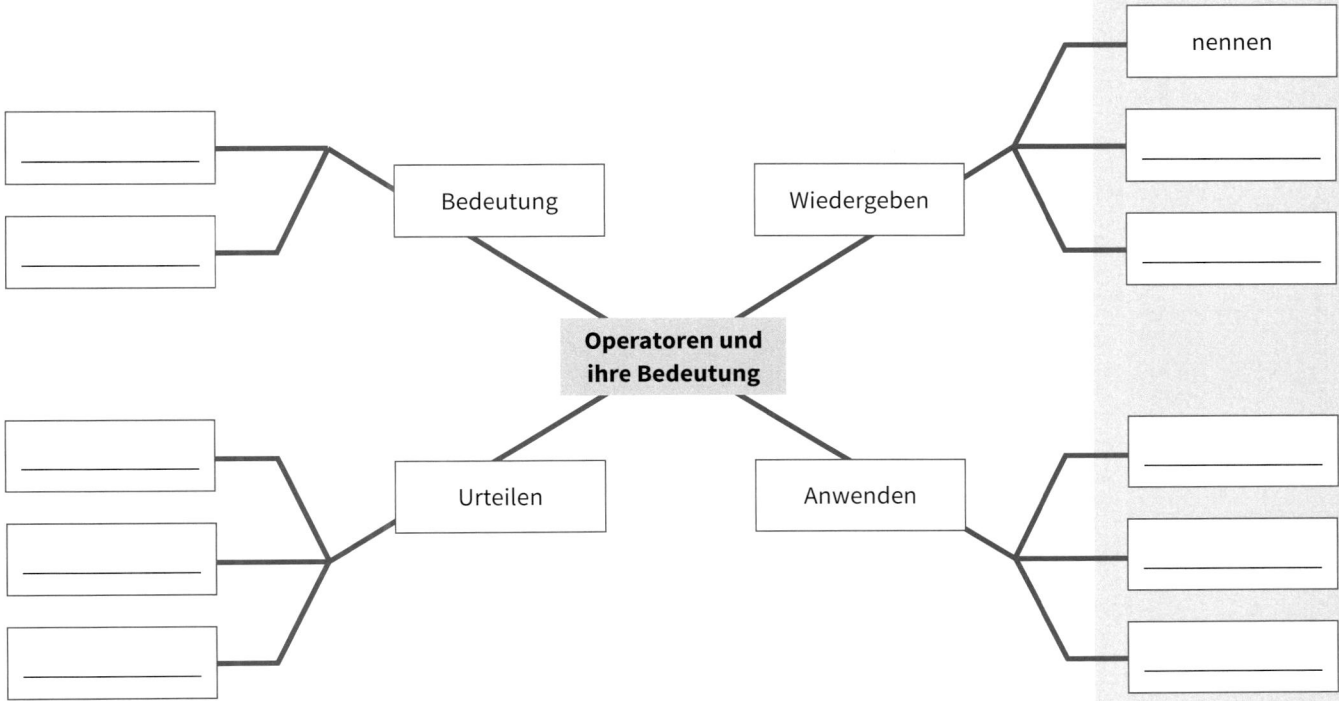

Station 7: Mindmap – Operatoren grafisch darstellen

In dieser Station kannst du deine Operatorenkenntnisse nochmals einüben. Dazu legst du eine Mindmap zu den Operatoren an. Benutze dazu ein kariertes DIN-A4-Blatt und lege es quer.

1. Übertrage die Mindmap auf ein Blatt und ergänze die fehlenden Operatoren. Erläutere mindestens drei Operatoren, die du in deiner Mindmap verwendet hast.

2. Kontrolliere und ergänze deine Mindmap mithilfe von Material A: Übersicht – Operatoren und ihre Bedeutung.

3. Suche dir einen Lernpartner/eine Lernpartnerin und stelle ihm/ihr deine Mindmap vor.

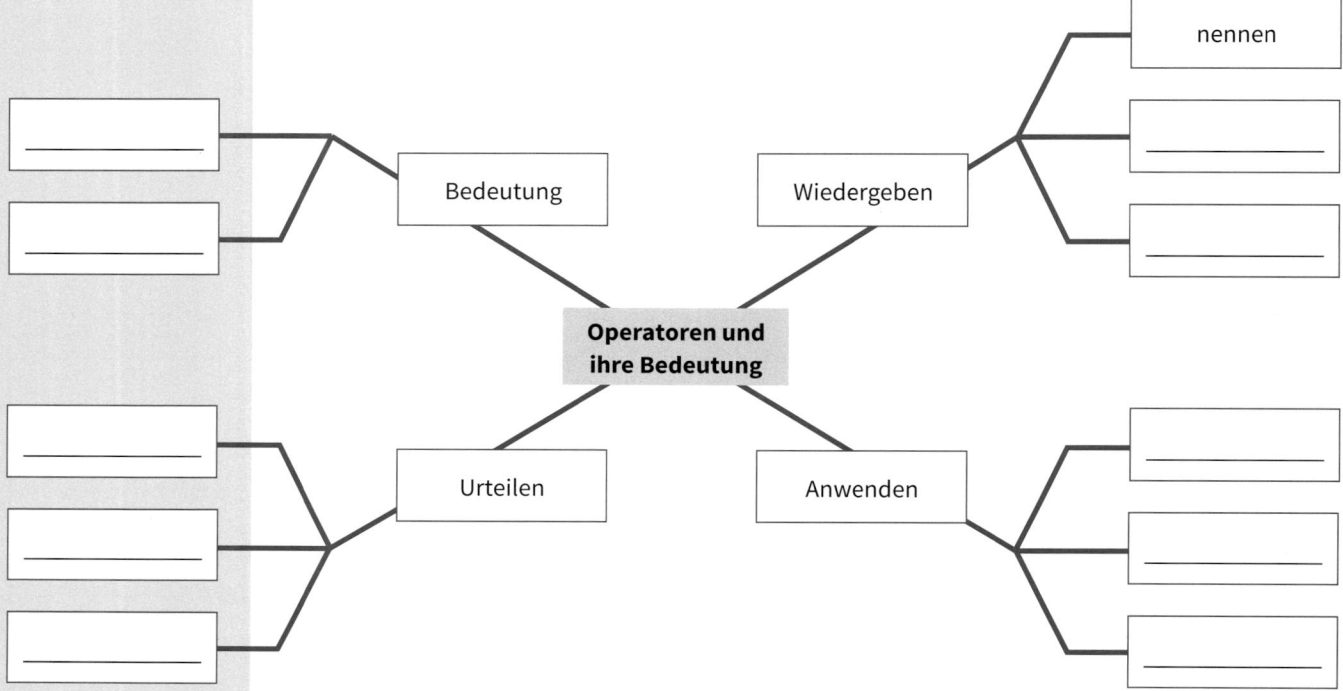

Erläuterung meiner Operatoren:

Nennen bedeutet, dass ich Begriffe oder Sachverhalte aufzählen soll.

_____ bedeutet, dass ich _____

_____ bedeutet, dass ich _____

_____ bedeutet, dass ich _____

Stationen

Station 7: Mindmap – Operatoren grafisch darstellen

In dieser Station kannst du deine Operatorenkenntnisse nochmals einüben. Dazu legst du eine Mindmap zu den Operatoren an. Benutze ein kariertes DIN-A4-Blatt und lege es quer.

1. Übertrage die Mindmap auf ein Blatt und ergänze die fehlenden Operatoren.
2. Unterstreiche in deiner Mindmap Operatoren, die du bereits kennst, in Grün. Unterstreiche Operatoren, deren Bedeutung dir noch unklar ist, in Rot.
3. Kontrolliere und ergänze deine Mindmap mithilfe von Material A: Übersicht – Operatoren und ihre Bedeutung.
4. Erläutere mithilfe von Material A: Übersicht – Operatoren und ihre Bedeutung mindestens drei Operatoren, deren Bedeutung dir bislang noch nicht klar ist.
5. Suche dir einen Lernpartner/eine Lernpartnerin und stelle ihm/ihr deine Mindmap vor.

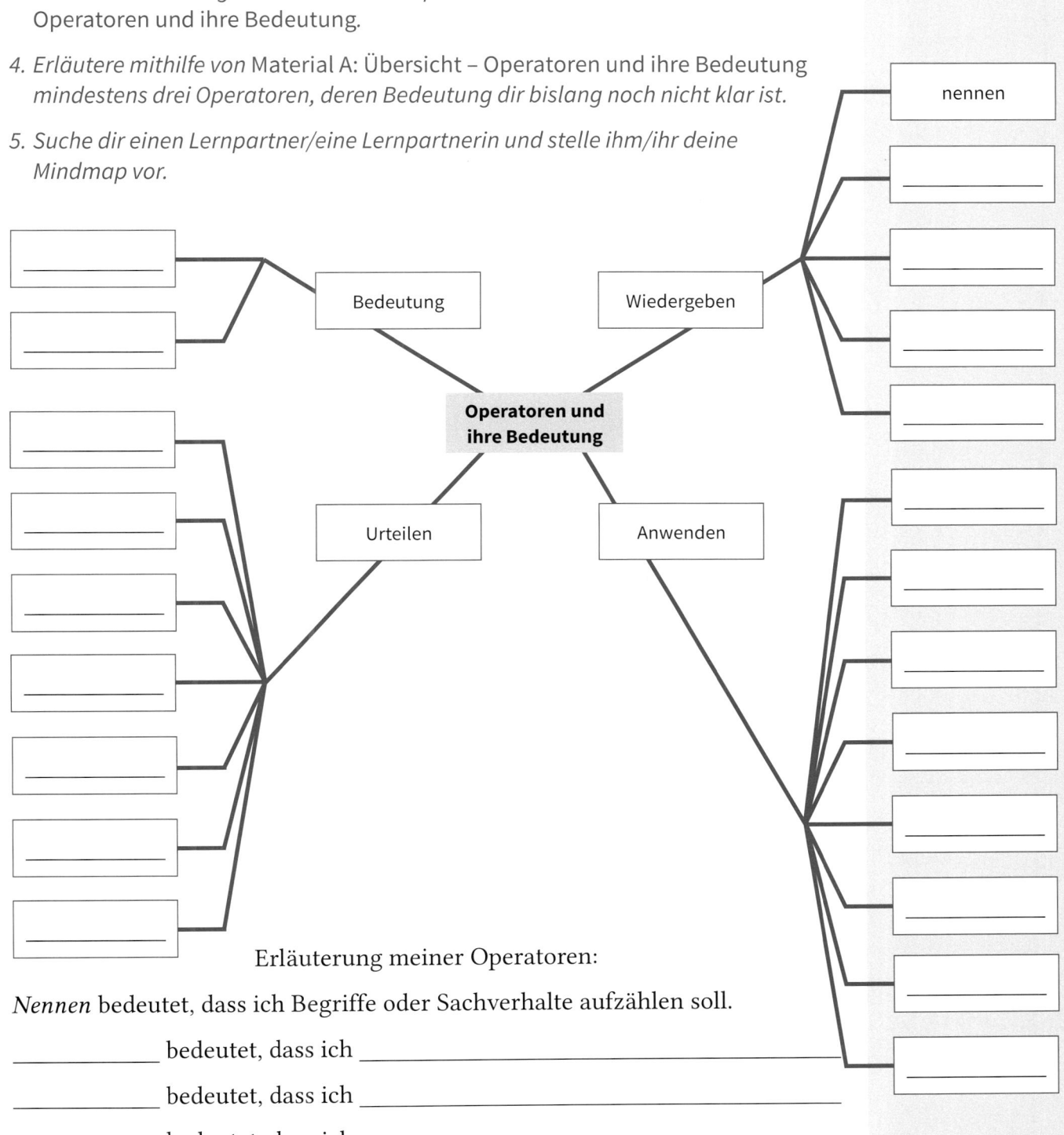

Erläuterung meiner Operatoren:

Nennen bedeutet, dass ich Begriffe oder Sachverhalte aufzählen soll.

_____ bedeutet, dass ich _____

_____ bedeutet, dass ich _____

_____ bedeutet, dass ich _____

Stationen

Station 8: Memory – Operatoren spielerisch einprägen

Operatoren und ihre Bedeutungen musst du dir merken. Dann wirst du Aufgabenstellungen in Zukunft besser verstehen. Mit dem *Memory* gelingt dir das spielerisch und das Ganze macht auch noch Spaß.

1. *Ein Memory spielt man in der Regel nicht allein. Suche dir also einen Partner/eine Partnerin, mit dem/der du spielen möchtest.*

2. *Wenn ihr euch unsicher seid, ob eine Memoryzuordnung richtig ist, dann schaut in* Material A: Übersicht – Operatoren und ihre Bedeutung *nach.*

3. *Zählt am Ende des Spiels eure Memorypaare. Gewinner ist der- oder diejenige mit den meisten Memorypaaren. Natürlich hat der Verlierer/die Verliererin der ersten Spielrunde ein Recht auf Revanche.*

Memorypaare zum Operatorenbereich *Wiedergeben*:

nennen **benennen** **angeben**	Begriffe und Sachverhalte aufzählen
beschreiben	typische Merkmale wiedergeben
darstellen	Zusammenhänge und Sachverhalte wiedergeben
zeichnen	Gegenstände, Strukturen, Abläufe zeichnerisch wiedergeben
ordnen **anordnen** **zuordnen**	Begriffe oder Zusammenhänge einteilen und die Einteilung gegebenenfalls begründen

160

© Westermann Gruppe

Stationen

Memorypaare zum Operatorenbereich *Anwenden*:

erläutern	Sachverhalte an Beispielen veranschaulichen
erklären	Sachverhalte, Strukturen, Abläufe wiedergeben, begründen und durch Beispiele veranschaulichen
analysieren	Merkmale einer Sache oder eines Ablaufs eigenständig erkennen und wiedergeben
herausarbeiten untersuchen	aus Materialien typische Merkmale selbstständig herleiten und wiedergeben
skizzieren	wichtige Zusammenhänge eines Sachverhaltes oder Problems zeichnerisch, mündlich oder schriftlich wiedergeben
zusammenfassen	wesentliche Aussagen systematisch wiedergeben
charakterisieren	typische Merkmale eines Sachverhaltes erkennen und unter bestimmten Gesichtspunkten wiedergeben
vergleichen	mindesten zwei Sachverhalte unter bestimmten Gesichtspunkten gegenüberstellen

© Westermann Gruppe

Stationen

Memorypaare zum Operatorenbereich *Beurteilen*:

prüfen / überprüfen	Richtigkeit eines Sachverhaltes fachlich wiedergeben
auswerten	Daten oder Einzelergebnisse zusammenfassen und Schlussfolgerungen ziehen
begründen	Sachverhalte auf Regeln zurückführen oder durch Argumente untermauern
beurteilen	Richtigkeit eines Sachverhaltes durch fachliche Argumente untermauern
bewerten	Richtigkeit eines Sachverhaltes fachlich begründen und durch eigene Werturteile untermauern
diskutieren	zusammenhängende Argumentationen entwickeln und wiedergeben
interpretieren	Sinnzusammenhänge und Erklärungen eigenständig herausarbeiten und im Gesamtzusammenhang wiedergeben

Stationen

Station 9: Aufgabenanalyse I – Operatoren in Aufgabenstellungen finden und markieren

In dieser Station lernst du, wie du Operatoren in Aufgabenstellungen aufspürst. Dazu musst du wissen, dass Operatoren Verben sind. Sie stehen in den meisten Fällen im Imperativ, heißen also zum Beispiel „nenne" oder „nennt". Im Satz übernehmen sie die Funktion des Prädikates.

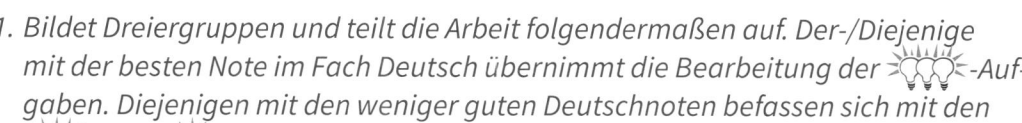

1. Bildet Dreiergruppen und teilt die Arbeit folgendermaßen auf. Der-/Diejenige mit der besten Note im Fach Deutsch übernimmt die Bearbeitung der 🔆-Aufgaben. Diejenigen mit den weniger guten Deutschnoten befassen sich mit den 🔅- und 💡-Aufgaben.

2. Unterstreicht die Operatoren in eurer Aufgabenstellung und notiert sie in eurem Placematfeld.

3. Stellt euch die Aufgaben, die ihr bearbeitet habt, gegenseitig vor. Wenn alle in der Gruppe mit dem Operator einverstanden sind, unterstreicht jeder/jede die Operatoren in Aufgabenstellungen, die er/sie nicht bearbeitet hat.

4. Füllt das Gemeinschaftsfeld des Placemats aus. Ergänzt darin die Operatoren und ihre Bedeutung. Schlagt dazu im Material A: Übersicht – Operatoren und ihre Bedeutungen nach.

5. Kontrolliert euer Placemat mithilfe des Lösungsblattes.

Beispiel: <u>Nenne</u> drei Seen und drei Flüsse in Deutschland.
<u>Nennt</u> drei Seen und drei Flüsse in Deutschland.

Aufgabenstellungen

Erkläre den Begriff „Abwasser".
Skizziere die Funktionsweise einer Kläranlage.
Zeichne die Hauptfigur der Erzählung in dein Heft.

Fasse die wesentlichen Aussagen des Textes zusammen.
Ordne die Elemente in einer Tabelle den Oberbegriffen zu.
Arbeite typische Merkmale eines renaturierten Bachlaufs heraus.

Nenne und beschreibe wesentliche Bausteine des staatlichen Umweltschutzes.
Begründet die Notwendigkeit, sparsam mit Wasser umzugehen.
Überprüfe die Richtigkeit des Sachverhaltes, indem du die Versuchsergebnisse auswertest.

Stationen

Placemat – Operatoren in Aufgabenstellungen finden

Jeder notiert die Operatoren, die er gefunden hat in seinem Placematfeld.
Im Gemeinschaftsfeld notiert ihr alle Operatoren und deren Bedeutungen.

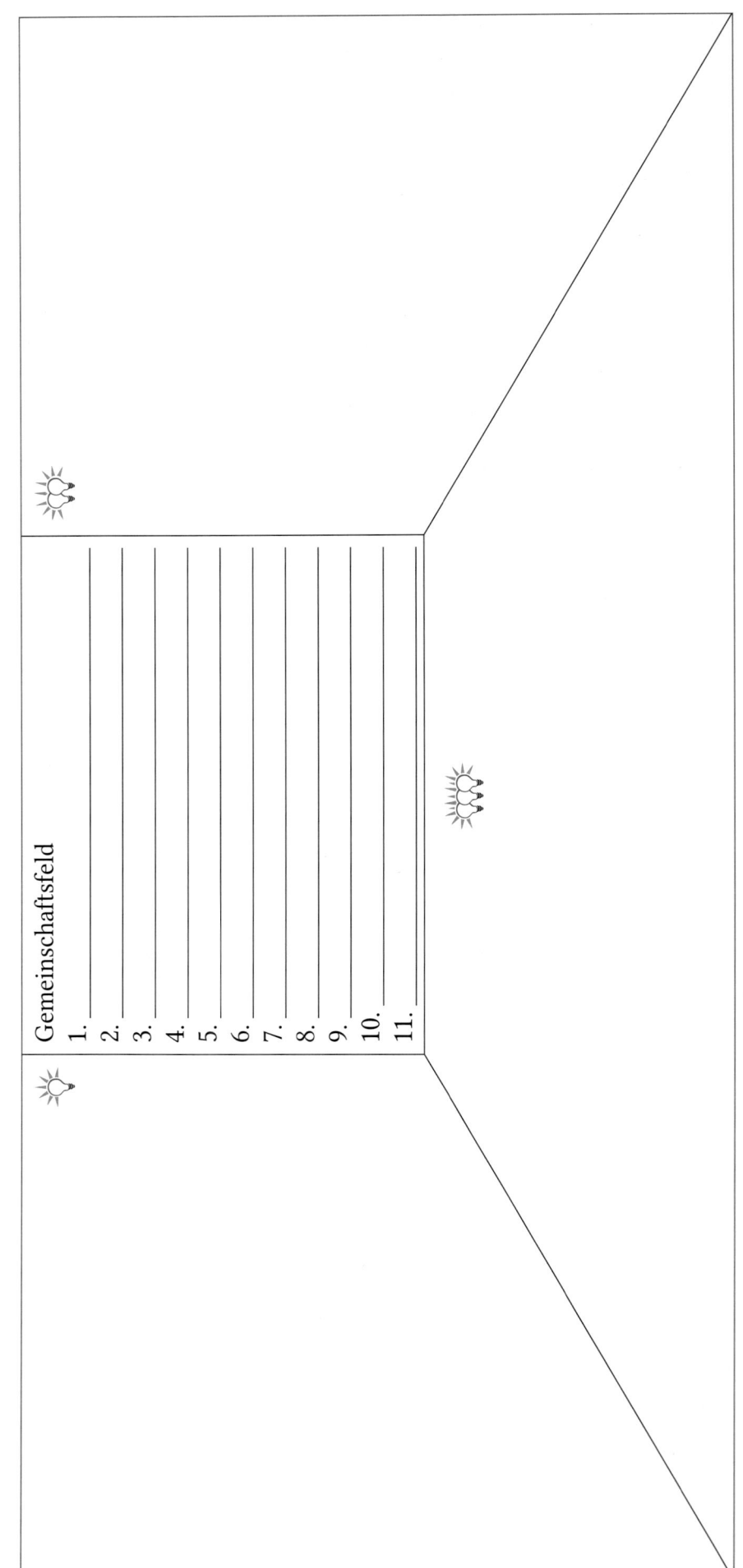

164

© Westermann Gruppe

Lösungsblatt zu Station 9

Aufgabenstellungen

Erkläre den Begriff „Abwasser".
Skizziere die Funktionsweise einer Kläranlage.
Zeichne die Hauptfigur der Erzählung in dein Heft.

Fasse die wesentlichen Aussagen des Textes zusammen.
Ordne die Elemente in einer Tabelle den Oberbegriffen zu.
Arbeite typische Merkmale eines renaturierten Bachlaufs heraus.

Nenne und beschreibe wesentliche Bausteine des staatlichen Umweltschutzes.
Begründet die Notwendigkeit, sparsam mit Wasser umzugehen.
Überprüfe die Richtigkeit des Sachverhaltes, indem du die Versuchsergebnisse auswertest.

Station 10: Aufgabenanalyse II – Operatoren und Fachinhalte unterscheiden und markieren

Hier kannst du lernen, wie du Operatoren und Themen in Aufgabenstellungen unterscheidest. Dabei arbeitest du mit drei unterschiedlichen Farben.

1. Schritt: Kreise den <u>Operator</u> in der Aufgabenstellung ein.

2. Schritt: Worum geht es in der Aufgabenstellung? Beantworte diese Frage, indem du den <u>Oberbegriff</u> doppelt unterstreichst.

3. Schritt: Unterstreiche weitere <u>Informationen</u> zu dem unterstrichenen Oberbegriff einfach.

4. Schritt: Suche dir mindestens eine Aufgabe aus. Beschreibe mit eigenen Worten, was du tun musst, um die Aufgabe zu lösen. Verwende in deiner Erklärung sowohl den Operator als auch den Oberbegriff. Notiere in der Tabelle.

Beispiel: (<u>Nenne</u>) <u>drei</u> <u>Seen</u> und <u>drei</u> <u>Flüsse</u> in <u>Deutschland</u>.

Aufgabenstellungen

Erkläre, wie eine Kläranlage funktioniert.
Zeichne ein gleichschenkliges Dreieck.
Ordne dem Bodensee und der Müritz je eine Himmelsrichtung zu.

Nenne die Messergebnisse für drei Stromkreise.
Ordne die chemischen Elemente in Tabellenform den Oberbegriffen zu.
Erläutere typische Unterschiede zwischen Nordsee und Ostsee.

Nenne und beschreibe wesentliche Unterschiede zwischen Ostsee und Nordsee.
Stellt die positiven Folgen des sparsamen Umgangs mit Wasser in Privathaushalten dar.
Vergleiche mithilfe des Schaubildes den Wasserverbrauch in den Staaten der Europäischen Union.

Was muss ich tun?	Operator
Wie lautet das Thema?	Oberbegriff
Welche Informationen sind wichtig?	Zusatzinformationen

Stationen

Lösungsblatt zu Station 10

Aufgabenstellungen

- Erkläre, wie eine Kläranlage funktioniert.
- Zeichne ein gleichschenkliges Dreieck.
- Ordne dem Bodensee und der Müritz je eine Himmelsrichtung zu.
- Nenne die Messergebnisse für drei Stromkreise.
- Ordne die chemischen Elemente in Tabellenform den Oberbegriffen zu.
- Erläutere typische Unterschiede zwischen Nordsee und Ostsee.
- Nenne und beschreibe wesentliche Unterschiede zwischen Ostsee und Nordsee.
- Stellt die positiven Folgen des sparsamen Umgangs mit Wasser in Privathaushalten dar.
- Vergleiche mithilfe des Schaubildes den Wasserverbrauch in den Staaten der Europäischen Union.

Lösungsbeispiel

Nenne drei Seen und drei Flüsse in Deutschland.

Was muss ich tun?	nennen: Ich soll etwas aufzählen.
Wie lautet das Thema?	Seen, Flüsse
Welche Informationen sind wichtig?	• jeweils drei Seen und Flüsse • nur Seen und Flüsse, die in Deutschland liegen

Stationen

Station 11: Rollenspiel – Operatorenwissen szenisch darstellen

Zum Abschluss deiner Arbeit an den Stationen des *Lernzirkels* hast du die Möglichkeit, deine neu erworbenen Kenntnisse in einem Rollenspiel darzustellen. Stell dir dazu folgende Situation vor:

Ihr habt gerade eine Klassenarbeit geschrieben. Nur wenige Schülerinnen und Schüler sind mit den Aufgabenstellungen gut zurechtgekommen, etliche von euch haben hingegen ein schlechtes Gefühl.

Gestaltet passend zu dieser Ausgangssituation eine Spielszene, in der ihr euch darüber unterhaltet, was man tun kann, um Aufgabenstellungen besser zu verstehen.

In eurer Spielszene könnt ihr zum Beispiel Antworten auf folgende Fragen geben:
- Warum ist es wichtig, Operatoren zu kennen?
- Was sind Operatoren?
- Wie findet man Operatoren in Aufgabenstellungen?
- Welche Operatoren sind leicht zu verstehen? Welche sind für euch nur schwer zu verstehen?

1. Suche dir mindestens einen Partner/eine Partnerin, mit dem/der du diese Szene entwerfen und in der Klasse vorführen willst. Sprecht über die Fragen und notiert eure Antworten.

2. Verteilt die Rollen und entwerft gemeinsam einen Dialog. Schreibt ihn mit verteilten Rollen auf.

3. Übt die Szene ein und spielt sie der Gruppe vor.

4. Diskutiert in der Klasse über die vorgeführten Rollenspiele und fasst dabei noch einmal die wichtigsten Aussagen der einzelnen Spielgruppen zusammen.

2. Aufgabenkonstruktion konkret: Wie können Lehrerinnen und Lehrer Aufgabenanalyse und Aufgabenkonstruktion professionalisieren?

Wie unterscheiden sich Lern- und Leistungsaufgaben?

Aufgaben im Unterricht haben zwei Funktionen. Sie sollen zum einen Lernprozesse fördern. Dazu dienen Lernaufgaben. Sie sollen aber auch Lernprozesse messen. Dazu dienen Leistungsaufgaben. Die Qualität sowohl von Lern- als auch von Leistungsaufgaben kann mithilfe einer Merkmalsanalyse transparent werden und zu einer besseren Passung an den zu bewältigenden Stoff und an die Leistungsfähigkeit der Schülerinnen und Schüler führen. Dazu ist es nötig, sich Klarheit darüber zu verschaffen, welche Anforderungen in der Aufgabenkonstruktion selbst stecken und welche Anforderungen der zu bewältigende Stoff stellt. Zwischen beiden Ebenen einer Aufgabe besteht eine Interdependenz. So gibt es immer wieder Fälle, in denen Schülerinnen und Schüler die fachlichen Anforderungen durchaus erfüllen könnten, aber bei der Aufgabenbearbeitung an der Aufgabenstellung scheitern. Wenn es im Fach Deutsch beispielsweise heißt: „Skizziere die wesentlichen Charakterzüge der Hauptperson." und ein Schüler versucht nun, eine grafische Skizze anzufertigen, dann scheitert er an der unzureichenden Kenntnis des Operators „Skizzieren" und löst trotz fachlicher Sicherheit die Aufgabe nicht zufriedenstellend. Wenn zum Beispiel im Fach Mathematik eine Textaufgabe zu lösen ist, dann scheitern vor allem sprachschwächere Schülerinnen und Schüler an diesem Aufgabentyp, weil sie die Aufgabenstellung nicht sprachlogisch durchdringen können. In Prüfungssituationen wird dann im Fach Mathematik die Fähigkeit zur Sprachanalyse gemessen, aber nicht die mathematische Problemlösungskompetenz. Das hat fatale Folgen, nicht nur für den Einzelnen, für seine Position im Ranking und für seine Teilhabechancen in Schule und Beruf, sondern auch für die Gerechtigkeit des Prüfungssystems an sich.

Lern- und Leistungsaufgaben verfolgen unterschiedliche Intentionen, die bei Konstruktion und Analyse verschiedene Schwerpunktsetzungen zur Folge haben. Zur praktischen Umsetzung und Handhabung finden Sie auf den folgenden Seiten drei Kopiervorlagen zur *Eigenkonstruktion von Lern- und Leistungsaufgaben,* zur *Analyse von Lernaufgaben* und zur *Analyse von Leistungsaufgaben.*
Sowohl bei der Konstruktion als auch bei der Analyse von Aufgaben sind die im Teil I dieses Bandes ausgearbeiteten Leitfragen im Blick zu behalten.
1. Hat die Aufgabe Struktur?
2. Ist die Aufgabe bildungsrelevant?
3. Welche didaktische Funktion hat die Aufgabe im Lernprozess?
4. Welches Differenzierungs- und Individualisierungspotenzial steckt in dieser Aufgabe?

Sie repräsentieren die dort vorgestellten Qualitätsmerkmale von Aufgaben. Die Antworten auf diese Leitfragen helfen bei der Analyse und Optimierung von Aufgaben, wie wir sie beispielsweise in den Schulbüchern finden. Da solche Aufgaben nicht selten nur bedingt den angestrebten Kompetenzerwerb ansteuern, nicht immer zu den besonderen Bildungssituationen einzelner Schüler oder gar ganzer Klassen passen und gelegentlich auch wenig glücklich formuliert sind, müssen sie im Hinblick auf eine bessere Passung mit professionellem Blick betrachtet und gegebenenfalls angeglichen werden. Dieselben Leitfragen sind zugleich aber auch Ausgangspunkt für die Eigenkonstruktion von Lern- und Leistungsaufgaben, was ebenfalls Alltagsgeschäft von Lehrenden ist.

Welche Schlussfolgerungen ergeben sich für die Konstruktion von Leistungsaufgaben?

Die Qualitätsmerkmale zur Konstruktion und Analyse können sowohl auf Lern- als auch auf Leistungsaufgaben angewendet werden, da beide Aufgabentypen etliche Gemeinsamkeiten aufweisen. Doch sie unterscheiden sich in ihrer Funktion im Lernprozess und in ihrer Verortung in der Unterrichtsdramaturgie. Leistungsaufgaben stehen, sofern sie nicht in eine Eingangsdiagnostik eingebunden sind, immer am Ende eines fachspezifischen Lernprozesses. Bevor also Leistungsaufgaben ins

---
Gerhard Eikenbusch 2008: Aufgaben, die Sinn machen. In: Pädagogik 3, 2008, S. 6 ff.
Marc Kleinknecht, Thorsten Bohl, Uwe Maier, Kerstin Metz (Hg.) 2013: Lern- und Leistungsaufgaben im Unterricht. Fächerübergreifende Kriterien zur Auswahl und Analyse, S. 207 ff.

Spiel kommen, müssen immer zuerst Lernaufgaben bewältigt worden sein. Aus dieser sachlogischen Abfolge ergibt sich als erste Schlussfolgerung:

> *Lern- und Leistungsaufgaben stehen in einem inhaltlichen und formalen Zusammenhang, der bei der Analyse und bei der Konstruktion von Leistungsaufgaben beachtet werden muss.*

Prüfungs- und Testaufgaben beziehen sich immer auf den durchgenommenen Stoff. Ist dem nicht so, dann ist die Leistungsaufgabe, bezogen auf den zu prüfenden Stoff, nicht valide. Die verwendeten Formate und Aufgabentypen von Leistungsaufgaben sind bereits durch Lernaufgaben bekannt, sonst bestünde die Gefahr, dass Schülerinnen und Schüler, die den Stoff zwar beherrschen, an der Aufgabenstellung, dem Aufgabentyp oder dem Aufgabenformat scheitern könnten. In diesem Fall wäre die Aufgabe nicht *reliabel*, also ein unzuverlässiges Bewertungsinstrument und letztlich unbrauchbar, um den individuellen Fachkompetenzfortschritt zu messen.

Eine zweite Schlussfolgerung aus der sachlogischen Abfolge von Lern- und Leistungsaufgaben bezieht sich auf die Konstruktion von Testaufgaben. Leistungsaufgaben in Tests sollten sich an dem Anforderungsniveau der vorgeschalteten Lernaufgaben orientieren, also an den eingeübten Operatorentaxonomien und an deren Staffelung auf den Anforderungsebenen *Reproduktion, Reorganisation* und *Transfer*. Deshalb muss bei der Analyse und der Konstruktion von Leistungsaufgaben Folgendes beachtet werden:

> *Prüfungs- und Testaufgaben verwenden Operatoren, die bereits durch Lernaufgaben bekannt sind. Besteht ein Test aus mehreren Testaufgaben, dann werden diese in progressivem Anforderungsniveau arrangiert.*

Eine dritte Schlussfolgerung aus der sachlogischen Ableitung von Leistungsaufgaben aus Lernaufgaben ergibt sich aus der Aufgabendifferenzierung. Wenn in stark heterogenen Lerngruppen im Unterricht differenzierende Lernaufgaben eine Rolle gespielt und die Unterrichts- und Aufgabenkultur geprägt haben, dann ist es nur folgerichtig, auch differenzierende Leistungsaufgaben anzubieten. Differenzierende Tests können dabei ganz unterschiedlich konzipiert sein. Sie können bei zielgleicher Unterrichtung zum Beispiel im Fall einfacher Reproduktionsaufgaben ohne Differenzierung auskommen und lediglich Aufgaben höheren Anforderungsniveaus differenzieren, sie können kompensierende Hilfsangebote bereitstellen, deren Annahme durch Schülerinnen und Schüler dann aufgabenspezifisch und individuell in den Bewertungsschlüssel eingerechnet wird, sie können als Ganzes auf mehreren Niveaustufen angeboten werden. Grundsätzlich gilt:

> *Wenn differenzierende Lernaufgaben die Lernkultur einer Lerngruppe bestimmen, dann sollten differenzierende Leistungsaufgaben die Prüfungskultur einer Lerngruppe bestimmen.*

Eine vierte Schlussfolgerung ergibt sich aus der Bewertungsfunktion von Leistungsaufgaben. Während Lernaufgaben ein sachbezogenes Feedback zur Verbesserung individueller Lernprozesse zum Ziel haben, verfolgen Leistungsaufgaben eine möglichst objektive Bewertung eben dieser Lernprozesse. Die individuell erreichten Ergebnisse stellen sie in Relation zu den Ergebnissen anderer dar und erfüllen so eine soziale Rankingfunktion, die in der Notengebung ihren Ausdruck findet. Damit eine solche fachbezogene Bewertung einer Person objektiv erfolgt, sind Aufgaben mit eindeutigen Lösungen und klarer Punktzuweisung in Tests eher zu finden als offene Aufgabenformate. Dies schließt die Verwendung von offenen Aufgaben in Prüfungssituationen jedoch keineswegs aus. Im Gegenteil: Mit offenen Aufgabenformaten kann ein komplexer und vernetzter Kompetenzerwerb viel eher überprüft werden als mit kleinschrittigen, geschlossen Formaten. Allerdings gelingt die Bewertung offener Formate nicht ohne ein zuverlässig ausgearbeitetes, zugrunde liegendes Kriteriensystem, das die Anforderungen der Aufgabe detailliert beschreibt. Werden offene Aufgabenformate in Tests verwendet, dann gilt für die Konstruktion und Analyse von Leistungsaufgaben Folgendes:

> *Die Kriterien zur Bewertung offener Aufgabenformate in Prüfungssituationen müssen transparent und zuvor mit vergleichbaren Lernaufgaben im Unterricht eingeübt worden sein.*

Hilfreich hierbei sind Kriterienlisten. Sie stellen bei Schülerinnen und Schülern Anforderungstransparenz her, indem sie angeben, was zur erfolgreichen Bewältigung der Aufgabenstellung zu leisten ist. Außerdem erleichtern sie Lehrerinnen und Lehrern die objektive Bewertung offener Aufgabenformate.

Das allgemeindidaktische Analyse- und Konstruktionsinstrumentarium, wie es in Teil I dieses Band vorgestellt und in Teil II des *Aufgabenbuchs* angewendet wurde, findet sich in den nachfolgenden Analysebögen wieder und bildet die Basis für eine fachspezifische Adaption der Qualitätsmerkmale.

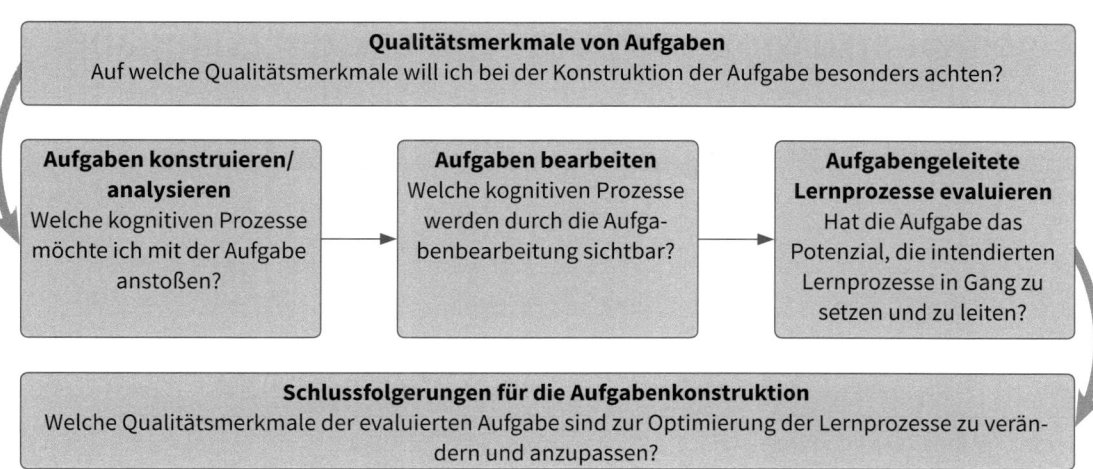

Abbildung: Qualitätsmerkmale und Aufgabenkonstruktion

Matrix zur Eigenkonstruktion von Lern- und Leistungsaufgaben

Unterrichtsanalyse: Welche Funktion hat die Aufgabe in der Stunde?	
Inhaltsanalyse: Wie komplex ist meine Aufgabe?	
Welche Wissenselemente enthält die Aufgabe?	1. _____ 2. _____ 3. _____
Welche Lösungsschritte müssen durchgeführt werden?	1. _____ 2. _____
Welches fachliche und fachmethodische Vorwissen ist zur Lösung der Aufgabe notwendig?	1. _____ 2. _____
Sprachanalyse: Habe ich mich klar ausgedrückt?	
Welche Fachbegriffe sind für das Verstehen der Aufgabenstellung wichtig?	1. _____ 2. _____ 3. _____ 4. _____
Sind die zugrunde liegenden Fachbegriffe geklärt?	☐ ja ☐ nein
Welche Operatoren verwende ich in der Aufgabenstellung und ist deren Bedeutung den Schülerinnen und Schülern klar?	☐ ja ☐ nein _____ ☐ ja ☐ nein _____
Verwende ich einen einfachen Satzbau?	☐ ja ☐ nein
Drücke ich mich klar aus?	☐ ja ☐ nein
Anforderungsanalyse: Sind die kognitiven Anforderungen der Aufgabe eindeutig?	
Welches Anforderungsniveau repräsentiert der Operator?	☐ Reproduktion ☐ Reorganisation ☐ weiter Transfer/Metakognition
Lehrplananalyse: Fördert die Aufgabe den Kompetenzerwerb?	
Welchen Lehrplanbezug hat meine Aufgabe?	Kompetenzformulierung: Die Schülerinnen und Schüler … _____ _____ _____
Wie authentisch ist meine Aufgabe?	☐ nicht situiert ☐ konstruiert situiert ☐ realistisch situiert ☐ real situiert
Unterrichtsanalyse: Welche Funktion hat die Aufgabe in der Stunde?	
Welche didaktische Funktion hat meine Aufgabe?	☐ Erschließungsaufgabe ☐ Anwendungsaufgabe ☐ Übungsaufgabe
Passen Material und Methoden zur didaktischen Funktion?	☐ ja ☐ nein
Lerngruppenanalyse: Passt die Aufgabe zur Lerngruppe?	
Lässt das Aufgabenformat individualisierte Lösungswege zu?	☐ nein: geschlossenes Format ☐ teilweise: halboffenes Format ☐ ja: offenes Format
Beinhaltet die Aufgabe Differenzierungsangebote?	☐ Stufendifferenzierung ☐ Operatorendifferenzierung

Kopiervorlage

Matrix zur Analyse von Lernaufgaben

Lehrplananalyse: Fördert die Aufgabe den Kompetenzerwerb?	
Welchen Lehrplanbezug haben Thema und Aufgabe?	Thema: _____ Kompetenzformulierung: Die Schülerinnen und Schüler … _____ _____
Welche Wissenselemente enthält die Aufgabe?	1. _____ 2. _____
Analyse des Vorwissens: Was müssen Schülerinnen und Schüler wissen, um die Aufgabe bearbeiten zu können?	
Welche Fachbegriffe sind für das Verstehen der Aufgabenstellung wichtig?	1. _____ 2. _____ 3. _____ 4. _____
Sind die zugrunde liegenden Fachbegriffe geklärt?	☐ ja ☐ nein
Welches fachliche und fachmethodische Vorwissen ist zur Lösung der Aufgabe notwendig?	1. _____ 2. _____
Welche Operatoren werden in der Aufgabenstellung verwendet und ist deren Bedeutung den Schülerinnen und Schülern klar?	☐ ja ☐ nein _____ ☐ ja ☐ nein _____
Unterrichtsanalyse: Welche Funktion hat die Aufgabe in der Stunde?	
Welche didaktische Funktion soll die Aufgabe in der Stunde haben?	☐ Erschließungsaufgabe ☐ Anwendungsaufgabe ☐ Übungsaufgabe
Ist die Aufgabe in ihrer didaktischen Funktion sinnvoll in einer Aufgabenbatterie verkettet?	☐ ja ☐ nein
Passen vorliegendes Material und Methoden zur didaktischen Funktion der Aufgabenstellung?	☐ ja ☐ nein
Kann die Aufgabe auch als Leistungsaufgabe dienen?	☐ ja ☐ nein
Lerngruppenanalyse: Passt die Aufgabe zur Lerngruppe?	
Welches Anforderungsniveau repräsentiert der Operator?	☐ Reproduktion ☐ Reorganisation ☐ weiter Transfer/Metakognition
Lässt das Aufgabenformat individualisierte Lösungswege zu?	☐ nein: geschlossenes Format ☐ teilweise: halboffenes Format ☐ ja: offenes Format
Beinhaltet die Aufgabe Differenzierungsangebote?	☐ Stufendifferenzierung ☐ Operatorendifferenzierung
Schlussfolgerung:	
Passt die vorliegende Aufgabenstellung zu meinem Unterricht?	☐ ja ☐ nein
In welchen Punkten muss die Aufgabenstellung optimiert werden?	1. _____ 2. _____
Neuer Formulierungsvorschlag für die Aufgabenstellung: _____ _____	

© Westermann Gruppe

Kopiervorlage

Matrix zur Analyse von Leistungsaufgaben

Inhaltsanalyse: Wie komplex ist meine Aufgabe?	
Welche Wissenselemente enthält die Aufgabe?	1. _____ 2. _____ 3. _____
Welche Lösungsschritte müssen durchgeführt werden?	1. _____ 2. _____
Welches fachliche und fachmethodische Vorwissen ist zur Lösung der Aufgabe notwendig?	1. _____ 2. _____
Sprachanalyse: Habe ich mich klar ausgedrückt?	
Welche Fachbegriffe sind für das Verstehen der Aufgabenstellung wichtig?	1. _____ 2. _____ 3. _____ 4. _____
Ist die Bedeutung der zugrunde liegenden Fachbegriffe im Unterricht geklärt worden?	☐ ja ☐ nein
Welche Operatoren verwende ich in der Aufgabenstellung und ist deren Bedeutung den Schülerinnen und Schülern klar?	☐ ja ☐ nein _____ ☐ ja ☐ nein _____
Verwende ich einen einfachen Satzbau?	☐ ja ☐ nein
Drücke ich mich klar aus?	☐ ja ☐ nein
Lerngruppenanalyse: Passt die Prüfungsaufgabe zur Lerngruppe?	
Welches Anforderungsniveau repräsentiert der Operator?	☐ Reproduktion ☐ Reorganisation ☐ weiter Transfer/Metakognition
Lässt das Aufgabenformat individualisierte Lösungswege zu?	☐ nein: geschlossenes Format ☐ teilweise: halboffenes Format ☐ ja: offenes Format
Anhand welcher Kriterien will ich gegebenenfalls halboffene oder offene Formate bewerten?	Kriteriensammlung: 1. _____ 2. _____ 3. _____
Beinhaltet die Aufgabe Differenzierungsangebote?	☐ Stufendifferenzierung ☐ Operatorendifferenzierung ☐ Hilfekärtchen
Wie fließen Fachleistungsdifferenzierungen in die Bewertung mit ein?	reduzierter Punkteschlüssel für die Aufgabe: maximal _____ von _____ Punkten

Formulierungsvorschlag für die Leistungsaufgabe:

_____

_____

_____

Punkte _____

© Westermann Gruppe

Kopiervorlage

Protokollbogen „Freiarbeit"

Thema: Hier trägst du ein, was du heute tun wirst.	**Fach:**	**Datum:**	**Arbeitszeit:** in Minuten	Wie gut wurde die Aufgabe erledigt? Gib dir selbst eine **Note**:	Womit hattest du **Schwierigkeiten** und was musst du deshalb in Zukunft üben?	Wie bewertet dein Lehrer/deine Lehrerin deine Arbeit? ☺ ☹

© Westermann Gruppe

3. Feedback konkret: Wie wird aufgabenbezogenes Feedback bildungswirksam?

Was ist Feedback?

Feedback ist ein diagnostisches Instrument zur Analyse von Lernprozessen. Feedback liefert Informationen über das Lernen von Schülerinnen und Schülern. Feedbackergebnisse sind Grundlage für persönliche Lernberatung und zugleich Informationsbasis für weitere Unterrichtsplanung. Ausgangspunkt für Feedback im Unterricht ist in der Regel die Aufgabe. Jede Aufgabe hat ein spezifisches Feedbackpotenzial. Dessen Reichweite ist jedoch abhängig von immanenten Kompetenzerwartungen, die mit der Aufgabenstellung verbunden sind. Deshalb umfasst Feedback sowohl Fachkompetenzen als auch Methodenkompetenzen und metakognitive Kompetenzen, wie zum Beispiel Selbststeuerungs- oder Reflexionsfähigkeit. Fachliche Inhalte von Lernprozessen sind also ebenso Gegenstand von Feedback wie die Lernprozesse selbst und ihre Steuerung durch die Schülerinnen und Schüler. Dabei verzichtet Feedback bewusst auf Beurteilung und Bewertung der Schülerpersönlichkeit.

Wo und wann findet Feedback im Unterricht statt?

Feedback findet grundsätzlich im Unterricht statt. Allerdings ergibt es sich nicht automatisch. Es muss dialogisch und auf sachlicher Grundlage erarbeitet werden. Dazu sollte Feedback einen festen Platz in der Dramaturgie von Unterricht haben, also zum Beispiel am Ende einer Stunde zeitnah zum reflektierten Lernprozess angeboten werden. Erfolgreiches Feedback ist jedoch an mindestens drei Voraussetzungen geknüpft:

- Zum Ersten müssen die Leistungs- und Kompetenzerwartungen, die mit der Aufgabe einhergehen, den Schülerinnen und Schülern transparent sein. Nur so kann auf Basis eines klaren Erwartungshorizontes sachbezogenes Feedback seriös durchgeführt werden. Kompetenzerwartungen bilden dabei das Referenzmaß für den Lernfortschritt, der durch Aufgaben angestoßen und erfolgt sein sollte. Feedback beschreibt folglich den Kompetenzerwerb als individuellen Entwicklungsprozess.
- Zum Zweiten muss Feedback sich an den klassischen Testgütekriterien orientieren. Feedback muss valide in Bezug auf die Inhalte und Kompetenzerwartungen der zugrunde liegenden Aufgabe sein, was bedeutet, dass in Feedbackprozessen nur das besprochen werden kann und darf, was in der Aufgabe an Herausforderungen und Anforderungen steckt. Feedback muss *reliabel*, also zuverlässig in seinen Aussagen sein, was genaue Beobachtung der Lösungsprozesse und Kenntnis der Inhalte einer Aufgabe voraussetzt. Feedback muss darüber hinaus *objektiv*, also frei von Wertungen der handelnden Personen sein.
- Zum Dritten ist Feedback selbst eine komplexe metakognitive Kompetenz und muss deshalb im Unterricht solange eingeübt werden, bis es zum vertrauten Teil einer partizipativen Unterrichtskultur geworden ist.

Nur wenn diese Voraussetzungen erfüllt sind, kann Feedback seine Bildungswirksamkeit so entfalten, dass zukünftige Lernprozesse optimiert stattfinden.

Warum ist Feedback bildungswirksam?

Feedback basiert auf konkreten Beobachtungen des eigenen Lernens und des Lernens anderer. Es liefert Informationen über das Lernen, korrigiert oder bestätigt kognitive Strukturen und sorgt unter bestimmten Voraussetzungen für eine Verbesserung des Lernens. John Hattie weist in seiner Studie „Lernen sichtbar machen" auf die besondere Bedeutung von Feedback für das Lernen hin. Er stellt fest, dass *summatives Feedback*, also Aussagen darüber, ob das Ergebnis einer Aufgabe stimmt, keine Auswirkung auf zukünftiges Lernen habe. Sogenanntes *formatives Feedback*, das die Lernprozesse und Lernstrategien in den Blick nimmt, gehöre jedoch mit einer hohen Effektstärke zu den TopTen förderlicher Lernfaktoren. Da Inhalte und Lösungsprozesse in Aufgabenstellungen Hand in Hand gehen, sollten sie in Evaluationsphasen nicht isoliert voneinander betrachtet werden. Feedback im Un-

---

Johannes Bastian 2015: Lernprozessorientiertes Feedback. In: Pädagogik 7–8, 2015, S. 74 ff.
Gerhard Gerdsmeier 2008: Diagnose und Feedback in Prozessen selbst gesteuerten Lernens. In: Pädagogik 3, 2008, S. 30 ff.
John Hattie 2013: Lernen sichtbar machen, S. 204 ff.

terricht kombiniert deshalb die Evaluation von Fachkompetenzen mit dem Feedback über prozessuale und metakognitve Kompetenzen.

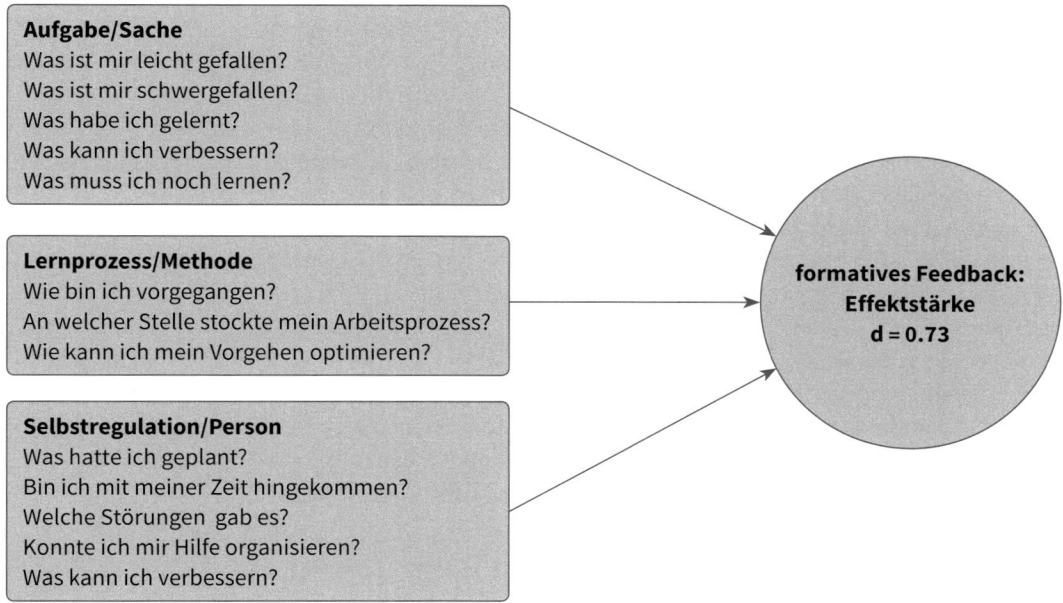

Abbildung: Feedback-Elemente und Leitfragen

Wie kann Feedback im Unterricht thematisiert werden?

Lernprozesse zum Gegenstand von Reflexionen im Unterricht zu machen, ist kein einfaches Unterfangen. Auf Folgendes sollten Sie deshalb achten:
- Setzen Sie in der Implementationsphase von Feedback-Arbeit immer einen einzigen Feedback-Schwerpunkt. Schaffen Sie Vertrautheit, ritualisieren Sie Feedbackphasen und führen Sie erst dann neue Reflexionsaspekte in die Feedback-Arbeit ein.
- Achten Sie von Anfang an auf eine wertschätzende Sprache. Sie ist Voraussetzung dafür, dass Tipps zur Verbesserung auch akzeptiert werden.
- Lassen Sie Feedback-Ergebnisse in Gruppen erarbeiten und im Gespräch präsentieren, beides fördert ernsthafte und fundierte Reflexionen.
- Bereiten Sie komplexes Feedback zu umfangreicheren Arbeiten oder Aufgabenarrangements durch Feedback-Bögen, wie Sie sie auf den nächsten Seiten finden, vor.

Feedbackinstrumente

In Teil II des *Aufgabenbuchs* sind Ihnen bereits Aufgabentypen mit Feedback-Potenzial vorgestellt worden. Diese können Sie mithilfe der Übersichtstabelle auf den Seiten 52–53 nachschlagen. Auf den folgenden Seiten finden Sie weitere Feedback-Instrumente, die Sie ohne großen Vorbereitungsaufwand im Unterricht einsetzen können. Feedback-Instrumente haben das Lernen der Schülerinnen und Schüler zum Thema. Sie helfen bei der Reflexion der Aufgabenkultur und liefern wichtige Informationen für deren Weiterentwicklung. Sie können aber auch Auskunft geben über den Stand des fachlichen Lernens, die Kooperationskompetenz von Gruppen oder die Befindlichkeiten Einzelner. Ziel aller Feedback-Instrumente ist es, den Schülerinnen und Schülern ihr Lernen bewusst zu machen und sie zu strukturierter Reflexion anzuleiten. Regelmäßiges Feedback verändert die Lern- und Unterrichtskultur: Schülerinnen und Schüler werden sich ihres Tuns bewusster und ihr Lernen wird besser; der Unterricht wird partizipativer und demokratischer. Beide Effekte werden die Motivation Ihrer Schülerinnen und Schüler steigern.

Feedback ist dann erfolgreich, …
- ▶ wenn Feedback-Schwerpunkte gesetzt werden.
- ▶ wenn Feedback einen festen Platz im Fachunterricht findet.
- ▶ wenn Aufgabenfeedback zeitnah durchgeführt wird.
- ▶ wenn Feedback ruhig und geplant durchgeführt wird und nicht spontan auf jedes kleine Problem mit Feedback geantwortet wird.

- wenn Feedback-Ergebnisse in die Planung nachfolgenden Unterrichts einfließen und dies den Schülerinnen und Schülern deutlich wird.
- wenn Feedback in Ausführung und Zielsetzung transparent für Schülerinnen und Schüler stattfindet.

Feedback-Ergebnisse verändern nachfolgenden Unterricht. Sie müssen von Lehrerinnen und Lehrern ernst genommen werden und dürfen nicht achtlos zur Seite geschoben werden. Feedback-Ergebnisse müssen darüber hinaus mit Schülerinnen und Schülern besprochen werden, entweder zeitnah am Ende der Unterrichtsstunde, in wöchentlichen Klassenleiterstunden oder individuellen Planungsgesprächen. Feedbackinstrumente brauchen also unbedingt Feedback-Gespräche.

Die vorgestellten Feedbackinstrumente lockern durch ihren Bewegungs- und Spielcharakter den Unterricht auf. Sie sind besonders geeignet, auch sprach- und sprechschwache Schülerinnen und Schüler in die Reflexion ihres Lernens miteinzubeziehen. Im Anschluss finden Sie Kopiervorlagen, mit deren Hilfe Schülerinnen und Schüler an eine selbstständige und differenzierte Reflexion ihres Lernens herangeführt werden. Die Kopiervorlagen sind auf drei sprachlichen Niveaus ausgearbeitet. Sie können individualisiert und entsprechend der sprachlichen Leistungsfähigkeit Ihrer Schülerinnen und Schüler in der Klasse verteilt und bearbeitet werden. Da mit ihnen dieselbe Situation reflektiert wird, können sie trotz ihrer Unterschiedlichkeit gemeinsam im Plenum besprochen werden.

Feedbackinstrumente

Ampelspiel

Das *Ampelspiel* ist eine einfache Feedback-Übung, die ohne großen Aufwand jederzeit im Unterricht eingesetzt werden kann. Für das *Ampelspiel* benötigen Schülerinnen und Schüler lediglich einen roten, gelben und grünen Gegenstand. Das Ablaufschema für ein *Ampelspiel* sieht folgendermaßen aus:

1. Schritt: Der Lehrer/Die Lehrerin klärt die Legende:
   „Rot" bedeutet: „Das gefällt mir nicht", „Ich bin nicht dieser Meinung."
   „Gelb" bedeutet: „Ich bin noch nicht überzeugt", „Ich bin unentschieden".
   „Grün" bedeutet: „Das gefällt mir", „Ich bin dieser Meinung."
   Die Legende sollte so visualisiert werden, dass sie zum Beispiel als Plakat im Klassenraum hängt. Bei weiteren Ampelspielen bedarf es dann nur noch des Hinweises auf das Plakat. Das spart Zeit.
2. Schritt: Die Schülerinnen und Schüler bereiten sich vor, indem sie drei Gegenstände in den Farben Rot, Gelb und Grün vor sich auf die Bank legen.
3. Schritt: Der Lehrer/Die Lehrerin gibt die Feedback-Impulse, zum Beispiel: „Seid ihr mit der Aufgabenstellung zurechtgekommen?". Die Schülerinnen und Schüler antworten, indem sie den entsprechenden farbigen Gegenstand hochhalten. Während des Ampelspiels ist es still in der Klasse.
4. Schritt: Der Lehrer/Die Lehrerin spricht mit den Schülerinnen und Schülern über Feedback-Ergebnisse und berät, zieht Schlussfolgerungen, bespricht Verbesserungen oder Hilfen. Er/Sie nutzt dabei seine/ihre Beobachtungen und spricht einzelne Schülerinnen und Schüler gezielt an.

Das gefällt mir nicht.
Ich bin nicht dieser Meinung.

Ich bin noch nicht überzeugt.
Ich bin unentschieden.

Das gefällt mir.
Ich bin dieser Meinung.

Feedbackinstrumente

Daumen hoch

Daumen hoch ist eine einfache Feedback-Übung, die ohne großen Aufwand jederzeit im Unterricht eingesetzt werden kann. Für dieses Feedback-Spiel wird kein Material benötigt. Das Ablaufschema für *Daumen hoch* sieht folgendermaßen aus.

1. Schritt: Der Lehrer/Die Lehrerin klärt die Bedeutung der Daumenstellung:
   „Daumen hoch" bedeutet: „Das gefällt mir", „Ich bin dieser Meinung."
   „Daumen waagerecht" bedeutet: „Ich bin noch nicht überzeugt", „Ich bin unentschieden".
   „Daumen unten" bedeutet: „Das gefällt mir nicht", „Ich bin nicht dieser Meinung."
   Diese Bedeutungsfestschreibung sollte so visualisiert werden, dass sie zum Beispiel als Plakat im Klassenraum hängt. Bei weiteren Feedback-Spielen bedarf es dann nur noch des Hinweises auf das Plakat. Das spart Zeit.
2. Schritt: Der Lehrer/Die Lehrerin gibt die Feedback-Impulse, zum Beispiel: „Seid ihr mit der Aufgabenstellung zurechtgekommen?" Die Schülerinnen und Schüler antworten, indem sie ihren Daumen in der entsprechenden Position hochstrecken. Während des Feedback-Spiels ist es still in der Klasse.
4. Schritt: Der Lehrer/Die Lehrerin spricht mit den Schülerinnen und Schülern über Feedback-Ergebnisse und berät, zieht Schlussfolgerungen, bespricht Verbesserungen oder Hilfen. Er/Sie nutzt dabei seine/ihre Beobachtungen und spricht einzelne Schülerinnen und Schüler gezielt an.

Feedbackinstrumente

Line-up

Ein *Line-up* ist eine handlungsorientierte Likert-Skala (vgl. S. 84). Schülerinnen und Schüler positionieren sich dabei auf einer realen oder gedachten Linie in der Klasse oder auf dem Schulflur vor der Klasse. Mit ihrer Positionierung drücken sie ihre Meinung zu einem Reflexionsimpuls des Lehrers/der Lehrerin aus. Mit *Line-up-Übungen* können auch unterschiedliche Einstellungen von Jungen und Mädchen visualisiert werden. Dazu bewegen sich die Jungen auf der einen Linie und die Mädchen auf einer zweiten Linie. Das Ablaufschema für ein *Line-up* sieht folgendermaßen aus:

1. Schritt: Der Lehrer/Die Lehrerin klärt die *Line-up-Regeln*:

    Eine Positionierung an dem einen Ende einer Linie bedeutet: „Gut", „Ich bin dieser Meinung."

    Eine Positionierung am gegenüberliegenden Ende der Linie bedeutet das Gegenteil: „Schlecht", „Ich bin nicht dieser Meinung."

    Zwischen diesen beiden Positionen sind differenzierende Aussagen durch individuelle Platzierung möglich.

2. Schritt: Der Lehrer/Die Lehrerin gibt die Feedback-Impulse, zum Beispiel: „Seid ihr mit der Aufgabenstellung zurechtgekommen?". Die Schülerinnen und Schüler antworten, indem sie sich entsprechend auf der Linie positionieren. Während des *Line-Ups* ist es still, was nur mit einer eingeübten Ritualisierung des Ablaufs zu erreichen ist, da die Schülerinnen und Schüler sich in einer großen Gruppe bewegen.

3. Schritt: Nach jedem Feedback-Impuls nutzt der Lehrer/die Lehrerin die Veranschaulichung durch das entstandene Standbild und bespricht direkt mit den Schülerinnen und Schülern Feedback-Ergebnisse. Er/Sie berät, zieht Schlussfolgerungen, schlägt Verbesserungen und Hilfen vor. Er/Sie nutzt dabei seine/ihre Beobachtungen und spricht einzelne Schülerinnen und Schüler gezielt an.

– nicht meine Meinung   + meine Meinung

Feedbackinstrumente

Zielscheibe

Ein *Zielscheibe* ist eine handlungsorientierte Feedback-Methode, die ohne großen Aufwand angewendet werden kann. Schülerinnen und Schüler markieren dabei auf einer Zielscheibe mit Kreuzen oder Klebepunkten ihre Positionen, Anschauungen, Erfahrungen und Meinungen. Die Zielscheibe selbst wird in Quadranten eingeteilt, in denen unterschiedliche Aspekte eines Reflexionsgegenstandes festgehalten werden. Das Zielscheiben-Feedback kann auch anonymisiert durchgeführt werden. Dazu wird die *Zielscheibe* zum Beispiel hinter einem Seitenflügel der Altartafel platziert, so dass jeder markieren kann, ohne von anderen beobachtet zu werden. Dieses Verfahren hat den Vorteil, dass Schülerinnen und Schüler aufgrund ihres Feedbacks nicht bloßgestellt werden und sie wahrscheinlich ehrlicheres Feedback geben. Es hat aber auch einen Nachteil: Da das Feedback nicht personalisiert werden kann, ist eine individuelle Beratung durch den Lehrer/die Lehrerin nicht möglich. Das Ablaufschema für eine *Zielscheibe* sieht folgendermaßen aus:

1. Schritt: Der Lehrer/Die Lehrerin bindet die Reflexionsaufgabe an die unterrichtliche Situation, die es zu reflektieren gilt, an und gibt den Ablauf des Feedbacks vor. Er/Sie erläutert die vier Reflexionsaspekte, die den Zielscheibenquadranten zugeordnet und nachzulesen sind. Geht es dabei um ein Feedback zur Aufgabenkultur, dann können diese zum Beispiel folgendermaßen lauten:
   - Ich habe die Aufgabenstellung verstanden.
   - Ich konnte die Aufgabe ohne Probleme lösen.
   - Ich bin mit der zur Verfügung stehenden Zeit zurecht gekommen.
   - Ich habe mich bei der Arbeit wohl gefühlt.

2. Schritt: Die Schülerinnen und Schüler gehen einzeln zur Reflexionszielscheibe und markieren ihre Lernerfahrungen. Damit dies zügig vonstatten geht, ist es notwendig, dass die Orientierung über die Bewertungsaspekte zuvor gründlich erfolgt ist und jeder weiß, was jetzt zu tun ist. Wenn Schülerinnen und Schüler erst anfangen, die Reflexionsaspekte zu lesen, wenn sie vor der Zielscheibe stehen, und erst in diesem Moment beginnen, über ihre Meinung nachzudenken, dann zieht sich das Verfahren in die Länge und Disziplinschwierigkeiten werden unweigerlich auftauchen.

3. Schritt: Der Lehrer/Die Lehrerin nutzt das in der Zielscheibe visualisierte Meinungsbild zur Planung nachfolgender Unterrichtsprozesse und zur Lernberatung seiner/ihrer Schülerinnen und Schüler.

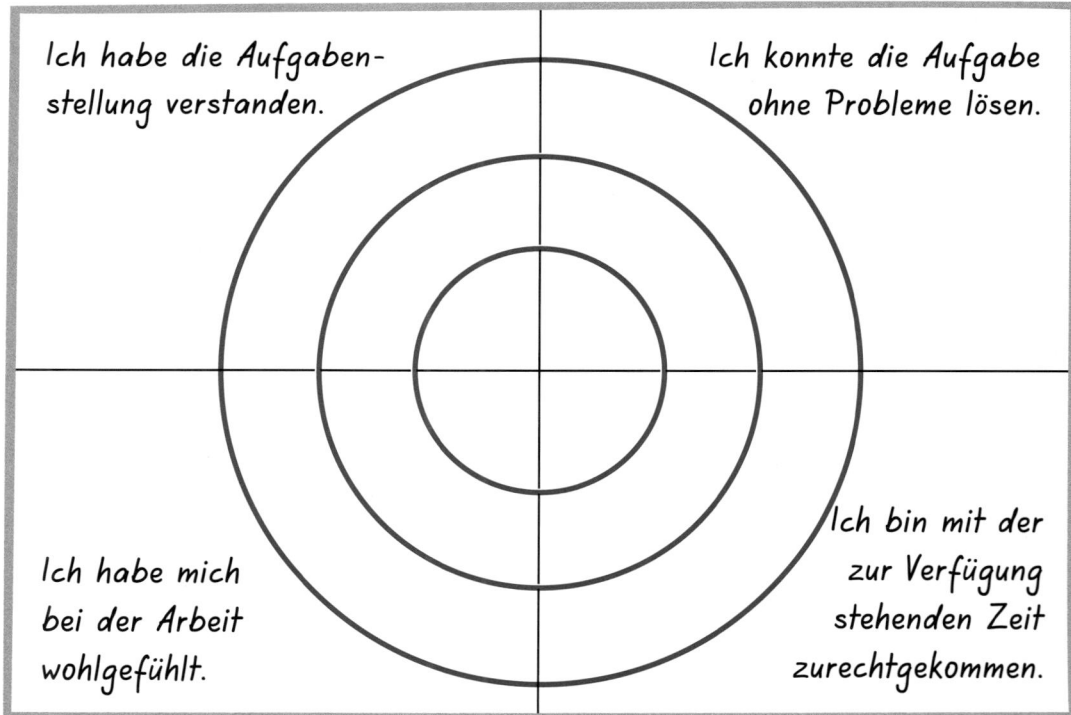

Feedbackinstrumente

Reflexionshand

Eine *Reflexionshand* ist eine handlungsorientierte Feedback-Methode, die ohne großen Aufwand angewendet werden kann. Schülerinnen und Schüler zeichnen dazu die Umrisse ihrer Hand mit gespreizten Fingern auf ein Blatt Papier und beschriften jeden Finger mit einem anderen Feedback-Aspekt. Die *Reflexionshand* macht Feedback wie keine andere Methode zum persönlichen Ausdruck. Das Ablaufschema für eine *Reflexionshand* sieht folgendermaßen aus:

1. Schritt: Der Lehrer/Die Lehrerin bindet die Reflexionsaufgabe an die unterrichtliche Situation, die es zu reflektieren gilt, an und gibt den Ablauf des Feedbacks vor. Er/Sie erläutert die fünf Reflexionsaspekte, die den einzelnen Fingern einer Hand zugeordnet sind. Geht es dabei um ein Feedback zur Aufgabenkultur, dann können diese zum Beispiel folgendermaßen lauten:
   - Daumen: *Das ist mir bei der Bearbeitung der Aufgabe besonders gelungen.*
   - Zeigefinger: *Auf diesen Tipp für die Bearbeitung von Aufgaben will ich besonders hinweisen.*
   - Mittelfinger: *Das hat mit heute nicht so gut gefallen.*
   - Ringfinger: *So habe ich mich heute bei der Bearbeitung der Aufgaben gefühlt.*
   - Kleiner Finger: *Das ist zu kurz gekommen. Diese Aufgaben würde ich gerne noch mal machen.*

   Die Zuordnungen und Reflexionsaspekte sollten so visualisiert werden, dass sie zum Beispiel als Plakat im Klassenraum hängen. Bei weiteren Feedback-Anwendungen bedarf es dann nur noch des Hinweises auf das Plakat. Das spart Zeit.

2. Schritt: Die Schülerinnen und Schüler zeichnen ihren Handumriss und notieren ihre Überlegungen in einem kurzen Aussagesatz oder in Stichworten. Sie präsentieren im Anschluss ihre Arbeitsergebnisse entweder in Lerngruppen, ihrem Banknachbarn/ihrer Banknachbarin oder teilweise und freiwillig im Plenum.

3. Schritt: Der Lehrer/Die Lehrerin nutzt die ausgearbeiteten Reflexionshände zur Analyse seiner/ihrer Aufgabenkultur, zur Planung nachfolgender Unterrichtsprozesse und zur Lernberatung.

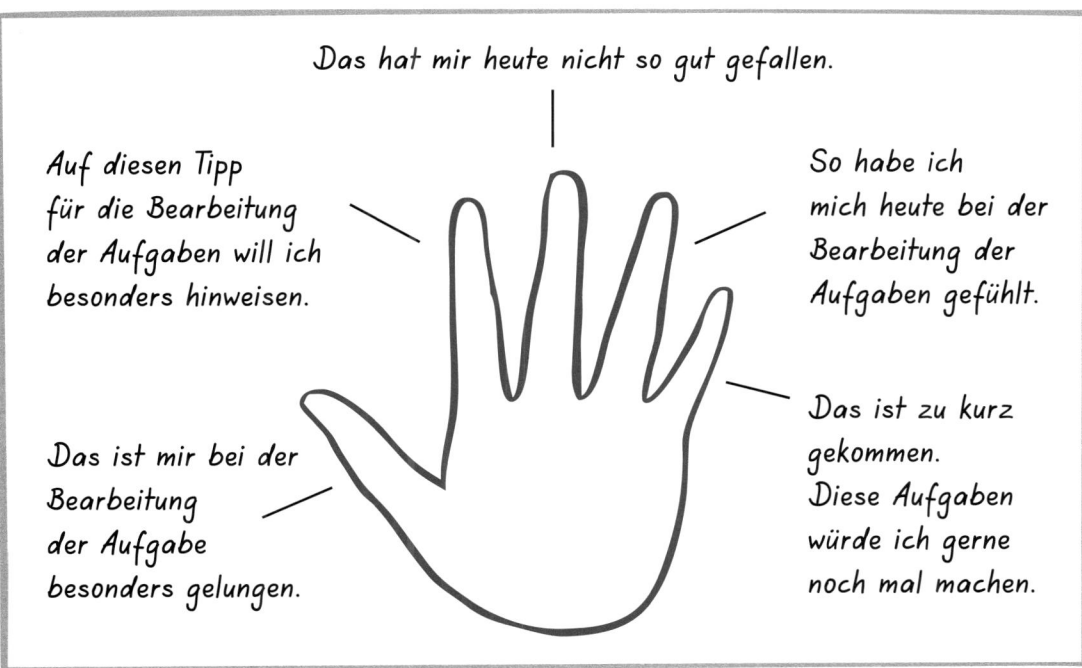

Feedback-Bogen – Anforderungsniveau einfach

Mein Thema	
Was versprichst du dir von der Bearbeitung der Aufgabe?	
Bearbeitet am …	
Bearbeitungszeit	

Kreuze an und ergänze!			
Aufgabe/Methode	☺	😐	☹
Ich habe die Aufgabenstellung verstanden.			
Ich konnte Texte, Grafiken usw. verstehen.			
Ich konnte die Aufgabe bearbeiten.			
Ich hatte Schwierigkeiten. Notiere sie gegebenenfalls. _____ _____			
Das muss ich noch lernen/fertigstellen/noch einmal machen: _____ _____			
Lernprozess			
Ich bin mit meinem Vorgehen zufrieden.			
Ich habe meine Zeit gut eingeteilt.			
Ich habe konzentriert gearbeitet.			
Ich wurde in meiner Arbeit gestört durch … ☐ Gespräche ☐ Lärm ☐ _____			
Ich konnte mir Hilfe suchen bei … _____			

Vereinbarung: Ich werde zukünftig bei der Bearbeitung ähnlicher Aufgaben auf Folgendes achten:

Unterschrift Schüler	Unterschrift Lehrer

Kopiervorlage

Feedback-Bogen – Anforderungsniveau mittel

Mein Thema	
Was versprichst du dir von der Bearbeitung der Aufgabe?	
Bearbeitet am …	
Bearbeitungszeit	

Beantworte die Leitfragen in ganzen Sätzen!

Zur Sache und Methode

Wie gut hast du die Aufgabenstellungen, Texte und Grafiken verstanden und inwieweit ist es dir gelungen, die Aufgaben angemessen und ordentlich zu bearbeiten?
_____
_____

Welche Schwierigkeiten sind bei der Bearbeitung der Aufgaben aufgetaucht und wie bist du dann vorgegangen?
_____
_____

Was musst du bezogen auf dein Thema noch lernen?
_____
_____

Zum Lernprozess

Wie zufrieden bist du mit deinem Vorgehen?
_____
_____

Wie hast du deine Zeit eingeteilt?
_____
_____

Welche Störungen tauchten bei der Arbeit auf?
_____
_____

Vereinbarung: Ich werde zukünftig bei der Bearbeitung ähnlicher Aufgaben auf Folgendes achten:

Unterschrift Schüler	Unterschrift Lehrer

© Westermann Gruppe

Kopiervorlage

Feedback-Bogen – Anforderungsniveau hoch

Mein Thema	
Was versprichst du dir von der Bearbeitung der Aufgabe?	
Bearbeitet am …	
Bearbeitungszeit	

Verfasse einen Bericht über dein Lernen. Orientiere dich dabei an den Leitfragen des Feedback-Bogens „Anforderungsniveau mittel"!

Vereinbarung: Ich werde zukünftig bei der Bearbeitung ähnlicher Aufgaben auf Folgendes achten:
1.
2.

Unterschrift Schüler	Unterschrift Lehrer

4. Leistungsmessung konkret: Wie können individuelle Schülerleistungen gemessen und gerecht bewertet werden?

Leistungs- und Prüfungsformate neu gestalten

Offene Aufgabenkulturen werden in offenen Gesellschaften eher zu finden sein als in autoritär organisierten Systemen, denn Sie lassen individuelle Positionen, Bearbeitungswege und Lösungen zu. Aufgabenstellungen, Aufgabenformate und die Art der Leistungsmessung spiegeln unser diskursives Demokratieverständnis und sie sind Ausdruck der gesellschaftlichen Haltungen an einem Schulstandort. Offene Lernsituationen haben inzwischen kaum mehr etwas Exotisches an sich. Sie sind in der Unterrichtspraxis angekommen.

In Leistungs- und Prüfungssituationen finden offene Aufgabenformate bislang jedoch kaum Eingang. Über den pädagogischen und diagnostischen Wert von Ziffernzensuren ist viel Kritisches gesagt worden. Trotzdem bilden Ziffernzensuren immer noch den Kern der Leistungsmessung in der Schule. Mit Ziffernzensuren setzt Schule ihren Allokationsauftrag um. Je heterogener jedoch die Lerngruppen werden, je differenzierter, individualisierter und kompetenzorientierter Unterricht sich entwickelt, desto schwieriger wird es, bei einer Leistungsmessung zu verharren, die allein auf Zensuren setzt und das Ziel verfolgt, alle Schülerinnen und Schüler in gleichem Maß zu messen. Um mehr individuelle Gerechtigkeit in die Leistungsmessung einzubringen, ist es deshalb vonnöten, dass Leistungssituationen die vorangegangenen Lernsituationen spiegeln, was im Einzelnen bedeutet, dass …

- dort, wo unterschiedliche Lernwege im Unterricht angeboten wurden, diese auch in Leistungssituationen wiederzufinden sind.
- dort, wo variierende Aufgabentypen in Lernsituationen erprobt wurden, dieselben Aufgabentypen auch als Prüfungsformate zu nutzen sind.
- dort, wo unterschiedlichen Aufgabenformate den Unterricht individualisierten und öffneten, auch offene Formate in Leistungs- und Prüfungssituationen zuzulassen sind.
- dort, wo im Unterricht differenzierende Angebote gemacht wurden, diese auch in Prüfungssituationen zu machen sind.

Werden diese Prämissen bei der Konstruktion von Tests, Klassenarbeiten und dergleichen beachtet, Prüfungsformate also aus dem Unterricht, der stattgefunden hat, abgeleitet, werden also „der Lernprozess und das Lernergebnis in der Bewertung aufeinander bezogen"[1], dann ist der Widerspruch zwischen einer von außen verfügten, individuell wenig gerechten und äußerst intransparenten Gruppennorm als Bewertungsgrundlage und dem Anspruch auf eine respektvolle Würdigung und Bewertung der persönlichen Leistung sowie des individuellen Lernfortschritts zwar noch nicht aufgehoben, immerhin jedoch deutlich abgeschwächt.[2] Zwar beharren ministerielle Vorgaben wie Klassenarbeitserlasse immer noch auf der gruppennormorientierten Beschreibung der Leistung von Schülerinnen und Schülern mittels Ziffernnoten. Zugleich ist aber auch eine Veränderung festzustellen, wenn neben den klassischen, geschlossenen Prüfungsformaten offenere, prozessorientierte Formen der Leistungsdarstellung, zum Beispiel Portfolioarbeiten, Lerntagebücher oder mündliche Präsentationen, vorgeschlagen oder gar verpflichtend eingefordert werden.

Für Lehrerinnen und Lehrer bleibt jedoch der grundlegende Widerspruch zwischen individuell angemessener Prüfungssituation und generalisierter Bewertung in Teilen weiterhin bestehen, weshalb in der Praxis Antworten auf zwei Problemfragen zu finden sind:

1. Wie können Prüfungsformate so gestaltet werden, dass Leistungen differenziert und individualisiert erbracht werden können?
2. Wie können individuelle Leistungswege und offenen Aufgabenformate mit einer gruppenbezogenen Ziffernnote halbwegs gerecht bewertet werden?

Erstes Prinzip: Die Beachtung von Differenzierungswegen

Erste Antworten auf die oben genannten Problemfragen lassen sich aus dem in Teil I des *Aufgabenbuchs* skizzierten Differenzierungsmodell ableiten.

---

[1] Liane Paradies, Franz Wester, Johannes Greving 2012: Individualisieren im Unterricht. Erfolgreich Kompetenzen entwickeln. Berlin, S. 135
[2] Vgl. Sabine Knauer 2008: Integration. Inklusive Konzepte für Schulen und Unterricht. Weinheim, S. 138

Prüfungsaufgaben können so konstruiert sein, dass sie unterschiedlich viele Wissenseinheiten umfassen. Ein geeigneter Aufgabentyp für diese Form der *quantitativen Differenzierung* ist zum Beispiel der Lückentext. Ein kurzer Lückentext zum gleichen Thema wird in der Regel weniger Wissenseinheiten umfassen als ein längerer. Wenn jede richtig ausgefüllte Lücke mit einem Wertungspunkt belegt ist, dann werden leistungsstärkere Schülerinnen und Schüler mehr Punkte sammeln und bessere Noten erzielen. Bei der Konstruktion solcher Aufgaben ist darauf zu achten, dass auch Schülerinnen und Schüler, die sich entschieden haben, nur einen Teil des Angebotes zu bearbeiten, ein mittleres Notenniveau erreichen können. Als Differenzierungsangebot für Schülerinnen und Schüler mit Lernschwierigkeiten bieten sich *Helfersysteme*, wie z. B. Begriffsspeicher, an, auf die bei Bedarf während der Prüfungssituation zurückgegriffen werden kann. Als Regel gilt: Wer bei zielgleicher Unterrichtung auf Helfersysteme wie Begriffsspeicher zurückgreift, verliert Punkte.

Eine *qualitative Differenzierung* von Prüfungsaufgaben zum gleichen Thema kann auf zwei Wegen erfolgen. Zum einen können über unterschiedliche Operatoren verschiedene Anspruchsniveaus angesteuert werden. Einen Sachverhalt darzustellen ist einfacher, als denselben Sachverhalt zu erklären oder gar zu analysieren. Abgestufte Punktzuweisungen sollten dem Anspruchsniveau der differenzierenden Aufgabenstellungen gerecht werden. Auch hier ist darauf zu achten, dass die erfolgreiche Bearbeitung der Aufgabe auf einem einfachen Reproduktionsniveau zum Beispiel mit der Hälfte der für diese Aufgabe maximal zu erzielenden Punktzahl belegt wird.
Qualitative Differenzierung kann aber auch realisiert werden, indem die gleiche Aufgabenstellung auf Materialien mit unterschiedlichem Schwierigkeitsgrad bezogen wird. Schülerinnen und Schüler, die zum Beispiel eine historische Quelle zum Ersten Weltkrieg zusammenfassen, werden sich auf einem höheren Kompetenzniveau bewegen, als andere, die wesentliche Inhalte eines didaktisierten Autorentextes zum gleichen Thema wiedergeben.

Eine weitere Möglichkeit, über Aufgaben qualitativ zu differenzieren, liegt im Wechsel der kognitiven Repräsentationsformen des Wissens. Eine Aufgabe, die passives Wissen zur Bearbeitung verlangt, ist in ihrem kognitiven Anspruchsniveau in der Regel niedriger anzusetzen als eine Aufgabe, die aktive Wissensrepräsentation einfordert. Eine „Richtig-Falsch-Aufgabe" ist so angelegt, dass Schülerinnen und Schüler die Richtigkeit von vorgegebenen Aussagen durch Ankreuzen verifizieren. Dazu reicht passiv verfügbares Wissen. Eine ganz andere Sache ist es hingegen, eigenständig richtige Aussagen zu einem Thema zu formulieren. Das unterschiedliche Anspruchsniveau muss sich in jedem Fall im Bewertungsfaktor der entsprechenden Aufgabe niederschlagen.

Da für Schülerinnen und Schüler die *Zeit*, die sie zur Bearbeitung einer Aufgabe oder eines Tests benötigen, häufig entscheidend für ihren Prüfungserfolg ist und das Lerntempo eines Menschen stark von individuellen Dispositionen und weniger von seiner Anstrengungsbereitschaft, also seiner Lernhaltung, abhängt, sollten Prüfungssituationen in der Schule so gestaltet sein, dass auch langsame Lernerinnen und Lerner ihre Aufgaben ohne übermäßigen Zeitdruck bewältigen können. Anders als beispielsweise bei Einstellungstests oder genormten Diagnostiken, die häufig als steile Rampe so konstruiert sind, dass nur ein Teil der Aufgaben im vorgegebenen Zeitrahmen bearbeitet werden kann, sollte Zeit in unterrichtlichen Prüfungssituationen kein selektierender, sondern ein differenzierender Faktor sein.

Zweites Prinzip: Die Beachtung von Individualisierungswegen

Weitere Antworten auf die oben gestellten Fragen ergeben sich, wenn das Individualisierungsprinzip Eingang in die Konstruktion von Prüfungsaufgaben und Prüfungssets findet.

Offene Aufgabenformate sind mit Sicherheit nicht leicht zu bewerten. Davon weiß jede Deutschlehrerin und jeder Deutschlehrer ein Lied zu singen. Doch zugleich ist die Aufsatzbewertung der beste Beleg dafür, dass nicht nur die Öffnung von Unterricht, sondern auch die Öffnung der Prüfungsformate auf einem hohen fachlichen Niveau möglich und machbar ist. Offene Aufgabenformate ermöglichen Schülerinnen und Schülern, sich mit eigenen Konstruktionen in die Aufgabenbearbeitung einzubringen. Damit individuelle Lösungsvorschläge nicht in Beliebigkeit und Belanglosigkeit enden, bedarf es allerdings einer vorgeschalteten unterrichtlichen Aufgabenkultur, in der die enge Anbindung der individuellen Konstruktionen an das fachlichen Lernen erfolgt ist und in der transparente Kriterien und Merkmalsausprägungen den individuellen Kompetenzerwerb veranschaulicht haben.

Verschiedene komplexe Aufgabenarrangements, die im Teil II des *Aufgabenbuches* bereits vorgestellt worden sind, unterscheiden zwischen Fundamentum und Additum. Diese Unterscheidung kann auch für Prüfungssituationen ein Modell sein. Schülerinnen und Schülern wird ein Basispaket zur verpflichtenden Bearbeitung aller Aufgaben und ein Erweiterungs- oder Vertiefungskatalog mit Aufgaben zur *partiellen Wahl* angeboten. Die Entscheidung, eine Aufgabe zu bearbeiten, erfolgt eigenständig durch die Schülerinnen und Schüler. Dieses Individualisierungsmodell hat den Vorteil, dass Schülerinnen und Schüler lernen, ihre Kompetenzen einzuschätzen und ihre Prüfungen stärkenorientiert zu absolvieren. Die Aufgaben des Basispakets überprüfen grundlegende Kompetenzen, die für Erweiterungs- oder Vertiefungsaufgaben Voraussetzung und somit unverzichtbar sind. Dabei sind grundsätzlich zwei Varianten denkbar. Das Basispaket kann so gestaltet werden, dass alle Schülerinnen und Schüler die gleichen Aufgaben bearbeiten. Basisaufgaben werden eher ein einfaches oder mittleres Anspruchniveau aufweisen. Es kann jedoch mit den Möglichkeiten, welche die oben skizzierte Aufgabendifferenzierung bereit hält, auch auf unterschiedlichen Anspruchsniveaus angeboten werden. Bei der Bepunktung des Tests sollte darauf geachtet werden, dass mit den Aufgaben des Basispakets deutlich mehr als die Hälfte der Gesamtpunktzahl erreicht werden kann.

In Prüfungssituationen kann Schülerinnen und Schülern aber auch *volle Wahlfreiheit* angeboten werden. Auch bei diesem Individualisierungsmodell sind zwei Varianten denkbar. Schülerinnen und Schüler wählen aus einem unstrukturierten Pool Aufgaben, von denen sie glauben, dass sie diese erfolgreich bearbeiten können. Dabei muss der Pool so bestückt sein, dass wesentlich mehr Aufgaben zur Auswahl bereitstehen, als für das Erreichen der maximalen Punktzahl nötig ist. Sinnvoll ist es, die Bepunktung der Aufgaben anzugeben. Diese Transparenz erleichtert Schülerinnen und Schülern ein planvolles Vorgehen. Manfred Bönsch schlägt eine Variante vor, bei der Aufgaben unterschiedlichen Schwierigkeitsgrades den Schülerinnen und Schülern in drei Pools, quasi in Analogie zur Taxonomie der Bildungsstandards, zur Auswahl angeboten werden.[3] Aus diesen Pools wählen Schülerinnen und Schüler Aufgaben, die sie zu ihrer maximalen Prüfungsleistung führen. Wählen Schülerinnen oder Schüler dabei vornehmlich leichtere Aufgaben aus dem schwach bepunkteten Pool, dann müssen sie mehr Aufgaben bearbeiten, um die gleiche Punktsumme zu erreichen als Schülerinnen oder Schüler, die sich vornehmlich aus dem Pool mit den schwierigeren Aufgaben bedienen.

Lernkultur, Unterrichtskultur und maßgeblich unsere Aufgabenkultur beeinflussen die Art der Leistungsmessung und prägen letztendlich unsere Prüfungskultur. Dieser Prozess geht nicht ohne Rückkopplungseffekte vonstatten, denn unsere Prüfungskultur bestimmt mit darüber, was wir wie im Unterricht machen. Es ist nicht nur ein Gebot der Fairness gegenüber unseren Schülerinnen und Schülern, prüfungsrelevante Aufgabentypen im Unterricht einzuführen und so lange einzuüben, bis eine Vertrautheit im Umgang mit ihnen entstanden ist. Es ist zugleich Validitäts- und Reliabilitätsgebot, da es in Leistungssituationen in erster Linie darum geht, Fachkompetenz und nicht die eventuelle Kenntnis und die Beherrschung eines Aufgabenformates zu messen und zu bewerten.
Die nachfolgenden Materialien veranschaulichen unterschiedliche Prüfungsformate. Sie setzen die beschriebenen Individualisierungs- und Differenzierungsprinzipien praktisch um und konkretisieren diese. Sie sollen als Muster für fachspezifische Adaption und Nachgestaltung dienen und in der schulpraktischen Anwendung weiterentwickelt werden.
Um eine bessere Vergleichbarkeit zu ermöglichen, wurden alle Prüfungsformate entlang eines Themas gestaltet, was das Verständnis der Formate, ihre Einordnung und Beurteilung im Hinblick auf die konkrete unterrichtliche Verwendbarkeit ermöglichen sollte.

Material 1 (S. 192) veranschaulicht das oben beschriebene *Poolmodell*, mit dem Schülerinnen und Schüler innerhalb eines Prüfungsthemas eigene Schwerpunkte zu ihrer Bewertung setzen. Dabei wird die Wahl durch die Selbsteinschätzung bezüglich ihres Kompetenzerwerbs geleitet.
Bei der Konstruktion dieses Prüfungsformates sollte beachtet werden, dass genügend Aufgaben zur Wahl stehen und dass der Punkteüberhang hinreichend groß ist. Nur dann werden Schülerinnen und Schüler eine echte Wahlmöglichkeit haben. Zudem sollte bei der Konstruktion so vorgegangen werden, dass Schülerinnen und Schüler, die nur Aufgaben des Anforderungsbereiches „Reproduktion" (Pool 1) bearbeiten, allein auf diesem Weg nicht genügend Punkte erreichen, um eine „sehr gute" Leistung attestiert zu bekommen.

Material 2 (S. 194) veranschaulicht das in der schulischen Praxis am weitesten verbreitete Konstruktionsmodell für schriftliche Leistungsmessungen. Im *Rampenmodell* sind die Aufgaben eines Tests so angeordnet, dass sie in Anforderungsniveau und Umfang immer anspruchsvoller werden. Im Idealfall

---

[3] Vgl. Manfred Bönsch 2011: Heterogenität und Differenzierung. Baltmannsweiler, S. 113 f.

steht also die „leichteste" Aufgabe am Anfang und die „schwierigste" Aufgabe am Ende des Tests. Je steiler eine solche Rampe konstruiert ist, desto stärker wird sie differenzieren. Je flacher eine solche Rampe konstruiert ist, desto eher wird sie leistungsschwächere Schülerinnen und Schüler auch in den Prozess der Leistungsmessung inkludieren.

Rampen werden häufig mit einer selektiven Intention verknüpft und eignen sich besonders, um Rangfolgen festzulegen. In Verbindung mit Teilkompetenzlisten sind sie jedoch auch ein aussagekräftiges Diagnoseinstrument und liefern Erkenntnisse, auf denen weiteres Lernen und zukünftige Förderung aufbauen kann. Allerdings muss dann die Bearbeitungszeit flexibel an individuelle Bedürfnisse angepasst werden, so dass niemand auf Grund fehlender Bearbeitungszeit gehindert wird, seine fachlichen Kompetenzen darzustellen. Rampen sind sowohl im Hinblick auf die Diagnostik des Lernerfolgs als auch im Hinblick auf die Steuerung kommender Lernprozesse kompetenzorientiert zu konstruieren.

Material 3 (S. 195) veranschaulicht das *Blütenmodell*. Hierbei werden zuerst einmal grundlegende Fachkompetenzen zu einem in sich geschlossenen Thema in einem *Basisblock* oder *Fundamentum* überprüft. Basisaufgaben müssen in der Regel von allen Schülerinnen und Schülern bearbeitet werden. Allerdings können die einzelnen Aufgaben des Fundamentums auch zur Wahl angeboten werden. Dann werden Schülerinnen und Schüler aufgefordert, aus beispielsweise fünf Basisaufgaben mindestens drei Aufgaben zu bearbeiten. Wahlmöglichkeiten stärken auch hier das Individualisierungspotenzial des Prüfungsformates. Im sogenannten *Additum* oder *Expertenblock* werden den Schülerinnen und Schülern Erweiterungs- oder Vertiefungsaufgaben zur Wahl angeboten. Bei besonderer diagnostischer oder selektiver Zielsetzung kann dieser Teil des Prüfungsformates auch als Rampe konstruiert werden. Die Wahlfreiheit fällt dann weg.

Bei der Bepunktung des Prüfungsformates ist darauf zu achten, dass Schülerinnen und Schüler, die das Fundamentum beherrschen, mindestens ausreichende Leistungen attestiert bekommen.

Material 4 (S. 197) veranschaulicht das *Handicapmodell*. Hierbei wird, so wie man es aus dem Sport kennt, ein Nachteilsausgleich angeboten. Die Schülerinnen und Schüler müssen sich bei diesem Prüfungsformat in ihrer fachlichen Kompetenz selbst einschätzen und überlegen, ob sie das Handicap in Anspruch nehmen wollen.

Handicap für diesen Prüfungstyp kann zusätzlich zur Verfügung gestellte Prüfungszeit sein. Handicaps sind zudem Helfersysteme jedweder Art, also zum Beispiel Wortspeicher, die der Schülerin oder dem Schüler helfen, Wissen aktiv darzustellen. Aufgaben können aber auch in Umfang und Anspruchsniveau reduziert werden, um individuelle Handicaps zu generieren. Wenn eine Aufgabenstellung zum Beispiel prozessuales Wissen verlangt, kann zur Differenzierung des Prüfungsformates einzelnen Schülerinnen und Schülern eine Methodenkarte, in der das Vorgehen beschrieben wird, angeboten werden.

Bei der Bepunktung dieses Prüfungsformates ist Folgendes zu beachten: Je höher das beanspruchte Handicap, desto geringer wird die der Aufgabe zugeschriebene Punktezahl. Sie nimmt quasi in umgekehrt proportionalem Maße ab.

Material 5 (S. 199) veranschaulicht ein *Fächermodell*. Hierbei kann die Leistungsmessung durch eine Mehrfachdifferenzierung von Aneignungswegen und Operatoren erfolgen. Zudem können unterschiedliche Aufgabentypen zum gleichen Themenaspekt differenzierende Wege in der Leistungsmessung eröffnen. Das Fächermodell sollte immer mit hinreichenden Wahlmöglichkeiten für Schülerinnen und Schüler kombiniert werden, so dass persönliche Schwerpunktsetzungen möglich werden und individuelle Prüfungsprofile entstehen können.

Bei der Bepunktung ist darauf zu achten, dass auch Schülerinnen und Schüler, die nur einfache Reproduktionsaufgaben bearbeitet haben, eine mindestens ausreichende Note erreichen können.

Die fünf vorgestellten Idealtypen können selbstverständlich miteinander kombiniert werden, so dass an unterschiedliche schulische Bedürfnisse angepasste Varianten entstehen. Ein Beispiel für eine solche Variante ist das in Material 5 vorgestellte Poolmodell, das in der vorliegenden Fassung zugleich wie eine Rampe konstruiert ist. Alle vorgestellten Modelle können zudem als Handicap-Variante konstruiert werden. Als solche ermöglichen sie in besonderem Maße die Inklusion von Schülerinnen und Schülern mit besonderem Förderbedarf in Prüfungssituationen.

Die Einbettung punktueller Leistungsmessung in Lernprozesse

Punktuelle Leistungsmessungen, sei es nun in Form von Klassenarbeiten oder Tests, sei es in Form mündlicher Prüfungen, bleiben prekär, da sie Phasen höchster nervlicher Anspannung bei den Betroffenen generieren. Oft bleiben die Ergebnisse solcher Veranstaltungen hinter den Erwartungen zurück und hinterlassen bei allen Beteiligten den unbefriedigenden Eindruck, dass hier etwas anderes gemessen wurde, als vorgegeben. Deshalb muss jede punktuelle Leistungsmessung ergänzt werden. Wenn Lern- und Leistungsprozesse aufeinander bezogen sind, wenn Bewertung von Leistung aus dem zugrunde liegenden Lernprozess heraus erfolgt, wenn Prüfungsformate zuvor Lernformate gewesen sind, dann wird die Schärfe von Prüfungssituationen abgemildert. Das allein reicht jedoch nicht aus. Die Prozesse, die zu jenem Kompetenzerwerb geführt haben, der Gegenstand der jeweiligen punktuellen Leistungsmessung ist, müssen selbst Teil der Beurteilung und Bewertung werden. Dabei rücken methodische, kommunikative, soziale und personale Kompetenzen, die zum fachlichen Lernerfolg beigetragen haben, in den Fokus der Bewertung.

Auf den Seiten 200 ff. finden Sie zwei Muster, die zur Bewertung offener Lernsituationen anregen sollen. Außerdem veranschaulichen die Materialien, wie eine kriterien- und kompetenzorientierte Bewertung von offenen Prüfungsformaten aussehen kann.

Material 6 und *Material 7* (S. 200 f.) stellt auf zwei Anspruchsniveaus eine sogenannte „Kann-Liste" vor. Am Beispiel eines fundamentalen Rechtschreibthemas, nämlich der „Großschreibung von Nomen", wird der Unterrichtsprozess individuell, kriterien- und kompetenzorientiert beschrieben und bewertet. Ein einfaches Punktekonto (je 9 Sterne/Punkte für Basis- und Expertenaufgaben) kann in eine Ziffernnote zur Bewertung übertragen werden.
Eine adäquate Klassenarbeit, die für sich den Anspruch erhebt, aus dem Unterricht erwachsen zu sein, müsste Differenzierungsangebote auf zwei Niveaus zur Wahl anbieten, Basis- und Erweiterungsaufgaben unterscheiden oder Wahlpools mit Aufgaben unterschiedlichen Schwierigkeitsgrades anbieten. Dabei sollten Aufgabentypen gewählt werden, die in den Übungsphasen des Unterrichts eingeführt worden sind. Die Note der Klassenarbeit kann in das Punktekonto jeder Schülerin und jedes Schülers eingepflegt werden. Eine Gesamtnote für die Unterrichtseinheit kann abgeleitet werden. Dabei ist darauf zu achten, dass das Ergebnis der Klassenarbeit nicht überproportional in die Gesamtbewertung einfließt.

Material 8 und *Material 9* (S. 202 f.) stellt ein Beispiel aus dem Sachkundeunterricht der Grundschule vor. Fachübergreifende Kompetenzen, die das notwendige Arbeits- und Sozialverhalten der Unterrichtseinheit definieren, werden an das fachliche Lernen am Beispiel der „Tiere im Winter" angebunden und bewertet. Gleiches gilt für die beiden Methodenschwerpunkte der Unterrichtseinheit. Plakatpräsentation und Vortrag vermitteln die erworbenen Fachkompetenzen. Die Bepunktung ist für Schülerinnen und Schüler transparent und wird über Smileys veranschaulicht. Zusätzlich ergänzt und begründet ein Wortgutachten die aus dem Bewertungsbogen abgeleitete Ziffernnote.
Sollte zusätzlich noch ein Test zur Überprüfung des fachlichen Lernens im Anschluss an die Projektarbeit geschrieben werden, so müsste dieser die individuellen Entscheidungen der Schülerinnen und Schüler für ihr Thema berücksichtigen und aus den jeweiligen Plakatpräsentationen heraus gestaltet werden. Die individuellen Ergebnisse des Tests sollten ebenfalls im Wortgutachten kompetenz- und kriterienorientiert dargestellt werden.

Die vorgestellten Differenzierungswege für Prüfungsaufgaben sollten in Prüfungsformaten so miteinander kombiniert werden, dass auffällig lernschwache, aber ebenso besonders lernstarke Schülerinnen und Schüler bei zielgleicher Unterrichtung die Chance haben, ihr Wissen und ihr Können auf unterschiedlichen Kompetenzniveaus darzustellen und dadurch gerechter in ihren Leistungen bewertet zu werden.

Material 1: Poolmodell

Schriftliche Überprüfung – Nationalsozialismus und Zweiter Weltkrieg
Name: _____ Datum: _____
Punkte: _____ von _____ Punkten   Note: _____
In *Pool A* findest du Aufgaben, die dir genau so im Unterricht begegnet sind. In *Pool B* findest du Aufgaben, die zwar inhaltlich, jedoch in anderer Form, im Unterricht behandelt worden sind. In *Pool C* findest du Aufgaben, die nicht nur umfangreich, sondern auch besonders anspruchsvoll sind. Du benötigst insgesamt 26 Punkte, um die Note „sehr gut" (15) zu erreichen. Wähle deine Aufgaben.

Pool A

1. Ordne zu. 4 Punkte

    Ermächtigungsgesetz   1933   Abwurf der Atombombe   1935

    Nürnberger Gesetze   1939   Beginn des Zweiten Weltkriegs   1945

2. Kreuze an. 3 Punkte

zu beurteilende Aussage	richtig	falsch
Die nationalsozialistische Ideologie beschreibt das Weltbild Adolf Hitlers.		
Propaganda und Terror waren Mittel zur Umsetzung der nationalsozialistischen Ideologie.		
Hitlers Ideologie begründete die nationalsozialistische Demokratie.		
Ein Grundgedanke der nationalsozialistischen Ideologie war, dass alle Menschen gleiche Rechte haben sollten.		
Wer anderer Meinung war, der durfte diese im Nationalsozialismus unbesorgt äußern.		
Die nationalsozialistische Ideologie war im Hinblick auf andere Völker und Staaten aggressiv und gewalttätig.		

3. Nenne vier Elemente der nationalsozialistischen Ideologie. 4 Punkte

_____   _____

_____   _____

4. Ergänze das Schaubild. 4 Punkte

Umsetzung der Ideologie …

durch _____   durch _____

Pool B

5. Erläutere zwei richtige Aussagen aus Aufgabe 2. 4 Punkte

Aussage 1: _____

Erläuterung: _____

_____

_____

Aussage 2: _____

Erläuterung: _____

_____

_____

6. Beantworte die Frage: Was versteht man unter dem Begriff „Führerprinzip"?
4 Punkte

_____

_____

_____

_____

_____

_____

7. Gestalte ein Schaubild zur Gleichschaltung von Kindern und Jungendlichen im Nationalsozialismus. 6 Punkte

Pool C

8. Interpretiere folgende Textquelle. 8 Punkte

„Wie es den Russen geht, wie es den Tschechen geht, ist mir völlig gleichgültig. Ob die anderen Völker in Wohlstand leben oder ob sie verrecken vor Hunger, das interessiert mich nur insoweit, als wir sie als Sklaven unserer Kultur brauchen. Wir Deutschen, die wir eine anständige Einstellung zum Tier haben, werden auch zu diesen Menschentieren eine anständige Einstellung einnehmen."

(Aus einer Rede Heinrich Himmlers, 1943)

9. Verfasse eine Stellungnahme. 10 Punkte

In eurer Schule gibt es eine Gruppe von Schülerinnen und Schülern, die den Nationalsozialismus und Adolf Hitler verharmlosen. Die SV hat beschlossen, etwas dagegen zu tun. Du bist gebeten worden, für die Schülerzeitung eine Stellungnahme zur nationalsozialistischen Diktatur zu verfassen.

Material 2: Rampenmodell

> **Schriftliche Überprüfung – Nationalsozialismus und Zweiter Weltkrieg**
>
> Name: _____ Datum: _____
>
> Punkte: _____ von _____ Punkten Note: _____
>
> Bearbeite so viele Aufgaben wie möglich.

1. **Ordne zu. Verbinde dazu Ereignis und Jahreszahl mit einem Strich. Benutze ein Lineal.** 4 Punkte

   Ermächtigungsgesetz   1933
   Abwurf der Atombombe   1935
   Nürnberger Gesetze   1939
   Beginn des Zweiten Weltkriegs 1945

2. **Kreuze an.** 6 Punkte

zu beurteilende Aussage	richtig	falsch
Die nationalsozialistische Ideologie beschreibt das Weltbild Adolf Hitlers.		
Propaganda und Terror waren Mittel zur Umsetzung der nationalsozialistischen Ideologie.		
Hitlers Ideologie begründete die nationalsozialistische Demokratie.		
Ein Grundgedanke der nationalsozialistischen Ideologie war, dass alle Menschen gleiche Rechte haben sollten.		
Wer anderer Meinung war, der durfte diese im Nationalsozialismus unbesorgt äußern.		
Die nationalsozialistische Ideologie war im Hinblick auf andere Völker und Staaten aggressiv und gewalttätig.		

3. **Nenne vier Elemente der nationalsozialistischen Ideologie.** 4 Punkte

   _____   _____

   _____   _____

4. **Erläutere ein Element der nationalsozialistischen Ideologie.** 2 Punkte

5. **Gestalte ein Schaubild zur Gleichschaltung von Kindern und Jugendlichen im Nationalsozialismus.** 6 Punkte

6. **Interpretiere folgende Textquelle.** 8 Punkte

   „Wie es den Russen geht, wie es den Tschechen geht, ist mir völlig gleichgültig. Ob die anderen Völker in Wohlstand leben oder ob sie verrecken vor Hunger, das interessiert mich nur insoweit, als wir sie als Sklaven unserer Kultur brauchen. Wir Deutschen, die wir eine anständige Einstellung zum Tier haben, werden auch zu diesen Menschentieren eine anständige Einstellung einnehmen."
   (Aus einer Rede Heinrich Himmlers, 1943)

Kopiervorlage

Material 3: Blütenmodell

Schriftliche Überprüfung – Nationalsozialismus und Zweiter Weltkrieg

Name: _____ Datum: _____

Punkte: _____ von _____ Punkten   Note: _____

Bearbeite alle *Basisaufgaben* (**A**). Wähle aus den *Expertenaufgaben* (**B**) mindestens eine Aufgabe, die du bearbeiten möchtest.

A Basisaufgaben

1. **Ordne zu. Verbinde dazu Ereignis und Jahreszahl mit einem Strich. Benutze ein Lineal.** 4 Punkte

   Ermächtigungsgesetz   1933
   Abwurf der Atombombe   1935
   Nürnberger Gesetze   1939
   Beginn des Zweiten Weltkriegs   1945

2. **Kreuze an.** 6 Punkte

zu beurteilende Aussage	richtig	falsch
Die nationalsozialistische Ideologie beschreibt das Weltbild Adolf Hitlers.		
Propaganda und Terror waren Mittel zur Umsetzung der nationalsozialistischen Ideologie.		
Hitlers Ideologie begründete die nationalsozialistische Demokratie.		
Ein Grundgedanke der nationalsozialistischen Ideologie war, dass alle Menschen gleiche Rechte haben sollten.		
Wer anderer Meinung war, der durfte diese im Nationalsozialismus unbesorgt äußern.		
Die nationalsozialistische Ideologie war im Hinblick auf andere Völker und Staaten aggressiv und gewalttätig.		

3. **Ergänze den Lückentext.** 6 Punkte

   Der Nationalsozialismus wurde von Adolf _____ begründet. Ziel war die Vernichtung der Demokratie und die Errichtung einer _____. Alle folgten den Befehlen des _____. Die Gleichschaltung des öffentlichen Lebens sorgte für eine nationalsozialistische Erziehung der Kinder und Jugendlichen in Schulen und Organisationen wie der _____. Juden, Sinti und Roma waren für Nationalsozialisten minderwertige _____. Sie sollten durch unmenschliche Arbeit oder durch Giftgas in _____ vernichtet werden.

© Westermann Gruppe

B Expertenaufgaben

4. Gestalte ein Schaubild zur Gleichschaltung von Kindern und Jugendlichen im Nationalsozialismus. 6 Punkte

5. Verfasse einen Blogbeitrag. 6 Punkte

An eurer Schule gibt es eine Gruppe von Schülerinnen und Schülern, die den Nationalsozialismus und Adolf Hitler verharmlosen. Verfasse einen Eintrag für die Facebookgruppe deiner Schule, in dem du dagegen Stellung beziehst.

6. Interpretiere folgende Textquelle im Hinblick auf ihren rassistischen Gehalt. 6 Punkte

„Wie es den Russen geht, wie es den Tschechen geht, ist mir völlig gleichgültig. Ob die anderen Völker in Wohlstand leben oder ob sie verrecken vor Hunger, das interessiert mich nur insoweit, als wir sie als Sklaven unserer Kultur brauchen."
(Aus einer Rede Heinrich Himmlers, 1943)

Material 4: Handicapmodell

> **Schriftliche Überprüfung – Nationalsozialismus und Zweiter Weltkrieg**
>
> Name: _____ Datum: _____
>
> Punkte: _____ von _____ Punkten Note: _____
>
> Bearbeite so viele Aufgaben wie möglich. Wenn du Hilfe brauchst, kreuze dies in der Aufgabenstellung an. Komm dann mit deinem Blatt zum Pult, um ein Hilfekärtchen in Empfang zu nehmen.

1. **Gestalte einen Zeitstrahl zum Thema „Nationalsozialismus und Zweiter Weltkrieg".**
   Stelle die Ereignisse *Ermächtigungsgesetz, Nürnberger Gesetze, Abwurf der Atombombe, Beginn des Zweiten Weltkriegs* in richtiger zeitlicher Reihenfolge dar und ergänze die dazugehörigen Jahreszahlen.
   [ ] Ich habe die Aufgabe ohne Hilfe gelöst. **4 Punkte**
   [ ] Ich habe die Aufgabe mit Hilfe gelöst. **2 Punkte**

   ⎯⎯⎯|⎯⎯⎯⎯⎯⎯⎯⎯|⎯⎯⎯⎯⎯⎯⎯⎯|⎯⎯⎯⎯⎯⎯⎯⎯|⎯⎯⎯

2. **Ergänze den Lückentext.**
   [ ] Ich habe die Aufgabe ohne Hilfe gelöst. **6 Punkte**
   [ ] Ich habe die Aufgabe mit Hilfe gelöst. **3 Punkte**

   Der Nationalsozialismus wurde von Adolf _____ begründet. Ziel war die Vernichtung der Demokratie und die Errichtung einer _____. Alle folgten den Befehlen des _____. Die Gleichschaltung des öffentlichen Lebens sorgte für eine nationalsozialistische Erziehung der Kinder und Jugendlichen in Schulen und Organisationen wie die _____. Juden, Sinti und Roma waren für Nationalsozialisten minderwertige _____. Sie sollten durch unmenschliche Arbeit oder durch Giftgas in _____ vernichtet werden.

3. **Gestalte ein Ablaufdiagramm zur Judenverfolgung und Judenvernichtung durch die Nationalsozialisten.**
   [ ] Ich habe die Aufgabe ohne Hilfe gelöst. **5 Punkte**
   [ ] Ich habe die Aufgabe mit Hilfe gelöst. **2 Punkte**

4. **Interpretiere folgende Textquelle im Hinblick auf ihren rassistischen Gehalt.**
   [ ] Ich habe die Aufgabe ohne Hilfe gelöst. **6 Punkte**
   [ ] Ich habe die Aufgabe mit Hilfe gelöst. **4 Punkte**
   „Wie es den Russen geht, wie es den Tschechen geht, ist mir völlig gleichgültig. Ob die anderen Völker in Wohlstand leben oder ob sie verrecken vor Hunger, das interessiert mich nur insoweit, als wir sie als Sklaven unserer Kultur brauchen."
   (Aus einer Rede Heinrich Himmlers, 1943)

Hilfekärtchen

Hilfekärtchen zu Aufgabe 1:

- 1933
- 1935
- 1939
- 1945

Hilfekärtchen zu Aufgabe 2:

- Rassen
- Diktatur
- Hitler
- Konzentrationslager
- Hitlerjugend
- Führers

Hilfekärtchen zu Aufgabe 3:

- Boykott
- Reichskristallnacht
- Nürnberger Gesetze
- Wannseekonferenz
- Massenvernichtung in Konzentrationslagern

Hilfekärtchen zu Aufgabe 4:

So gehst du vor:
1. Schritt: Beschreibe in einem Satz, von wem die Quelle ist und aus welcher Zeit sie stammt.
2. Schritt: Notiere wichtige Aussagen, erläutere sie und beschreibe den Zusammenhang mit der rassistischen Ideologie der Nationalsozialisten.
3. Schritt: Bewerte die Aussage. Begründe deine Meinung.

Material 5: Fächermodell

> **Schriftliche Überprüfung – Nationalsozialismus und Zweiter Weltkrieg**
>
> Name: _____ Datum: _____
>
> Punkte: _____ von 16 Punkten Note: _____
>
> Wähle für jede Aufgabenstellung aus, welche Variante du bearbeiten möchtest.

1. a) Gestalte einen Zeitstrahl zum Thema „Nationalsozialismus und Zweiter Weltkrieg". 4 Punkte

Stelle die Ereignisse *Ermächtigungsgesetz, Nürnberger Gesetze, Abwurf der Atombombe, Beginn des Zweiten Weltkriegs* in richtiger zeitlicher Reihenfolge dar und ergänze die dazugehörigen Jahreszahlen.

———|———————|———————|———————|———

b) Verfasse mit den kursiv gesetzten Begriffen aus Aufgabe 1 a) einen Merktext zum Thema „Nationalsozialismus und Zweiter Weltkrieg". 4 Punkte

2. a) Ergänze den Lückentext. 6 Punkte

Die nationalsozialistische Ideologie ist rassistisch. Besonders Juden galten als minderwertige Rasse und wurden von Anfang an verfolgt. Der _____ jüdischer Geschäfte war der Anfang einer systematischen Verfolgung und Ausgrenzung. Mit den _____ _____ verloren Juden einen großen Teil ihrer Bürgerrechte. Auf der _____ wurde Deportation und Massenvernichtung beschlossen.

Juden, aber auch Sinti und Roma, sollten durch unmenschliche Arbeit oder durch Giftgas in _____ vernichtet werden. Mit der Befreiung Deutschlands durch die alliierten Truppen wurden auch die Überlebenden der Konzentrationslager befreit. Bis dahin waren ungefähr _____ Millionen jüdische Menschen umgebracht worden.

b) Gestalte ein Ablaufdiagramm zur Judenverfolgung und Judenvernichtung durch die Nationalsozialisten. 6 Punkte

3. a) Interpretiere folgende Textquelle im Hinblick auf ihren rassistischen Gehalt. 6 Punkte

„Wie es den Russen geht, wie es den Tschechen geht, ist mir völlig gleichgültig. Ob die anderen Völker in Wohlstand leben oder ob sie verrecken vor Hunger, das interessiert mich nur insoweit, als wir sie als Sklaven unserer Kultur brauchen."
(Aus einer Rede Heinrich Himmlers, 1943)

b) Verfasse einen Blogbeitrag. 6 Punkte

An eurer Schule gibt es eine Gruppe von Schülerinnen und Schülern, die den Nationalsozialismus und Adolf Hitler verharmlosen. Verfasse einen Eintrag für die Facebookgruppe deiner Schule, in dem du dagegen Stellung beziehst.

Kopiervorlage

Material 6: Kann-Liste „Nomen erkennen" – Basis

Name: _____

Ich kann ...	Ich habe ...	Übung dazu	Erledigt	Kontrolle	Kommentar	Sterne
Nomen für Menschen und Tiere aufschreiben.	die Einzahl und die Mehrzahl gebildet.	Richtig schreiben, S. 19, Nr. 1 – 4				
	Tiernamen nach dem Alphabet geordnet.	Station 1				
Nomen für Pflanzen aufschreiben.	die Einzahl und die Mehrzahl gebildet.	Richtig schreiben, S. 20, Nr. 1 – 2				
	Pflanzen auf Bildern erkannt.	Station 2				
Nomen für Dinge aufschreiben.	die Einzahl oder Mehrzahl gebildet.	Richtig schreiben, S. 20, Nr. 3 – 4				
	10 Nomen in Einzahl und Mehrzahl aufgeschrieben.	Richtig schreiben, S. 20, Nr. 5				
	Dinge im Tastsack ertastet.	Station 3				
die Nomenprobe machen.	Nomen in einem Text gefunden.	Richtig schreiben, S. 21, Nr. 2				
Nomen erkennen.	einen Text ohne Fehler abgeschrieben.	Richtig schreiben, S. 21 Nr. 3				

Du hast _____ von 9 möglichen Sternen erreicht.

Unterschrift: _____
Eltern

Material 7: Kann-Liste „Nomen erkennen" – Experten

Name: _____

Ich kann ...	Ich habe ...	Übung dazu	Erledigt	Kontrolle	Kommentar	Sterne
Nomen als Wörter für Tiere erkennen.	die Einzahl und die Mehrzahl gebildet.	Sprache untersuchen, S. 25, Nr. 1				
	Nomen in einen Text eingesetzt.	Sprache untersuchen, S. 25, Nr. 2				
	Nomen erkannt und aufgeschrieben.	Sprache untersuchen, S. 25, Nr. 3 – 4				
Nomen als Wörter für Pflanzen und Dinge erkennen.	die Einzahl oder die Mehrzahl gebildet.	Sprache untersuchen, S. 26, Nr. 1				
	Nomen in Texte eingesetzt.	Sprache untersuchen, S. 26, Nr. 2 – 3				
Nomen in einem Text erkennen.	Nomen und Namen nach Oberbegriffen geordnet.	Sprache untersuchen, S. 27, Nr. 1 – 2				
	Nomen markiert und richtig aufgeschrieben.	Sprache untersuchen, S. 27, Nr. 3 – 4				
Ein- und Mehrzahl von Fremdwörtern erkennen.	Memory gespielt.	Station 4				
Rätsel erfinden.	Rätsel erfunden.	Sprache untersuchen, S. 26, Nr. 4				

Du hast _____ von 9 möglichen Sternen erreicht.

Unterschrift: _____
Eltern

Material 8

Name: _____

© Michael Conrad – Fotolia.com

Bewertungsbogen: Tiere im Winter

Kategorie	Bewertungskriterien	Selbstbewertung ☺ ☺ ☹			Lehrerbewertung ☺ ☺ ☹		
		Di	Mi	Do	Di	Mi	Do
Arbeits- und Sozialverhalten	Ich habe sofort mit der Arbeit begonnen.						
	Ich habe konzentriert gearbeitet.						
	Ich habe ruhig gearbeitet.						
	Ich habe bis zum Ende durchgehalten.						
	Ich bin sorgfältig mit den Materialien umgegangen.						
	Ich habe mich an Absprachen gehalten.						
	Ich habe selbstständig gearbeitet.						
Plakatpräsentation	Die Schrift ist gut lesbar.						
	Die Überschriften sind hervorgehoben.						
	Die Texte sind übersichtlich gegliedert.						
	Ich habe auf die Rechtschreibung geachtet.						
	Ich habe Farben sinnvoll eingesetzt.						
	Ich habe passende Bilder ausgewählt.						
Vortrag	Ich habe meinen Vortrag mit einem Einleitungssatz begonnen.						
	Ich habe frei gesprochen.						
	Ich habe laut und deutlich gesprochen.						
	Ich habe meinen Vortrag mit einem Schlusssatz beendet.						
	Ich habe mein Publikum angeschaut.						

☺ 1 Punkt   ☺ 0,5 Punkte   ☹ 0 Punkte

32 – 28 Punkte: sehr gut
27,5 – 23 Punkte: gut
22,5 – 19 Punkte: befriedigend
18,5 – 13 Punkte: ausreichend
12,5 – 8,5 Punkte: mangelhaft

Summe: _____

Note: _____

Material 9

© violart – Fotolia.com

Projekt: Tiere im Winter
Bewertungsbogen für Jonas

Lieber Jonas,
du hast am Projekt „Tiere im Winter" teilgenommen und folgende Leistungen erbracht:

Arbeits- und Sozialverhalten:
Du hast während des gesamten Projekts ruhig und konzentriert und mit großem Eifer gearbeitet. Auch bist du sorgsam mit den Materialien umgegangen. Du hast Tipps angenommen und dich an Absprachen gehalten.
Nur bei der Arbeit am Mobile hast du deine Gruppe im Stich gelassen und dich mit anderen Dingen beschäftigt.

Note: gut + (12)

Interesse und Lernfortschritt:
Du hast dich für das Thema „Spinnen" entschieden. Hier hast du sehr großes Interesse gezeigt. Du hast dich intensiv mit den Büchern beschäftigt und geduldig nach Informationen über Spinnen im Winter gesucht.
Im Computerraum hast du alle Informationen mit ganz wenigen Fehlern abgetippt und passende Bilder gesucht. Außerdem hast du vielen deiner Klassenkameraden, die sich weniger mit Computern auskennen, geholfen und sie unterstützt.
Beim Schreiben der Einladung zur Ausstellung hast du dir sehr viel Mühe gegeben und sie wunderschön gestaltet.

Note: sehr gut + (15)

Präsentation:
Du hast ein Drehkino und ein kleines Plakat gestaltet. Hier hast du sehr sorgfältig gearbeitet und große Geduld bewiesen.

Note: sehr gut + (15)

Vortrag:
Für deinen Vortrag hast du die wichtigsten Informationen sehr ordentlich auf Karteikarten notiert und hast dir große Mühe beim Formulieren gegeben. Leider sprichst du ein bisschen zu schnell, so dass nicht alle deine treffenden und witzigen Formulierungen beim Publikum ankommen! Gönn dir zwischendurch mal eine Pause zum Luftholen und nutze die Zeit dann auch, um dein Publikum anzuschauen!

Note: sehr gut − (13)

Gesamtnote: Du hast das Projekt „Tiere im Winter" sehr erfolgreich abgeschlossen.

sehr gut (14)

Register

A
ABC-Aufgabe 53, 54
Ablaufdiagramm 68
Akrostichon 78
Aktivierungspotenzial 24, 25
Ampelspiel 179
Analysieren 30
Anforderungsklarheit 18, 19
Angeben 33
Assoziationsstern 55
Aufgabenarrangements 111 ff.
Aufgabenformate 9
Aufgabenkonstruktion 169 ff.
Aufgabentypen 50 ff.
Auseinandersetzen 42
Authentizität 21, 22
Auswerten 31

B
Beispielaufgabe 62
Begründen 32
Benennen 33
Beschriftungsaufgabe 56
Beschreiben 34
Beurteilen 35
Bewerten 36
Blitzlichtaufgabe 57
Blütenaufgabe 112
Brainstorming-Aufgabe 58
Brainwriting-Aufgabe 59
Buchstabensalat 108
Buchstabenschlange 60
Buchstabenwirrwarr 108

C
Charakterisieren 37
Cluster 61
Conceptmap 101

D
Darstellen 38
Daumen hoch 180
Deuten 43
Diagramm 63
Dialogisches Lernen 11, 12
Differenzierung 26, 27
Diskussion-66 64
Diskutieren 39
Deduktionsaufgabe 62

E
Einordnen 44
Erklären 40
Erläutern 41
Erschließen 42

F
Fächeraufgabe 113
Fehlersuche 65
Feedback 176
Feedback-Bogen 184 ff.
Feedbackinstrumente 182
Fishbone-Aufgabe 66, 67
Flussdiagramm 68, 69
Frage-Antwort-Puzzle 70
Fragelandschaft 71, 72
Fragen 73
Feiarbeit 114
Freitextaufgabe 74

G
Gegenüberstellen 47
Gestalten 48
Gitterrätsel 75

H
Herausarbeiten 42
Hotspot-Aufgabe 76

I
Ideenstern 55
Individualisierung 26, 27
Induktionsaufgabe 7
Inhaltliche Klarheit 16, 17
Interpretieren 43

K
Kammrätsel 78
Key-Feature-Aufgabe 79
Klarheit 15 ff.
Klassifizieren 44
Kofferpacken 80
Kompetenzbezug 20, 21
Kooperatives Lernen 11, 12
Kopfstandaufgabe 81
Korrespondenzaufgabe 82
Korrekturaufgabe 65
Kreuzworträtsel 75
Kuckuckseirätsel 83

L
Leistungsmessung 187 ff.
Lerndorf 115
Lernprozess 23, 24, 191
Lerntagebuch 116
Lerntheke 117
Lernumgebung 10
Lernzirkel 130 ff.
Likert-Skala 84
Line-up 181
Logbuch 118
Lückentext 85

M
Matching 86
Memory 87
Mindmap-Aufgabe 88
Morphologischer Kasten 89
Multiple-Choice 90
Mystery 101

N
Nennen 33

O
Operatoren 28 ff.
Operatorenkartei 127, 133, 134 ff.
Operatorentraining 127 ff.
Ordnen 44

P
Pensenbuch 119
Portfolio 120
Positionierungsaufgabe 76
Post-it-Aufgabe 91
Prioritätenliste 92
Projektunterricht 121
Prüfen 45

Q
Quiz-Aufgabe 93

R
Rampe 122
Reflexionshand 183
Reisetagebuch 123
Rezensionsaufgabe 94
Richtig-Falsch-Aufgabe 95
Rösselsprung 97

S
Scaffolding 124
Schütteltext 96
Sechs-Drei-Fünf-Aufgabe 109, 110
Selbstorganisiertes Lernen (SOL) 11, 12
Silbenrätsel 97
Single-Choice 90
Skizzieren 46
Sortieraufgabe 98
Spinnwebaufgabe 61
Sprachliche Klarheit 15, 16
Stationenlernen 125
Strukturbaum 99, 100
Strukturlegeaufgabe 101
Suchsel 60, 97

T
Textaufgabe 102
Text-Box-Aufgabe 103
Textpuzzle 96
Text-Teilmengen-Aufgabe 103

U
Überprüfen 45
Umkehraufgabe 81
Untersuchen 30, 42

V
Verallgemeinerungsaufgabe 77
Vergleichen 47
Vier-Ecken-Aufgabe 104, 105

W
Walt-Disney-Aufgabe 106, 107
Wechselseitiges Lehren und Lernen (WeLL) 11, 12
Wiedergeben 38
Wochenplan 126
Wortschlange 60
Wortsuchrätsel 108

Z
Zeichnen 48
Zuordnen 44
Zuordnungsaufgabe 86
Zusammenfassen 49

Literaturverzeichnis

Aufgabentypen. ep.elan-ev.de/wikw/aufgabentypen (Zugriff: 17.07.2016)

Roland Bauer 2011: Lernen an Stationen. In: Grundschul-Zeitschrift Nr. 241, Februar 2011

Sidrid Blömeke u.a. 2006: Analyse der Qualität von Aufgaben aus didaktischer und fachlicher Sicht. Ein allgemeines Modell und seine exemplarische Umsetzung im Unterrichtsfach Mathematik. In: Unterrichtswissenschaft 34, 2006, Heft 4, S. 334 ff.

Waltraud Boes, Andreas Müller 2013: Einsteigen und Durchstarten. Lernen lernen 5. Paderborn

Waltraud Boes, Andreas Müller 2013: Einsteigen und Durchstarten. Lernen lernen 6. Paderborn

Edward de Bono 1996: Serious Creativity. Die Entwicklung neuer Ideen durch die Kraft lateralen Denkens. Stuttgart

Manfred Bönsch 2011: Die Differenziertheit der Lernprozesse. In: Praxis Schule 5-10. Individuell lernen – differenziert lehren, S. 8 ff.

Manfred Boensch 2011: Heterogenität und Differenzierung. Baltmannsweiler

Czerwanski, A., Solzbacher, C., Vollstädt, W. (Hg.) 2005: Förderung von Lernkompetenz in der Schule. Band 1: Recherche und Empfehlungen. 2. Aufl. Gütersloh.

Deutscher Bildungsrat. Empfehlungen der Bildungskommission 1970: Strukturplan für das Bildungswesen. Bad Godesberg

Wolfgang Endres (Hg.) 2008: Das Portfolio in der Unterrichtspraxis. Präsentations-, Lernweg- und Bewerbungsportfolio. Weinheim

Gerhard Eikenbusch 2008: Aufgaben, die Sinn machen. Wege zu einer überlegten Aufgabenpraxis im Unterricht. In: Pädagogik 3, 2008, S. 6 ff.

Karl Frey 2012: Die Projektmethode. „Der Weg zum bildenden Tun". Weinheim

Karlheinz A. Geißler 2005: Schlusssituationen. Die Suche nach dem guten Ende. Weinheim

Michaela Gläser-Zikuda (Hg.): Lerntagebuch und Portfolio aus empirischer Sicht. Landau

Annemarie von der Groeben, Ingrid Kaiser 2013: Werkstatt Individualisierung. Hamburg

Annemarie von der Groeben, Ingrid Kaiser 2011: Werkstatt Individualisierung, 1. Folge. Eine Einführung. In: Pädagogik Jahrgang 63, Heft 1, 2011, S. 40 ff.

Herbert Gudjons 2008: Handlungsorientiert Lehren und Lernen: Schüleraktivierung. Selbsttätigkeit. Projektarbeit. Bad Heilbronn

John Hattie 2013: Lernen sichtbar machen. Baltmannsweiler

Andreas Helmke 2007: Unterrichtsqualität. Erfassen. Bewerten. Verbessern. Seelze

Jan Hofmann (Hg.) 2007: Neue Formen des Lehrens und Lernens. Bad Heilbrunn

Erika Hoos: Keine Angst vor Textaufgaben. www.schulentwicklung.nrw.de (Zugriff: 25.03.2016)

Anne A. Huber 2007: Wechselseitiges Lehren und Lernen als spezielle Form Kooperativen Lernens. Berlin

Bernhard Jakobs: Ratschläge zur Konstruktion von Essay-Test-Aufgaben. ep.elan-ev.de/wiki/Aufgabentypen (Zugriff: 22.11.2016)

Eiko Jürgens (Hg.), Dietmut Kucharz 2010: Offener Unterricht heute. Konzeptionelle und didaktische Weiterentwicklung. Weinheim und Basel

Stefan Keller, Ute Bender (Hg.) 2012: Aufgabenkulturen. Fachliche Lernprozesse herausfordern, begleiten, reflektieren, Seelze

Michael Kerres 2013: Mediendidaktik. Konzeption und Entwicklung mediengestützter Lernangebote. Berlin

Gabriele Kießling: Kompetenzorientierung in der Klassenstufe 5/6 der Mittelschule. http://www.schulamt.neu-ulm.de/fileadmin/Schulamt/Unterrichtsentwicklung/Kompetenzorientierung/FOB_Kompetenz_Mathe.pdf. (Zugriff: 23.5.2016)

Marc Kleinknecht, Thorsten Bohl, Uwe Maier, Kerstin Metz (Hg.) 2013: Lern- und Leistungsaufgaben im Unterricht. Fächerübergreifende Kriterien zur Auswahl und Analyse. Bad Heilbrunn

Heinz Klippert 1996: Methodentraining. Übungsbausteine für den Unterricht, Weinheim und Basel

Sabine Knauer 2008: Interpretation. Inklusive Konzepte für Schulen und Unterricht. Weinheim

Michael Knieß 2006: Kreativitätstechniken. Methoden und Übungen. München

Gabriele Lämmle, Nadja Wiesner 2008: Vielfältig fördern. Differenzierung und Evaluation mit einer Lerntheke. In: Der Fremdsprachliche Unterricht Französisch 94, 2008

Maike Looß 2007: Lernstrategien, Lernorientierung, Lern(er)typen. In: Dirk Krüger, Helmut Vogt: Theorien in der biologiedidaktischen Forschung. Cham 2007

Uwe Maier 2016: Aufgaben – Treibstoff des Unterrichts. In: Pädagogik Jahrgang 63, Heft 1, 2011, S. 40 ff.

Wolfgang Mattes 2011: Methoden für den Unterricht. Kompakte Übersichten für Lehrende und Lernende. Paderborn

Hilbert Meyer 2004: Was ist guter Unterricht? Berlin

Andreas Müller 2014: Kooperatives Lernen im gesellschaftswissenschaftlichen Unterricht. Paderborn

Andreas Müller 2009: Sachtexte besser verstehen. Paderborn

Johanna Neubrand: Eine Klassifikation mathematischer Aufgaben zur Analyse von Unterrichtssituationen. Selbstständiges Arbeiten in Schülerarbeitsphasen in den Stunden der TIMSS-Studie. http://www.fachportal-paedagogik.de/fis_bildung/suche/fis_set.html? (Zugriff 30.12.2016)

Helmut M. Niegemann u.a. 2008: Kompendium multimediales Lernen. Heidelberg

Liane Paradies, Franz Wester, Johannes Greving 2012: Individualisieren im Unterricht. Erfolgreiche Kompetenzen entwickeln. Berlin

Wilhelm H. Peterßen 1999: Kleines Methoden-Lexikon. München

Anke Petschenka, Nadine Ojstersek, Michael Kerres: Lernaufgaben gestalten. Lerner aktivieren mit didaktisch sinnvollen Lernaufgaben. In: Andreas Hohenstein (Hg.), Karl Wilbers (Hg.) 2004: Handbuch E-Learning. Köln

Bernd Ralle, Susanne Prediger, Marcus Hammann, Martin Rothgangel (Hg.) 2014: Lernaufgaben entwickeln, bearbeiten und überprüfen. Fachdidaktische Forschungen Band 6. Münster, S. 85 ff.

Kersten Reich (Hg.): Methodenpool. http://methodenpool.uni-koeln.de/ (Zugriff: 28.12.2016)

Katrin Reinisch 2013: Wortschatzarbeit im Englischunterricht. In: Sprachsensibler Fachunterricht. https://bildungsserver.berlin-brandenburg.de (Zugriff 14.7.2016)

Jürgen Rost 2004: Lehrbuch Testtheorie, Testkonstruktion. Bern

Helmut Schlicksupp 2004: Ideenfindung. Würzburg

Sekretariat der Ständigen Konferenz der Kultusminister der Länder in der Bundesrepublik Deutschland (Hg.) 2005: Bildungsstandards der Kultusministerkonferenz: https://suche.gmx.net/web?origin=serp_sf_atf&q=Bildungsstandards+der+Kultusministerkonferenz (Zugriff: 30.12.2016)

Wulf Schmidt-Wulfen: Zukunftsfähiger Erdkundeunterricht. Kommunikation – Schülerorientierung – Nachhaltiges Lernen. In: Geographische Rundschau 2, 2004, S. 7 ff.

Lothar Scholz, Bundeszentrale für Politische Bildung 2004: Methoden-Kiste. Bonn

Friedemann Schulz von Thun: Das Kommunikationsquadrat. http://www.schulz-von-thun.de/index.php?article_id=71 (Zugriff: 10.12.2016)

Oskar Seitz (Hg.), Klaus Breslauer 1999: Freies Lernen. Grundlagen für die Praxis. Donauwörth

Urs Ruf, Stefan Keller, Felix Winter (Hg.) 2008: Besser lernen im Dialog. Dialogisches Lernen in der Unterrichtspraxis. Seelze

Leigh Thompson 2013: Creative Conspiracy. The New Rules of Breakthrough Collaboration. Boston

Diethelm Wahl 2013: Lernumgebungen erfolgreich gestalten: Vom trägen Wissen zum kompetenten Handeln. Bad Heilbrunn

Franz E. Weinert (Hg.) 2014: Leistungsmessung in Schulen. 2014

Felix Winter 2004: Leistungsbewertung – eine neue Lernkultur braucht einen anderen Umgang mit Schülerleistungen. Baltmannsweiler

Felix Winter 2012: Leistungsbewertung: Eine neue Lernkultur braucht einen anderen Umgang mit Schülerleistungen. Seelze

Peter Zöfel u.a. 2001: Statistik verstehen. Ein Begleitbuch zur computergestützten Anwendung. München

 Andreas Müller M. A., geboren 1960, studierte an der Universität des Saarlandes Deutsch, Politik und Philosophie. Er unterrichtet an einer Gemeinschaftsschule im Saarland und ist Landesfachberater für Gesellschaftswissenschaften. Neben seinen Fortbildungstätigkeiten arbeitet er seit mehr als 10 Jahren als Autor für den Schöningh Verlag. In dieser Zeit hat er an zahlreichen Publikationen mitgearbeitet.